冯契的哲学史研究

创于1897
商务印书馆
The Commercial Press

主编简介

  高瑞泉，华东师范大学哲学系教授，中国现代思想文化研究所研究员。1982年至1988年在华东师范大学攻读中国哲学硕士、博士学位。毕业后即留母校哲学系任教，曾兼任哲学系主任、人文学院院长、人文社科学院院长、《华东师范大学学报》（哲学社会科学版）主编，2002年被聘为华东师范大学终身教授。主要的兴趣在中国近现代哲学，旁及中国思想文化史，近年来注重观念史研究。著有《天命的没落——中国近代唯意志论思潮研究》（1991、2007），《中国现代精神传统——中国的现代性观念谱系》（1999、2005、2015），《平等观念史论略》（2011、2018），《动力与秩序——中国哲学的现代追寻与转向（1895—1995）》（2019），以及合著《20世纪中国社会思潮》（2019）等十余种，发表论文百余篇。

本文集由课题组成员的相关论文汇集而成，
系国家社科基金重大项目"冯契哲学文献整理及
思想研究"（15ZDB012）最终成果之一

前　言

　　创立了智慧说的当代中国哲学家冯契先生，他一生的著述集中在晚年的 20 余载中形成。先生在世已经发表的，除了若干专论以外，主要是《中国古代哲学的逻辑发展》三册和《中国近代哲学的革命进程》，二者可合称"中国哲学史两种"。他逝世前一年发表的《〈智慧说三篇〉导论》，以及他逝世以后陆续出版的遗著《认识世界和认识自己》《逻辑思维的辩证法》和《人的自由和真善美》（即"智慧说三篇"），才使得更多的人知晓：冯契先生不仅是一位哲学史家，以一人之力，完成了自先秦到中华人民共和国成立长达 3000 年之久的中国哲学通史；而且是一位熔铸中西马、独有所造的体系哲学家。随着冯契被越来越多的读者知晓，随着对其著述的研究的深入，一个问题凸显了：同样是对中国哲学的 3000 年历史做了独特研究，又创立了"新理学"体系的冯友兰先生，曾自述其第一步工作是"照着说"，第二步工作是"接着说"，以此来完成一个哲学家在"旧邦新命"历史条件下的责任担当；那么冯契先生的哲学史研究与其智慧说之间是什么样的关系？尤其是冯契先生的哲学史两种与冯友兰先生的中国哲学"三史"，无论是叙述的历史脉络还是论述的宗旨及方法，都有着明显的不同；他的智慧说与"贞元六书"则属于不同的中国哲学派别。虽然我们可以用"同归而殊途，一致而百虑"来解释这一现象，但是冯契先生的哲学史研究与其哲学创造之间的关系，似乎还有比"照着说—接着说"的路径更复杂的内容及意义。其中的一个问题就是智慧说的理论对于冯契的具有高度个性的哲学史研究，到底意味着什么。由此而有了"智慧说与中国哲学史研究范式的新开拓"这样一个专题的研究。

　　本书是对上述专题的集体研究的成果。如该课题的标题所示，它的总目标，是研究冯契先生的哲学创造与他的哲学史研究的正向关系。分析起来，可以说有两层：第一层是说，冯契先生的智慧说如何影响了他的"中国哲学史两种"的创作，这两部著作本身在当时的历史条件下，无论在思想性还是学术性上，都是在中国哲学史研究领域中别具一格的重大创新。第二层是说，冯契先生不仅完成了"哲学史两种"，而且有"智慧说三篇"的创作，即既有"史"又有"思"；由于我们可以把冯先生的"史"与"思"看成智慧说的两面，又由于冯著"中国哲学史两种"之间本身的差异等，智慧说可以对我们在今天的中国哲学史研究，在形态和方法上有什么进一步的启发。第一层意思又可以分析为两个方面，一方面是从纵观的大尺度看智慧说与冯先生自己表述的贯穿哲学史研究的原则和方法之间的关系。他自己强调基于实践唯物主义辩证法，一以贯之的是"哲学是哲学史的总结，哲学史是哲学的展开"。从冯契先生与清华学派的学渊关系，人们会注意冯契擅长哲学分析，但是冯契自己强调的是"方法论的核心就是分析与综合的结合"。在横的方向上，它表现为归纳与演绎的结合，在纵向的方面则表现为历史与逻辑的统一。所以关于何谓"历史与逻辑的统一"，冯先生的哲学史研究如何运用或贯彻了"历史与逻辑相统一"的方法，以及它与20世纪30年代以来马克思主义学派——以唯物史观研究中国哲学史的著述——之间的关系，包括他和同时代的其他哲学家如李泽厚的哲学史研究（尽管李泽厚喜欢名之曰"思想史"）之异同都是应该得到研究的。另一方面是，在冯契的哲学史著述中展开的"哲学"为何，因而就涉及大量的个案研究，尤其是冯先生认为是比较关键，给予很高评价的哲学家个案的研究。我们现在的工作，主要集中在第一个层面的两个方面，一个是综论，一个是分说；同时希望它们都对第二个层面，即智慧说对我们今天如何研究哲学史的启发有不同程度的新开示。在最近几年的研究过程中，围绕"智慧说与中国哲学史研究的新范式"，我们举行了两次学术研讨会，另加一次小型的工作坊。因而，在上述两个大方向上积累了可观的研究成果。

我们知道，对于智慧说与冯契先生的中国哲学史研究之间的关系，冯契先生自己有过一些概括的论述。他说："归根到底认识的辩证运动是天与人、性与天道的交互作用，是实践基础上认识世界和认识自己的交互作用，表现为由无知到知、由知识到智慧的辩证发展过程。这些就是我在系统地研究了中国哲学史，并同西方哲学作了粗略比较以后所形成的看法，也是给自己提出的须作深入探索的任务。"[1] 他还说：

> 就我个人说，我主要从哲学史研究中对思辨的综合有一点亲切的体会，哲学家所要探索的根本问题可以概括为思维和存在的关系问题，或按中国传统哲学的提法，概括为天与人、性与天道的关系问题。这个根本问题一次次地取得不同形态，在不同历史阶段里表现为不同形式的问题，展开不同的论辩。如在中国哲学史上，表现为天人之辩、名实之辩、形神之辩、力命之辩、性习之辩、有无（动静）之辩、理气（道器）之辩、心物（知行）之辩等等。每一论辩都可说是经历了由抽象上升为具体的发展过程，经过不同观点、不同学说的论争，到一定阶段上作出较全面的批判总结，达到具体的、历史的统一。然后又有新的问题提上日程，又产生新的论争，又经历由抽象到具体的发展。这样，哲学史就表现为复杂的螺旋式发展的辩证运动，而哲学就在哲学史中展开，便不断地复归出发点，又不断地取得新的形态，达到新的境界。[2]

这些话，在熟悉冯契哲学的人们中间，几乎已经是家常便饭了。但是，今天我们的研究要取得新的境界，就要从"家常便饭"中吃出旨味来，就是既要知其然，又知其所以然。要说明冯先生何以如此说，又何以能够如此说。于是就不是简单地重复冯先生的命题和肯认，而是在"史"与"思"

1　《〈智慧说三篇〉导论》，《冯契文集》（1），华东师范大学出版社，2016年，第27页。
2　《〈智慧说三篇〉导论》，《冯契文集》（1），第34页。

的对勘中检视这些命题和肯认。因此，细节的展开就是不可避免的，比较研究也是必要的，否则不能看出冯著的特色。换言之，我们需要对于智慧说与冯著哲学史两种之"关系"，获得更为详明的认知。

这里有一个中国哲学史的著述的学科定位的问题。从根源上说，"中国哲学史"是因应现代学院制度的产物，从胡适作的"半部"《中国哲学史大纲》说起，一开始就是为大学中国哲学学科提供的教科书，基本的功能是知识的传授，以作为智慧启发的准备。以后的多种《中国哲学史》的编撰与出版，其基本动力也仍然是为大学提供教科书。冯契的《中国古代哲学的逻辑发展》三册，在1985年庐山会议上经过专家论证被提请到教育部作为大学哲学专业的教科书之一种，至少是教学参考书。但是，鉴于多年来我们的中等教育乃至高等教育中对于传统文化传授方面的缺陷，对于初学者而言，它不是一部最合适的教科书，就提供清通简明的历代哲学家及其哲学思想的历史知识而言，20世纪60年代到80年代流行的《中国哲学史》，与一般读者的阅读能力反而更相匹配。冯契本人也意识到这一点，他本来就不准备撰写一部符合通行标准的哲学史教科书，写作目标之一是提供一份"别出心裁"的教科书，因为"别出心裁"，它无异于以哲学史的面貌出现的一部哲学书。因为他从来就自觉到他的写作方式是"哲学家写哲学史"，而不愿意做一个单纯的哲学史家。如果与西方哲学史的著述做不尽恰当的类比的话，冯著哲学史两种更像黑格尔的《哲学史讲演录》和文德尔班的《哲学史教程》，而不像比较流行的重在客观陈述历史的梯利的《西方哲学史》。《中国古代哲学的逻辑发展》一书，就其中的哲学家思想个案而言，有些就没有专论完全，冯契也不求完全，而专取它们在"逻辑发展"中提供了什么"范畴"以及所居的"环节"。因此，我们可以说这是冯契对于古代哲学家的解释。而《中国近代哲学的革命进程》一书，鉴于近代哲学家通常投入现实社会活动甚深，在哲学体系的建构方面则难免显得晚熟，冯契关注的主要是他们提出了哪些新观念来代替旧观念，并予以在智慧说框架中的伸张和解释，直接指向了"智慧说三篇"。由此，造成冯著中国哲学史在内容上比通行的教科书较"窄"，而又比专以儒家哲学为中国哲学史主干的教科书为"宽"。这种在取材上的无论是"窄"，还是"宽"，都应该在它们与智慧说的关系层面上获得更合理的解释。

根据上述基本期待，本书讨论冯契思想中哲学创作与哲学史写作之关系，以及冯契的哲学史研究基于此种关系而别具的特色。所收各章有"综论"与"分说"的命意侧重，分为上下两编。

上编综论，以纵观的大尺度，探讨智慧说与冯契自己所述的贯穿哲学史研究的原则与方法之间的关系，按《周易》说"二气感应以相与"，此等关系或可谓"思史相与"。智慧说具有注重实践的理论特色和回应时代问题的现实品格，为中国哲学的发展开示了一个富于启发性的方向。但智慧说的获致并非一蹴而就。冯契早年的《智慧》一文已经涉及了"转识成智的飞跃"这一核心问题，但冯契此时基本持一种"静观"的态度，试图通过逻辑思辨和涵养去私的方式来达致此种飞跃。从《智慧》到"智慧说三篇"，冯契的理论创造之路跨越了近半个世纪；其中，"哲学史两种"是《智慧》和"智慧说三篇"之间的重要中介。在这个意义上，"哲学史两种"可被视为冯契哲学创造的准备。正是在《中国古代哲学的逻辑发展》中，作为智慧说骨架的基于实践的"广义认识论"得到了正式表述，冯契亦强调其理论的创立尤其得益于"从哲学史研究中对思辨的综合"的"亲切的体会"。《中国近代哲学的革命进程》虽然也采取了广义认识论为中心的立场，却并未采用"逻辑发展"的范畴史体例，而强调研究"观念的新陈代谢"。这一方面有助于人们理解冯契重视思潮研究和开启后学的观念史取径；另一方面，"新陈代谢"是一项未竟的事业，"智慧说三篇"中对逻辑、方法和自由问题的注重，与冯契对近代哲学革命相关缺陷的诊断具有内在联系。

"哲学史两种"虽可称为"中介"，但"智慧说三篇"对它却不能"过河拆桥"。在著述"哲学史两种"的过程中，冯契的哲学创作业已展开，尤其在几乎与修改《中国古代哲学的逻辑发展》同时创作的《逻辑思维的辩证法》中，智慧说的框架已具雏形。因此哲学史与哲学理论创造之间因其互涵而其关系更为密织，基于元哲学的自觉，"哲学史两种"具有鲜明的个性特色。具体而言，第一，从智慧说的视角看，哲学史的动力是基于社会实践的主客体交互作用，社会实践内在关联于世界的展开与自由人格的生成。这一知识社会学方案不同于黑格尔的观念论，也不同于旧模式对"实践"的狭隘理解。第二，与其时代判断密切联系，冯契关注"化理论为方法，化理论为德性"，反映于"哲学史两种"之内容选择，逻辑学与方法论、知识与德性之关系、理想人格问题便成为哲学史书写的重点。这些特征一方面与中国哲学史书写的早期典范——胡适、冯友兰、侯外庐、任继愈等人——之间存在着既继承又突破的复杂关系，另一方面，与同时期的李泽厚等人从"历史唯物主义"出发探寻民族的"文化心理结构"，也存在着取径上的差异。第三，基于思维辩证运动的原理，《中国古代哲学的逻辑发展》采取了"螺旋式发展"的总体结构，把哲学史刻画为认识发展史。但冯契强调"既济"之后继之以"未济"，以及"理有固然，势无必至"，因此其所说的"逻辑发展"亦以拒绝独断论和先验论之理论自觉为基础。此外，冯契强调哲学家的论辩对"发展"的推动作用，暗含了其对建设社会主义民主的时代关切。

不过，"思""史"之间虽然有"相与"的一面，但思维的逻辑环节本来是以历史长程为尺度才得以勾勒出来的，从历史的细节着眼则会有不同的标准，而纯粹历史的研究对细节又会特别考究。智慧说把历史中的哲学体系视为哲学家独特人格的表现，而《中国古代哲学的逻辑发展》所重视的哲学发展的逻辑研究，则要求"粉碎"历史上单独存在的哲学体系，萃取出作为必经环节之范畴，其间便存在着具体与抽象之间的某种紧张。同时，冯契自觉地从事"哲学家写哲学史"的事业，是高度个性化的写作，其"哲学史两种"既非面面俱到的百科全书，也非以单纯传授相关知识为宗旨的教科书；故古代的政治、社会、历史、宗教等思想资源，并未在《中国古代哲学的逻辑发展》中得到全面具体的展开。冯契主编的《哲学大辞典》，虽然是一项集体工程，但是由冯契先生总其成，此项工作亦可以说明上述在《中国古代哲学的逻辑发展》中似乎缺失的成分，并未完全消失在冯契先生的视野之中。这在此后的《中国近代哲学的革命进程》、其主持的集体研究项目的成果《中国近代哲学史》上下两卷（冯契主编），以及20世纪90年代陆续出版的"中国近代社会思潮研究丛书"中，更有多样化的补充。由于集体项目毕竟不是冯契先生个人的著述，我们就没有把它们直接纳入课题研究的对象，希望这一点提示对于全面认识冯契先生的工作和思想有所裨益。

下编分说，主旨仍为"思""史"之相与，但更侧重于从个案研究的角度，探讨哲学在哲学史中的"展开"，亦即冯契对哲学史个案——包括哲学史脉络、哲学史事件、哲学人物与观点——的研究，其组织方式、轻重详略、褒贬臧否如何体现了智慧说的宗旨及其重要的哲学观点，旁及此种展开对其哲学创作的构成性意义，可以名之为"史中之思"。在哲学史脉络层面，我们讨论了冯契先生对科学思想、中国古代逻辑、佛学和明清哲学等的研究。基于社会实践的哲学史观，冯契先生把政治思想和科学视为推动哲学发展的两大动力：在社会变革时期，以政治思想为主；在社会平稳发展时期，科学的进步成为哲学发展的重要动力。因此，他认为科学方法是哲学与自然科学的结合点，其晚年重视中国古代科学思想史的研究，就对探讨中国古代的科学技术的进步与哲学的辩证运动之间的关联的着力程度而言，当代哲学史家中无人能出其右。冯契先生对于中国逻辑思维史的一个基本判断是，中国古代较早发展了朴素的辩证逻辑而长期冷落形式逻辑，并对中国古代逻辑研究的方法论进行了系统反思。对于佛教哲学，在《中国古代哲学的逻辑发展》中，冯契先生选取僧肇、竺道生二人的思想来概括佛学的中国化历程，并通过"空有"关系、"心物（性相）"之辩和"理想人格培养"三大主题来把握隋唐各宗派，识见独到。他的明清哲学思想书写，以启蒙的价值导向、自由的德性追求和历史主义的精神为批判标准，这些内容也是其哲学的重要构成部分。

在哲学史事件层面，下编讨论了冯契对新文化运动的研究和对"科玄论战"的评论。冯契从中国近代价值变革的角度评判新文化运动诸思潮，尤其肯定个性解放与大同团结的新价值观，并延续其追求自由个性的理想，建立了"自由为体、价值为用"的价值哲学。他对"科玄论战"的评论，体现其马克思主义的理论水准，又与其关注知识与智慧之关系的思路有内在关联。

在哲学人物与观点层面，下编讨论了冯契对后期墨家"三物"论说、王夫之成性说、王国维"境界论"的研究与推进。冯契把后期墨家"三物"论说勘定为提出了"类""故""理"三个范畴是逻辑思维所必具的学说，并以之重构和诠释后期墨家逻辑思想；从这一诠释出发，他为建构逻辑范畴体系提供了一个极具民族特色的基本架构，而以"类""故""理"为骨架的范畴体系正是智慧说的创获之一。他对王夫之的成性说有独到阐发，并将之从研究对象转变为智慧说的有机构成；他自觉接续荀子、王夫之一系的传统，如果研究冯契哲学与传统儒学各派的关系，其哲学可以视为一种"新气学"。

在把我们的研究成果结集成书之际，对冯契先生最后20年著作的语境和心境做一点探讨，对理解"智慧说与中国哲学史研究的新开展"，也许是必要的。

从成书并面世的时间顺序上说，冯契先生在20世纪80年代先出了"哲学史两种"，"智慧说三篇"是在他身后作为遗稿正式出版的。但是在《中国古代哲学的逻辑发展》一书"绪论"中，冯契先生就提出了"广义认识论"的四项任务。在写《中国古代哲学的逻辑发展》的同时，甚至更早的，是《逻辑思维的辩证法》的写作——它是冯先生20世纪50年代以来写作不同于"正统"版本的马克思主义哲学的实验的继续。所以智慧说才是"哲学史两种"的内在架构。在20世纪80年代思想解放的大环境下，始终念兹在兹欲建构自己的哲学体系的冯契先生，终于越来越自信，从默默地坚持心灵的自由思考，到正式明确广义认识论的哲学论域，他的哲学论述中既有对现实的深入思考，又包含了丰富的理论反思和艰苦的学术建构。当然，在冯契先生的"史"与"思"之间，未必严丝合缝，毫无张力，他对历史上的哲学家的思想个案的讨论一定还有继续讨论的空间。事实上，冯契先生多次说到我们面临着世界性的百家争鸣，哲学的发展本来就遵循着"同归而殊途，一致而百虑"的规律。作为冯契先生的后学，我们今天的工作，希望能够在对冯契哲学的研究上有所推进，而实际上进步几何，则将完全交由专家和读者来鉴定。

高瑞泉

二零二三年三月

目 录

上 编

下 编

上　编

第一章　冯契和现代中国哲学

一

"哲学"是一个外来词 philosophy 的汉译，最早出于日本哲学家西周之手。在此之前，中国人并无现代学科意义的"哲学"的意识，有哲学思维，却不知"哲学"为何物。明末西方的哲学概念被利玛窦等天主教传教士引入中国，当时由傅汎济（F. Furdato，一译"傅泛际"）口译，李之藻达辞的《名理探》（《亚里士多德辩证法概念》）一书，便将 philosophia 一词意译为"爱知之学"。我国最早也最完整地介绍各科西方学术的《西学凡》一书，则把 philosophia 称为"理科"或"义理之学"，又音译之，为"斐禄琐非亚"。但在清末之前，中国人很少意识到这是一个独立的学问领域和学科。[1]

随着留日者日增，日本西学对中国的影响日大，哲学也成了时髦的名词和话题，为人们所谈论。仅 1903 年，就有 20 余种日本人写的哲学著作被译成汉语在中国出版。[2] 谈论哲学的人很少有人像后来的傅斯年那样，认

1　日本学者狩野直喜说清末大学者俞樾不知"哲学"一词为何物，通过日本人才第一次得知。［日］川尻文彦：《"哲学"在近代中国——以蔡元培的"哲学"为中心》，孙江、刘建辉主编：《亚洲概念史研究》第 1 辑，生活·读书·新知三联书店，2013 年，第 66页。梁启超最初也认为中国没有哲学，在《新史学》一开始他便说："于今日泰西通行诸学科中，为中国所固有者，惟史学。"梁启超：《新史学》，《饮冰室文集》(9)，中华书局，1989 年，第 1 页。

2　参见［日］川尻文彦：《"哲学"在近代中国——以蔡元培的"哲学"为中心》，孙江、刘建辉主编：《亚洲概念史研究》第 1 辑，第 75 页。

为中国根本没有哲学。[1] 较早醉心哲学者如王国维，就断然肯定："哲学为中国固有之学。"[2] 直到第一代留学西方学哲学的学生回国，方始觉得，虽然不能说中国传统中没有哲学这种东西，但中国传统思想中可算是哲学的东西还是与西方哲学有很大的不同，现代中国哲学不可能完全承袭传统哲学的形式与内容，因为我们正是在引进西方哲学的概念下，才开始建立现代中国哲学的（京师大学堂哲学门是"哲学"作为一个学科在中国建立的标志，在现代社会，哲学只有作为一门学科才能广为人知）。现代中国哲学的建立从一开始就受到西方哲学广泛而深刻的影响，以至于前些年才开始通过"中国哲学合法性"问题的讨论，来自觉地反思这种影响。

由于在从日本人那里知道有所谓"哲学"之前，中国人对（现代学科意义上的）"哲学"基本没有概念，所以在相当的意义上，现代中国哲学的发轫是被动的，即不是出于自觉的追求，而是由于被动的接受。因而一开始对于哲学本身没有问题意识，往往只是从哲学的外在形态上去了解哲学，而未能将哲学本身作为一个问题来思索，好像哲学就像史学、物理学、化学那样的具体科学学科，本身不是问题，而只是规定。王国维要算是最早对哲学产生浓厚兴趣，并积极提倡哲学之重要的现代中国学者之一，但他对哲学的理解也仅仅是综合真善美三者"而论其原理者也"[3]。蔡元培热心哲学，但孙宝瑄发现"彼视哲学与诸科学等"，而未能像他那样，认识到"哲学之大，无所不包，为万种学问之政府，如百川归海"。[4] 一直到冯友兰编写《中国哲学史》时，他还是置何为哲学的问题于不顾，而坦陈："今欲讲中国哲学史，其主要工作之一，即就中国历史上各种学问中，将其可以西

1　傅斯年：《与顾颉刚论古史书》，《中国古代思想与学术十论》，广西师范大学出版社，2006 年，第 214 页。
2　《哲学辨惑》，《王国维集》(1)，中国社会科学出版社，2008 年，第 257 页。
3　《哲学辨惑》，《王国维集》(1)，第 257 页。
4　孙宝瑄：《忘山庐日记》(下)，上海古籍出版社，1983 年，第 1041 页。

洋所谓哲学名之者,选出而叙述之。"[1]也就是说,以西方哲学的形式尺度来决定中国思想是否哲学的取舍。

1922年,蔡元培为《申报》纪念创刊50周年编辑出版的《最近之五十年》一书撰写了《五十年来中国之哲学》一文,全面回顾总结从1872年到1922年中国哲学发展的情况,结果他发现情况并不理想:"最近五十年,虽然渐渐输入欧洲的哲学,但是还没有独创的哲学。所以严格的讲起来,'五十年来中国之哲学'一语,实在不能成立。……这五十年中,中国人与哲学的关系,可分为西洋哲学的介绍与古代哲学的整理两方面。"[2]可是,"近年整理国故的人,不是受西洋哲学影响,就是受印度哲学影响的"[3]。然而,他似乎并不以受西方影响为意,相反却觉得对中国哲学还是有好处,"我国的哲学,没有科学作前提,永远以'圣言量'为标准,而不能出繁琐哲学的范围。我们现在要说哲学纲要,不能不完全采用欧洲学说"[4]。但是,蔡元培对哲学的重要性,却有清醒的认识:"文化问题,当然不但是哲学问题,但哲学是文化的中坚。"[5]

蔡元培讲的现代中国哲学的这种情况,到了贺麟于1945年写《五十年来的中国哲学》(最初叫《当代中国哲学》)一书时,在结构形态上并无多大变化。该书由四章组成,20世纪40年代的版本与80年代的版本有许多不同,这且不论。前两章,即"中国哲学的调整与发扬"和"西方哲学的绍述与融会"也就是蔡元培上述文章中讲的古代哲学的整理和西洋哲学的介绍。不过,从蔡元培的文章到贺麟的著作相隔二十几年不是白过的,熊十力、冯友兰、金岳霖,都拿出了自己体系性的著作,这在蔡元培时代是还没有的。

---

1 冯友兰:《中国哲学史》(上),华东师范大学出版社,2011年,第3页。

2 《五十年来中国之哲学》,《蔡元培全集》(4),中华书局,1984年,第351页。

3 《五十年来中国之哲学》,《蔡元培全集》(4),第365页。

4 《简易哲学纲要》,《蔡元培全集》(4),第395页。

5 《五十年来中国之哲学》,《蔡元培全集》(4),第382页。

贺麟也对哲学和现代中国哲学的特性有更为自觉的意识和思考。他强调："我们处在一崭新的过渡时代，社会、政治、文化、思想、信仰均起了空前急剧的变化。……我们既不能墨守传统的成法，也不能一味抄袭西洋的方式，迫得我们不得不自求新知，自用思想，日新不已，调整身心，以解答我们的问题，应付我们的危机。"[1]这是现代中国哲学产生的历史背景，也是推动它前行的历史动力。贺麟这代人不再像晚清最初接触"哲学"的那些人那样，抽象浅表地将哲学径直叫作"爱知之学"，或综合真善美的原理，或"万种学问之政府"；而是看到了哲学的时代意义："大家认为哲学的知识或思想，不是空疏虚幻的玄想，不是太平盛世的点缀，不是博取科第的工具，不是个人智巧的卖弄，而是应付并调整个人以及民族生活上、文化上、精神上的危机和矛盾的利器。哲学的知识和思想因此便被认为是一种实际力量——一种改革生活、思想和文化上的实际力量。"[2]

基于对哲学的这个认识，贺麟的著作除了分别论述中国传统哲学研究和介绍西方哲学的成就外，还加了时代思潮的演变和知行问题的讨论两部分。在"时代思潮的演变与剖析"这一部分中，贺麟剖析了实用主义和辩证唯物论。前者其实从20世纪30年代开始在中国就已江河日下，渐渐失去影响；而马克思主义的辩证唯物论却传播迅速，很快成为相当一部分人信奉的哲学。20世纪30年代后，谈现代中国哲学不谈马克思主义哲学，是不可想象的。贺麟的这部著作将现代中国哲学的主要渊源和版图，第一次完整地勾勒出来了。他也提出了对现代中国哲学的三个愿景：（1）"一切建筑在理性的基础上、精神的基础上。没有精神，什么都没有。"[3]（2）"在中国兴起的新哲学，可以说是中国的民族哲学，但也可以为全世界所接

1　贺麟：《五十年来的中国哲学》，商务印书馆，2002年，第1页。

2　贺麟：《五十年来的中国哲学》，第1—2页。

3　贺麟：《五十年来的中国哲学》，第75页。

受。"[1]（3）"真正的中国自己的、表现时代精神的创新的真正哲学。"[2]

　　贺麟勾勒的现代中国哲学的版图，至今基本有效；他表达的对于现代中国哲学的愿景，也不会有太多的人反对。任何一个现代中国哲学家的地位与贡献，尤其是其对于中国哲学发展的重要性，只有放进这个现代中国哲学的历史条件和思想背景中，才能得到客观公正的评价。

　　在现代中国哲学史上，冯契先生的成就和造诣都不算最高；他留下的著作，也难说博大精深；他的某些观点，也不无可商；他现有的名声和影响，更是不能与许多前辈相比。但是，我们如若有更为宏阔的眼光，把冯契放在整个现代中国哲学史的历史语境中来考察，那么我们也许可以说，冯契的方向才是现代中国哲学发展应取的方向。就此而言，冯契在现代中国哲学史上有其独特的重要地位。

二

　　冯契与贺麟一样，对哲学的时代要求有高度的意识，他认为："真正的哲学都在回答时代的问题，要求表现时代精神。"[3]在现代中国哲学家中，在他之前，还很少有人像他这么毫不含糊地强调哲学的时代性，在他之后，讲的人不少，却往往只是受黑格尔—马克思传统的影响，说说而已，根本不表现为自己的哲学思考。结果是，现代中国哲学越来越学术工业化，在专业化的表面下，却掩盖不住根本的无思想。哲学不是哲学的思考和研究，而只是对哲学的史学研究，或者好像有问题意识，其实却是无思想地迎合某些需要。

　　冯契一生的哲学工作，的确都是围绕着他理解的时代问题展开的，这个问题构成了他思想的出发点和发展动力。他理解的时代问题是古今中西

1　贺麟：《五十年来的中国哲学》，第76页。
2　贺麟：《五十年来的中国哲学》，第77页。
3　《〈智慧说三篇〉导论》，《冯契文集》（1），第3页。

问题，但不是文化意义上的，而首先是历史意义上的，即"中国向何处去"的问题——在 1949 年以前，是如何通过革命建立一个现代中国的问题，在 1949 年以后，则是如何建设一个现代中国的问题。这个问题使得冯契的哲学有他之前大部分前辈哲学家的哲学所没有的实践哲学的特征。但是，这绝不是要让哲学庸俗地为现实需要提供理论根据，或实用主义地变成某种"可操作的理论"。这样必然导致哲学的死亡，就像我们在最近 30 年看到的那样。

作为一个马克思主义者，"中国向何处去"根本已经被历史回答了，即走社会主义道路，怎么还可能是一个问题？但冯契是真正的哲学家，他从来都是以真正的哲学态度来理解哲学的时代性和时代问题与哲学思考的关系的。也就是说，他绝不是简单地对待这个问题。他不会像许多人那样，既然中国向何处去是如何建立一个现代中国的问题，那么，如果是研究西方哲学的，就尽量引进西方哲学中科学与民主的思想来对中国人进行启蒙，如果是研究传统中国哲学的，就努力证明传统哲学中有大量可以与科学和民主接榫的因素，这样，一方面为传统正名了，另一方面也为中国现代化出力了。至于研究马克思主义哲学的人，只要证明只有社会主义能够救中国就行了。冯契不是这样！

哲学家对时代问题不能这样外在简单地处理，更不能把自己当作谋臣策士，哲学家是为民族和人类思考。但是，这思考必须是个人的，即"它通过思想家个人的遭遇和切身感受而体现出来。一个思想家，如果他真切地感受到时代的脉搏，看到了时代的矛盾（时代的问题），就会在他所从事的领域里（如哲学的某个领域里），形成某个或某些具体问题"[1]。也就是说，时代的问题必须成为哲学家自身的问题，与哲学家个人对时代的感受相结合，形成具体的哲学问题。这样，哲学问题不是无关哲学家个人生命

---

1 《〈智慧说三篇〉导论》，《冯契文集》（1），第 5 页。

的外在问题；另一方面，它（们）也不是现实中任何人都要面对的实际问题，而是理论问题。在哲学家那里，理论与实践、思维与人生、思想与人格，应该是有机统一的。

冯契对金岳霖区分知识论和元学（即形而上学）有异议，主张理智并非"干燥的光"，认识论也不能离开"整个的人"；他提倡的"广义认识论"不限于知识问题，而把"元学如何可能""理想人格如何培养"这样的问题纳入其中，与他上述对哲学与哲学家关系的理解有莫大的关系；而这个问题（哲学与哲学家的关系）几乎从未进入现代中国哲学家的理论视野。这绝不是一个无关紧要的问题，而是涉及哲学与哲学家、理论与实践、哲学家与其时代等极为重要的问题。中外的大哲学家，总是把自己放入时代中，总是将时代的问题作为自己的问题，所以他们的理论既是思辨的，也是实践的（首先是自己作为一个哲学家的人生实践）。

也因为冯契将时代问题变为哲学问题，他从来都不是一个学院哲学家或哲学专家，而是孔孟老庄和柏拉图、亚里士多德和黑格尔意义上的哲学家。冯契认为，哲学本身也有一个古今中西的问题，这就是"怎样使中国哲学既发扬中国的民族特色，又能够会通中西，使它成为世界哲学的有机组成部分"[1]。现代中国哲学家一般都主张要会通中西，可是在具体的研究中，他们却往往严守自己的"专业"领域，或中哲，或西哲，或马哲。著书立说，可以看出他们明显的"专业"背景。但是，由于西方哲学和马克思主义哲学大举进入中国，而中国人一般又都认为中国哲学不吸收甚至用西方哲学来改造，断无前途，所以像马一浮那样纯粹中哲，基本不掺西哲因素的哲学家极少。从康有为、梁启超、章太炎、王国维，到熊十力、张东荪、冯友兰、金岳霖、牟宗三、唐君毅，都是兼采中西，但是，远未到会通的程度，所以，康、梁、章、王、熊、牟、唐诸人，说他们是以中国

1　《〈智慧说三篇〉导论》,《冯契文集》(1)，第9—10页。

哲学为主，人们不会反对，同样，张、金基本倾向西哲，也是十分明显的。而马克思主义哲学家则往往严守理论阵地，对传统哲学和西方哲学都持坚决的批判态度。此现代中国哲学之所以不昌。在现代中国的哲学语境下，真正能光大推进中国哲学者，必须能会通中、西、马三种哲学传统，并在此基础上，将当代人类的问题化为基本的哲学问题，推陈出新，更上层楼。

由于哲学作为现代学科建立之后，越来越专门化，这样的通人就十分难得了。在 20 世纪下半叶开始之前从事哲学研究的人中，冯契先生在一定程度上打通了现代中国哲学上述三个传统。他自认为是马克思主义者，但毫不教条，相反他具有真正的马克思主义者的怀疑精神和批判精神，他坦白承认："我个人喜欢独立思考，甚至可以说喜欢标新立异。我认为，对任何一种哲学学说不能够迷信它，研究哲学不能依傍门户，不能人云亦云、随声附和。对各派哲学都应持这种独立思考态度，对马克思主义哲学也应该如此。"[1] 他服膺马克思主义，但却认为即便对马克思主义，也不能"定于一尊"[2]。这就使得他能打破专业壁垒，将中国哲学、西方哲学和马克思主义哲学三种资源熔于一炉，以至于我们很难说他是中哲专家、西哲专家，还是马克思主义哲学家。其实他根本不是哪一个哲学专业的专家，而就是一个融通了中、西、马三种资源的中国哲学家。至少到冯契时代为止，他是中国哲学史上唯一的一个。

然而，会通不是说可以外在地引用各种资源的材料，而是在融会贯通的基础上，创造性地提出、深化、推进自己的问题。从赫拉克利特开始，真正的哲学家都反对为了显示自己的博学而卖弄学问，因为那恰恰忽略了问题本身。冯契始终主张中西会通是现代中国哲学的目标和方向，但会通本身是手段而不是目的。我们只有对人类的哲学智慧有尽可能广泛而深入的了解，我们才能深入拓展自己的问题。在冯契看来，古今中西的问题表

---

1 《〈智慧说三篇〉导论》，《冯契文集》（1），第 13 页。
2 《哲学要回答时代的问题》，《冯契文集》（8），第 283 页。

现在哲学中，便是要"把西方的先进思想和中国的优秀传统结合起来，以回答现实问题和理论问题，从而作出创造性的贡献"[1]。中西结合是现代中国哲学的必由之路，"结合得好的，便有生命力，而且在世界范围内可以独树一帜，成一家之言"[2]。

他的主要著作"智慧说三篇"，便是中、西、马三种传统结合或会通的典范。[3]会通意义上的结合不是简单的机械比附或照搬的以西释中或以中释西，结果是中西皆失（这在近代以来相当流行）；而是以问题为出发点和归宿，在融会贯通的基础上，调动中西哲学的资源，创造性地提出问题，深化问题，拓展问题，回答问题。冯契的广义认识论，就是这样的中西结合或会通的一个范例。

认识论与哲学一样，是一个源于西方哲学的概念，一直有人认为中国传统哲学没有认识论，或即便有，也很勉强，很不发达。另一方面，近代以来，也有人喜欢把中国传统哲学之足硬塞进西方哲学之履中，似乎非此不足以证明自己与时俱进。冯契不是这样，他对那种做法有过尖锐的批评："中国近代思想家往往在急切的政治斗争催促下，迫不及待地将西方某种理论搬来，运用于指导社会改革，因而他们对于西方文化的理解和吸收往往是肤浅的。"[4]他会承认认识论产生于西方哲学，但这正好为我们提供了一个新的角度来观察中国传统哲学。他相信哲学问题具有普遍性，不同哲学传统只是侧重点不同而已。另一方面，他也不完全接受西方经典的认识论概念，如张东荪、金岳霖等前辈那样，而是结合中国传统哲学的资源，提出"广义认识论"的概念，即将认识论与形而上学打通，或者说，将形而上学

1　《〈智慧说三篇〉导论》，《冯契文集》（1），第4—5页。

2　《哲学要回答时代的问题》，《冯契文集》（8），第283页。

3　冯契自己似乎并不把马克思主义哲学视为一个独立的传统，而视为西方哲学的一部分（这当然是对的），所以他把马克思主义哲学中国化看作中西哲学的结合。参见《哲学要回答时代的问题》，《冯契文集》（8），第283页。

4　《"五四"精神与哲学革命》，《冯契文集》（8），第307页。

问题引入认识论。这种思路的广义认识论也有人提出过，如德国哲学家尼古拉·哈特曼，但冯契却是从中国哲学传统中得到启发，并承袭了传统中国哲学的一些重要命题与内容。

"能动的革命的反映论"是马克思主义哲学的特产，在以马克思主义为官方哲学的中国，当然会有人用它来研究中国哲学，但往往只是证明在传统哲学中已有这方面的"萌芽"或"朴素的"反映论了。冯契不是这样。他依然是像他对待西方哲学一样，将"能动的革命的反映论"作为观察中国传统哲学问题（如心物问题，知行问题，形与神、能与所的关系问题，等等）的新的视角。但是，通过西方哲学的视角观察中国传统哲学并未因此使其丧失中国性，相反，让我们看到了传统哲学的当代相关性或当代意义。这种当代意义当然不是像许多人热衷的那样，证明它与现代性的价值与原则并不相悖，而是让我们看到传统哲学问题的内涵具有普遍意义，不存在过时与否的问题。

当然，也因为有了不同的观察角度，冯契对于中国传统哲学和西方哲学，都是有赞有弹，持辩证的批判态度，既不全盘肯定，也不全盘否定。例如，冯契高度评价和重视辩证法。虽然"辩证法"这个名词来自西哲，但作为人类一种普遍的思维方式，它并不限于西方。冯契指出："辩证法不是只有一家之言，如果只是一家之言，就成为独断论了。"[1] 这说的是事实。在西方哲学中，柏拉图、康德、黑格尔，各有各的辩证法概念。但是，冯契并不像许多人那样，认为既然辩证法是舶来品，那么中国古代充其量只有"朴素的"辩证法。相反，他认为《易》的辩证法比黑格尔的要更辩证一些，更富于宽容精神，更能启发人的智慧。真正讲辩证法就应该这样，不能说到我就是极点了。辩证法应该有很多家，我认为新时代讲辩证法就应该有这样的态度，这是中国传统的观点"[2]。这是中国传统的观点，

---

1 2 《认识世界和认识自己》，《冯契文集》（1），第 79 页。

但也是冯契在现代条件下对传统观点的创造性阐发。这种开放雍容的态度，在许多现代中国哲学家，尤其是某些新儒家哲学家那里，是根本看不到的。

中西结合对于冯契而言绝对不是简单地利用中西哲学的资料，而必然包含利用两种哲学的资源相互批判，在此积极的相互批判基础上，提出自己的原创性观点。例如，他根据实践唯物论的观点批评"宋儒的复性说是脱离社会实践的"[1]，也用王阳明的"本体即工夫"批判休谟和康德的不可知论。这样的中西哲学相互批判，在现代中国哲学家中是罕见的；而冯契自己的哲学思想正是在这样不断的中西相互批判中逐渐形成和产生的。

全球化时代的中国哲学，要想在世界哲学舞台上有一席之地，必须走冯契这样会通中西的道路，否则就无真正的原创性哲学可言。毋庸讳言，冯契结合中西的具体做法和方向都是对的，都具有指导性意义，但其不足也给后人指明了继续前进的道路。由于种种历史原因和主观原因，冯契对西方哲学（包括马克思主义哲学）"缺乏全面的了解和系统的研究"[2]。他在西南联大学习时可能对英国经验论和现代实在论用力多一些，对古希腊哲学、中世纪哲学和德国古典哲学的了解可能不如对英国经验论和实在论那么深入，"对 19 世纪中下期的西方哲学则没有作过系统研究"[3]，否则他的哲学成就会更高。但每个人都有其历史局限性，这是我们不能苛求前辈的。但来者可追，今天有志于会通中西者，就应该努力对中西哲学两个伟大的传统有更好、更深入的了解，否则是无法产生"真正的中国自己的、表现时代精神的创新的真正哲学"的。

1　《认识世界和认识自己》，《冯契文集》（1），第 321 页。

2　《"五四"精神与哲学革命》，《冯契文集》（8），第 307 页。

3　《〈马克思恩格斯同时代的西方哲学——以问题为中心的断代哲学史〉序》，《冯契文集》（8），第 528 页。

三

包含相互批判的中西结合使得冯契具有广阔的哲学视野，能看到现代中国哲学面临的真正问题。这个问题就是主客体分裂，或者说认识世界与认识自我的分裂，识与智的分裂，真善美的分裂。而这种分裂，是中国人解释西方现代性哲学的结果。自从王国维说"哲学上之说，大都可爱者不可信，可信者不可爱"[1]后，人皆以为的论。其实王国维这里说的不过是近现代西方哲学的看法，即形而上学、伦理学、美学，都与人的情感偏好有关，只有主观性，没有客观性和真理性，可爱不可信即由此而来。而知识论等则与客观事实有关，无关人的主观偏好，故可信不可爱。真善美是完全不同的领域。金岳霖区分知识论的态度和元学的态度，也是同样的理由。知识论的裁判者是理智，而元学不但要有理智的了解，还要有情感的满足。因此，元学和知识论是完全不同的研究领域。

然而，冯契的"智慧学说"却要转识成智，打通两个在一般现代哲学中截然有别的领域。不仅如此，他最终根本想要证明真善美是统一的。[2]所谓智慧，在德性之知与闻见之知的统一，在知情意的统一，也是自然和人文的统一，主观和客观的统一，因此，"智慧学说，即关于性与天道的认识"[3]。性与天道，"是最富于民族传统特色的、是民族哲学传统中最根深蒂固的东西"[4]。可是，在近现代西方哲学巨大的影响下，即使以研究中哲为业者，也不喜欢多谈。冯契把此问题重新提出，将其作为转识成智的目标，作为他的智慧说的主题，是有多方面的考虑的。

首先是历史的考虑，尤其是对近代中国哲学的反思。冯契是一个对哲

1　《静安文集·自序二》，傅杰编校：《王国维论学集》，中国社会科学出版社，1997年，第410页。

2　参见冯契1981年12月6日和1982年3月28日致邓艾民的两封信，《冯契文集》(10)，第248—250页。

3　4　《〈智慧说三篇〉导论》，《冯契文集》(1)，第18页。

学的批判功能有高度自觉和实践的人，他对哲学批判功能的强调和对哲学批判的身体力行，在现代中国哲学家中都是非常突出的。他认为，只有经过自我批判和反思，中国哲学才能呈现出崭新的面貌。[1] 为此，冯契对近代中国哲学有深刻的反思，他一方面承认，通过引进西方哲学，将它与中国哲学结合，近代中国哲学取得了一些成果，是有成绩的。但另一方面，也必须看到，在会通中西、推陈出新的同时，也产生了严重的问题，即传统权威瓦解后，人们干脆放弃对真善美的追求，出现了价值的真空和混乱，尤其是引进唯意志论后，人们打着意志自由的旗号我行我素，用一个极端反对另一个极端，在传统经学独断论和权威主义"日趋崩溃的时候，便又走向反面，成为相对主义和虚无主义——这是使整个社会成为一盘散沙的毒素"[2]，"在这个问题上，比较和会通中西的工作并未成功"[3]。

其实，这不仅仅是比较和会通的工作没有做好的问题，而是现代性哲学的必然结果。18 世纪末 19 世纪初，随着启蒙运动逐渐谢幕，启蒙造成的价值真空和价值混乱也逐渐被人觉察，雅可比因此而发明了"虚无主义"的概念，黑格尔则先于尼采断言"上帝已死"。在中国，对现代性造成的虚无主义和相对主义有明确认识的哲学家，冯契恐怕算是第一人。他认为，近代中国哲学恰恰在这个问题上"未能作系统反思和批判总结，所以难免造成很大的理论上的盲目性和实践上的失误，甚至造成'文革'那样的重大灾难"[4]。

但是，我们还应该看到，冯契并不仅仅是通过纯粹理论反思得出上述的结论，他的确是如同自己说的那样，对时代的问题有真切的感受，"真正碰到了这样令人苦恼的问题，他就会有一种切肤之痛，内心有一种时代

1　参见《"通古今之变"与回顾 20 世纪中国哲学》，《冯契文集》(8)，第 496 页。
2　4　《〈智慧说三篇〉导论》，《冯契文集》(1)，第 23 页。
3　《〈智慧说三篇〉导论》，《冯契文集》(1)，第 26 页。

责任感，驱使他去作艰苦、持久的探索"[1]。虚无主义和相对主义来自他对中国历史和他自己个人经历的痛苦观察和反思，从而发现中国现代历史的悲剧与不幸与此有莫大的关系。因此，对价值虚无主义和相对主义的批判，就成为冯契哲学的一个持久的主题，这也是他对现代中国哲学的一个独特贡献。

冯契认为，在中国传统思想中，在独断论的反面，也始终存在着"居阴而为阳"的"无特操"的国民心理，在现代条件下，这种消极因素得到了巨大发展：

> 那些善于"做戏"的"上等人"（官僚、买办），他们作为权力与金钱结合成为异化力量的代表，把"居阴而为阳"的权术和流氓手段结合起来了。什么礼乐、尊孔，说得天花乱坠，甚至还接过爱国、革命、振兴实业等口号，而在骨子里却是什么都不信奉的，唯有权力迷信和拜金主义。在他们那里，一切庄严的口号都成了伪装的外套，而裹在外套里面的是价值的虚无主义者和实用主义者。[2]

中国革命的特殊条件又加剧了价值虚无主义和相对主义：

> 在散漫的小农经济的条件下，为要抵抗外侮，进行革命和建设，必须有集中的权力把分散的革命力量（包括工人、农民、知识分子、企业家等）组织起来，但是这却难免造成政治权力支配社会的现象，而由于旧的体制缺乏民主和习惯势力的影响，掌权者极易成为言行不一、无特操的"做戏的虚无党"，转过来又助长了一盘散沙的状态和自发势力的泛滥，使集中的力量趋于瓦解。从晚清以来，中国经历了几

---

1 《〈智慧说三篇〉导论》，《冯契文集》（1），第5页。
2 《"五四"精神与哲学革命》，《冯契文集》（8），第309—310页。

度这样的反复，虽然有所前进，却始终未能摆脱这种困境。[1]

冯契对中国现代的价值虚无主义和价值相对主义的分析极为深刻：既有历史的维度，又有现实的维度；既从哲学思想上分析，又从政治文化上分析。这种多维度的分析表明，价值虚无主义和相对主义的问题对于冯契来说，首先是时代的问题，但同时也是一个重大的哲学问题，他的哲学在很大程度上是要对此重大问题做出回答，这在现代中国哲学史上显得非常突出。鉴于这个问题作为一个现实的问题，今天不仅没有解决，而且愈演愈烈，冯契对此问题的思考，就更加具有其意义和价值。

价值虚无主义和相对主义说到底，是一个人格的扭曲和放弃的问题。现代哲学把知识与智慧截然分开，专注于知识问题，实际上是放弃了对人性与人格完善问题的思考。[2]中国古代的哲学传统，始终把成德成仁作为人生的最高目的。在这个最高目的之下，天与人、知与行，是完全一致的，不存在知识与智慧的分裂。求知不仅仅是为了认识世界和改造世界（如现代人那样），而是为了完善自己进而完善世界，所谓成己成物是也。冯契的广义认识论或智慧学说秉承了这个优良传统，从这个传统资源出发来解决知识与智慧的问题。

冯契"智慧说三篇"第一篇为《认识世界和认识自己》。"认识世界"没有问题，就是一般认识论处理的问题；但"认识自己"却不是如在近代西方哲学中那样，指对人的认识能力、意识活动或心理状态的认识，而是人对天道、人道的认识。并且，这种认识不是一个客观外向、单向的认识过程，而是主观—客观双向巡回的辩证过程，它"要求在自己的德性培养中获得自证"[3]。现代新儒家也讲自证，但他们讲的自证根本不通过自己德性

1 《"五四"精神与哲学革命》，《冯契文集》(8)，第311页。
2 这个重要问题得专门处理，这里只能点到为止。
3 《〈智慧说三篇〉导论》，《冯契文集》(1)，第34页。

的提高和完善来证明天道与人道的一致，证明真善美的统一和自由人格，而是类似西哲讲的理智直观，能不要外在证明，只要诉诸内在直观就可以把握性与天道。相比之下，冯契比他们更接近传统哲学的精神。

冯契讲的"自证"，绝不是像当代新儒家那样其实是绝对主观主义的内在体验或顿悟：

> 德性的自证并非只是主观的活动、主观的体验，而有其客观表现。心口是否如一，言行是否一致，这是自己能"自证"的，别人也能从其客观表现来加以权衡的。对从事哲学的人来说，从真诚出发，拒斥异化，警惕虚伪，加以解蔽、去私，提高学养，与人为善，在心口如一、言行一致的活动中保持自己的独立人格、坚定的操守，也就是凝道而成德、显性以弘道的过程。……这种自证是精神的"自明、自主、自得"，即主体在返观中自知其明觉的理性，同时有自主而坚定的意志，而且还因情感的升华而有自得的情操。这样便有了知、意、情等本质力量的全面发展，在一定程度上达到了真、善、美的统一，这就是自由的德性。而有了自由的德性，就意识到我与天道为一，意识到我具有一种"足乎己无待于外"的真诚的充实感，我就在相对、有限之中体认到了绝对、无限的东西。[1]

现代中国哲学家中以继承发扬儒家哲学为志者大有人在，可基本都把"自天子以至于庶人，壹是皆以修身为本"忘到九霄云外。他们不是热衷谈论心性之学，就是做些纯知识的研究，或者期待应帝王，为王者师。几乎没有人将个人德性的完善与提高，如何心口如一，以身践道，作为极端重要的哲学问题来讨论，来研究，更不知道反求诸己。冯友兰的境界说是涉及人格问题，但不出知识论客观描述的路数，告诉人们每一境界的表现，

---

1 《〈智慧说三篇〉导论》，《冯契文集》(1)，第35—36页。

却不说人如何通过不断提高自己的道德意识和艰苦的道德实践，逐步提升自己的人生境界。总之，现代哲学基本都是向外的，连伦理学都是如此，它只告诉你道德的原理及其根据，却不讨论如何身体力行，克服种种欲望和诱惑，成为有德之人。在现代哲学看来，哲学只是理论，与人生实践无关。这种哲学理想的反面，则是哲学的实用化和庸俗化，可以为任何卑鄙龌龊的目的辩护。现代哲学的这种状况，正是虚无主义在哲学中的表现。

冯契很早就清楚地看到现代哲学一味向外的知识论倾向，现代哲学家热心推理、论证，却不关心人本身的完善和提高，更不身体力行，"这样便使哲学脱离了人生，远离了现实，失去了理想的光辉"[1]。在现代中国哲学家中，只有冯契自觉地追求这种哲学理想。

现代新儒家也许在整理阐发古代哲学上有所成就，但我们在他们（梁漱溟除外）的著作中根本看不到古代儒家哲学家那种天人交战、自我拷问、反求诸己，看不到在自身道德实践中体察天道的那种感人功夫。所以他们的哲学实际上是知识论性质的，哲学只是他们的职业，不是他们的生活方式。[2]在此意义上，他们的哲学是向外探究的，而不是向内审视的。

苏格拉底说过，未经审视的人生是不值得过的。哲学就是从人类认识自己（我是谁）和认识世界（世界究竟是怎么回事）的根本要求产生的。哲学今天之所以日趋没落，是因为它很大程度上放弃了它的根本追求。

冯契没有走现代哲学流行的知识论路数。这里说的"知识论"不是传统意义的"认识论"，本章用它来指不是将哲学作为智慧，而是作为外在知识来追求的那种哲学研究；等而下之者，还有沾沾自喜于知道茴香豆的"茴"字有几种写法那类"学问"。真正的问题意识和深刻的思想在这样的"哲学研究"中是根本看不到的。

1　《论"以得自现实之道还治现实"》，《冯契文集》（8），第 217 页。
2　我曾亲耳听到现代新儒家第三代的一个代表人物说，儒家哲学于他是职业，和他个人生活没有关系。

在这样的"知识论"当道的时代，冯契的哲学是个异数，它既有向外的一面（认识世界），也有向内的一面（认识自己，其实是完善自己）。"化理论为德性"的主张要求理论不但要有外在的工具、方法的价值，"而且本身具有内在价值，体现了人格，表现了个性"[1]。在今天那些喜欢以受过"严格的专业训练"自得的人看来，这个命题根本不通，理论和人格、个性风马牛不相及。然而，这才是孔夫子和苏格拉底追求的哲学，内外双修，合天人，一内外，既有严谨的分析推理论证，又有对超名言之域的把握。它不屑于追求学院派的那种没有血色的哲学，也拒绝充当权力和资本的喉舌。它唯一要追求的是智慧，因为"获得智慧就意味着自由"[2]。

---

1 《〈智慧说三篇〉导论》，《冯契文集》(1)，第17页。
2 《认识世界和认识自己》，《冯契文集》(1)，第110页。

第二章　于历史深处通达智慧之道

——冯契的哲学史研究与智慧说创作

冯契先生的哲学理论创造，以《智慧》发轫，至"智慧说三篇"收官。但是在20世纪80年代，冯契先生用10年时间书写了一部贯通古今、别具个性的中国哲学史。对于多数读者而言，冯契先生首先以其《中国古代哲学的逻辑发展》（以下简称《逻辑发展》）和《中国近代哲学的革命进程》（以下简称《革命进程》）出现在人们面前，而后才渐渐以智慧说名世。两类著述发表时间的先后，直观上给人们一种印象：与冯友兰先生的《中国哲学史》与"贞元六书"类似，冯契先生的"中国哲学史两种"和"智慧说三篇"，近乎"照着说"和"接着说"的关系。对冯契心灵史的进一步探究告诉我们，在他那里"史"与"思"有更为紧密的相互生成关系。作为专业哲学家，从对《智慧》反省后再次出发，除了在实践中获致的洞见，冯契的"中国哲学史两种"，作为重要的思想实验，是进达智慧说不可或缺的中介。作为辩证法意义上的中介，它不仅是时间或形式上的中间环节，而且与其关联端之间存在着由此及彼、相互联系与相互转化的内在关系。简言之，冯契先生对当代中国哲学的贡献，在于以中国哲学史研究为通达智慧说的中介，体现出其哲学研究之"思"与"史"的高度融合，从而使得其哲学体系既体现出强烈的现实感，又具备鲜明的民族特色，同时也使得我们可以观察作为哲学家著哲学史，冯契的哲学史著述具有何种独特的方法和风格，以及它如何拓宽了研究哲学史的新路径。

一、哲学史研究与元哲学自觉

一般而言，哲学史的写作必须以某种理论思考为前提，包括什么是哲学，哲学何以有其历史，哲学史是百家往而不返的战场还是前后相继的追寻，这些实质上是哲学对自身的反省和追问。换言之，从事哲学史著述，通常需要某种程度的元哲学自觉。用利科的话说：

> 即便历史学家—哲学家本身未开创一种独特的哲学研究，即便他也不想这么做，他的目的仍然是做一名纯粹的哲学历史学家，他作为哲学的历史学家的活动，必然使他回顾有关他的活动的哲学意义的问题。实际上，这个问题包含着两个不同的问题：过去的研究工作对于目前的研究有什么意义？以及哲学研究本身固有的真理（或真理内容）的程度是什么，撰写哲学史的哲学家把什么看作是真理的范例？[1]

但是，实际上，哲学家写哲学史与单纯哲学史家做哲学史依然有差异，哲学家的哲学史中通常有他自己的哲学，这是单纯哲学史家所撰写的哲学史所缺乏的。作为一门学科的中国哲学史，是现代学院制度的建制活动的结果。从 20 世纪初至今，以"中国哲学史"冠名的著作数量相当可观，幸运的是，最重要的文本只是数位专业哲学家所著，它们与大量哲学史教科书在哲学意蕴上有明显分别，后者只停留在知识传承而非提供独创性哲思。而哲学家所做的哲学史，元哲学的自觉程度也各有不同。

胡适开创了通史形态的中国哲学史著述第一个范例，其《中国哲学史大纲》（后胡适把书名改为《中国古代哲学史》）一书在 1919 年出版，至 1930 年共印行了 15 次，并于同年被收入商务印书馆的"万有文库"，说明

---

1 ［法］保罗·利科主编，李幼蒸、徐奕春译：《哲学主要趋向》，商务印书馆，2004 年，第 73—74 页。

此书颇受社会欢迎。这符合中国现代学院制度包括哲学学科建制化之所需：大学哲学系开设"中国哲学史"课程，需要基本教科书。在胡适以前，中国哲学史要从伏羲、神农等上古传说讲起；因此其内容如蔡元培所言，需要"把我们三千年来一半断烂、一半庞杂的哲学界，理出一个头绪来，给我们一种研究本国哲学史的门径"[1]。联系胡适提出的新文化的任务，《中国古代哲学史》的写作，既是"整理国故"之一部，也是"再造文明"之所需。

从"整理国故"的视角看，胡适的中国哲学史研究在历史和学术知识上追求可信的哲学史，他注意考辨历史文献的真伪，试图将哲学史客观化。而"截断横流，从老子、孔子讲起"，以春秋时代为哲学史开端的书写方式，和卡尔·雅斯贝尔斯的"轴心时期"（the Axial Period）的断言不谋而合。[2] 胡适开创的断代方式，重视哲学发生期思想的多元性，包括各种非儒学派的思想贡献，以及由此而来对历代"异端"的再发现，使得中国古代哲学呈现为宽幅的历史传统。

从"再造文明"的视角看胡适的哲学史研究，则主要是对古代中国思想的哲学意蕴阐发。它受制于胡适本人的哲学和哲学史观，不过，它首先与注意中西文化的结合有关："我们当前较为特殊的问题是：我们在哪里能找到可以有机地联系现代欧美思想体系的合适的基础，使我们能在新旧文化内在调和的新的基础上建立我们自己的科学和哲学？"[3] 换言之，胡适相信

1　蔡元培：《中国古代哲学史·序》，《胡适全集》(5)，安徽教育出版社，2003 年，第195 页。

2　胡适认为中国哲学的最初阶段（公元前 600 年到前 210 年），也是"人类思想史上一个最重要的和最灿烂的时代。这是老子、孔子、墨翟、孟子、惠施、公孙龙、庄子、荀子、韩非以及许多别的次要的哲学家的年代。它的气势、它的创造性、它的丰富性以及它的深远意义，使得它在哲学史上完全可以媲美于希腊哲学从诡辩派到斯多噶派这一时期所占有的地位"。参见《先秦名学史·第一编》，《胡适全集》(5)，第 14 页。而德国哲学家卡尔·雅斯贝尔斯的《历史的起源与目标》则将这段时期中西印三大文明几乎同时发生的突变，称为历史上的"轴心时期"。考虑到雅斯贝尔斯的书出版于 1949 年，人们应该承认当初的胡适确实属于那类视野开阔、思想敏捷的人物。

3　《先秦名学史·导论》，《胡适全集》(5)，第 11 页。

依靠哲学家的洞见和历史连续性的意识，通过西方现代哲学与中国传统哲学的相互解释，不但可以给儒学以适如其分的地位和评价，而且通过描述中国哲学百舸争流的历史，在提升国人文化自信的同时，也提供文化反省的理论和工具。

具体而言，胡适在以下层次上分别展现其哲学的观念：首先，胡适给哲学下了一个围绕人生而又类似"科学之科学"的定义："凡研究人生切要的问题，从根本上着想，要寻一个根本的解决：这种学问，叫做哲学。"[1]其次，受到历史主义的影响，胡适规定哲学史的任务是"明变""求因"和"评判"。胡适对哲学史的三项规定，有些类似文德尔班，按照这位德国哲学家的说法，哲学史也有三项任务，关于前两个任务，"哲学史是语文—历史的科学，关于第三个因素，哲学史是批判—哲学的科学"[2]。胡适则说："我说的评判，并不是把做哲学史的人自己的眼光，来批评古人的是非得失。那种'主观的'评判，没有什么大用处。如今所说，乃是'客观的'评判。这种评判法，要把每一家学说所发生的效果表示出来。这些效果的价值，便是那种学说的价值。"[3]胡适对哲学史三项任务的分析，表示他虽意识到"史"与"思"的张力，但并未充分了解在哲学史研究中，描述和评价虽有差别却不能打为两截。"明变"和"求因"，都不能完全摆脱描述者的价值观念。对此，胡适的自觉程度不够。因为胡适所谓"客观的评判"，其实质乃是变相的实用主义真理观；而对于实用主义哲学及其局限性，胡

---

1 《中国古代哲学史·第一篇》，《胡适全集》（5），第197页。

2 文德尔班说："哲学史研究要完成下列任务：（1）准确地证实从各个哲学家的生活环境、智力发展和学说的可靠资料中可以推导出什么东西来；（2）从这些事实，重建出创始的发展过程，以便就每个哲学家来说，我们可能了解他的学说哪些来自前人的学说，哪些来自时代的一般观念，哪些来自他自己的性格和所受教育；（3）从考虑全局出发来估计，这样创立的、根据根源来阐述的这些理论对于哲学史总的成果说来，具有多大价值。"［德］文德尔班著，罗达仁译：《哲学史教程》（上），商务印书馆，1987年，第25页。

3 《中国古代哲学史·第一篇》，《胡适全集》（5），第199页。

适的反省明显不足。

受到实用主义—实证主义的影响，胡适强调哲学的方法论意义，把逻辑方法视为哲学史研究的中心，似乎是胡适重视而未被世人赏识的一个特点。[1]胡适的方法论贯彻到哲学史研究，在史料取舍、考订上，注重墨子和后期墨家的逻辑学，以及对宋学的方法论批评等多个方面，都有发前人之所未发处。而其历史主义的态度，又使得他用发展的眼光看待中国哲学，并且与同时代许多哲学家一样期望在中西汇合的过程中创造"一种中国的新哲学"。不过，胡适将"名学方法"或逻辑方法作为哲学史研究的中心，对于自己的经验主义倾向缺少自觉[2]，并且有过于约化的缺漏。事实上，以胡适的方式，很难覆盖丰富的哲学史进程。胡适自述受赫胥黎与杜威的影响最大，认为他们贡献了"进化观念"，乃至在其《中国古代哲学史》中，进化论成为基本的评价标准。为了说明"西方的方法对于中国的心灵并不是完全陌生的"，胡适不断在古代哲学著述中"发现"进化论的踪迹，自然显得生硬凿枘。以至于金岳霖先生不但指出胡适的哲学修养不精，而且说胡适的中国哲学史好像"是一个研究中国思想的美国人"所写。金先生进而提出："哲学要成见，而哲学史不要成见。哲学既离不了成见，若再以一种哲学主张去写哲学史，等于以一种成见去形容其他的成见，写出来的书无论从别的观点看起来价值如何，总不会是一本好的哲学史。"[3]金先生的批评，揭示了胡适的哲学观念与其哲学史研究之间离开圆融有些遥远。不过，他实质上提出了什么是"好"的中国哲学史的问题。尽管金先生的标准仍

1　《〈中国古代哲学史〉台北版自记》，《胡适全集》(5)，第537—538页。

2　冯契先生曾经表彰胡适把西方近代科学方法和乾嘉学派的方法有机地结合起来，运用于中国哲学史的研究和《红楼梦》的考证，取得了一定的成绩。但是也批评其逻辑学比较注重归纳法，而忽视数学方法或演绎法，并且有经验主义倾向。参见《中国近代哲学的革命进程》，《冯契文集》(7)，第350—360页。

3　参见金岳霖为冯友兰《中国哲学史》(上)所写的《审查报告》，冯友兰：《三松堂全集》(2)，河南人民出版社，2000年，第618页。

然有讨论余地：完全避免成见的哲学史是否可能？是否可以有一种与哲学高度交织的哲学史写法？下文会提出一种回答。

依照一般研究者的意见，中国哲学史的第二种范例是冯友兰先生的两卷本《中国哲学史》。在此以前，冯先生出版了与此相关的两种书，《一种人生观》和《人生哲学》，都与其英文著述《人生理想之比较研究》（一名《天人损益论》）有关联。著作的背景可以视为对"科玄论战"的回应，虽然没有灌注一种十分强势的哲学，但是"其根本意思有更趋于新实在论之倾向"。间或也有中西哲学思想之比较，但大多语焉不详。作者表示应该持客观的态度，"吾人势不能'罢百家而定一尊'，只述吾人所认为对者，而将其余一概抹杀"[1]。

进入 20 世纪 30 年代，在文化保守主义的氛围中，冯友兰先后出版了《中国哲学史》上下两卷，这部贯通先秦到晚清的中国哲学史，获得了世人的好评。[2] 更为后人熟知的是陈寅恪的评审意见，它表彰此书"取材谨严，持论精确"以外，从史学方法论做了进一步发挥，提出："凡著中国古代哲学史者，其对于古人之学说，应具了解之同情，方可下笔。"由于时代差异和材料缺失等局限，"所谓真了解者，必神游冥想，与立说之古人，处于同一境界，而对于其持论所以不得不如是之苦心孤诣，表一种之同情，始能批评其学说之是非得失，而无隔阂肤廓之论"[3]。陈寅恪提出的对于哲学史对象的"真了解"和"了解之同情"，虽然和古人所谓"知人论世"的要求相吻合，但也蕴含了立场优先或意图前置的可能。这里涉及一个历史哲学的

1　冯友兰：《人生哲学》，《三松堂全集》（2），第 49 页。

2　如张岱年说："如说这本书在中国哲学史书中是空前的，实非过甚其词。这实在是近年来出版的一本极有价值的巨著，的确能对于中国哲学思想之发展演变，作一个最清楚的最精审的最有系统最有条理的叙述。读了这本书便可以对于中国哲学思想之发展演变，有一种整个的明确的了解。"张先生尤其表彰冯著之"最能客观，且最能深观"。转引自李存山：《冯友兰〈中国哲学史〉今昔评》，《中州学刊》，2011 年第 2 期。

3　陈寅恪：《审查报告一》，冯友兰：《三松堂全集》（2），第 612 页。

大问题，即"思想的重演是否可能？"[1]这与陈寅恪的文化保守主义立场有关。与陈寅恪在历史学需要"了解之同情"上有所同调，金岳霖先生则更多地从"哲学"与"哲学史"的关系，或者说"思"与"史"的关系上去评价冯友兰的《中国哲学史》。在金先生看来，胡适和冯友兰其实都是在写"在中国的哲学史"。前者是根据一种哲学主张来写，后者则"不根据任何一种主张而仅以普通哲学形式来写中国哲学史"，金先生肯定冯友兰避免了胡适的弊病，没有因为自己倾向新实在论而用之于批评中国传统哲学，因而"冯先生这本书，确是一本哲学史而不是一种主义的宣传"。[2]大致而言，按照当时学者的评价，冯友兰的《中国哲学史》能够悬置作者的成见，将传统哲学思想做客观化系统论述，因而是更加成熟的学术作品。冯友兰先生接受这样的分别，故自述其哲学史是"照着讲"，后来的"新理学"则是"接着讲"。

　　然而这是否意味着哲学史的写作可以与元哲学思考分离，而假如哲学家做哲学史，其"思"与其所著之"史"就不应该或不可以互相融合？当陈寅恪赞美冯著时，似乎是赞成理智与情感的统一，而对于哲学史的著述者而言，这里的理智和情感都是具体的，都不可避免地带有思考者的哲学之"思"，即特定著述者的思考既是理智的活动，又或多或少带有自身的情感。然后才有某种移情作用展开想象，进达"神游冥想，与立说之古人，处于同一境界"。金先生则反之，说"同情于一种学说与赞成那一种学说，根本是两件事"，似乎情感和理智是完全分离的。这里的"根本"两字很值得讨论，如果研究者对于某种哲学"根本不赞成"，"了解的同情"如何可

1　关于这一点，何兆武在《论柯林武德的史学理论》中提出过系统的质疑，他认为只有最狭义的思想或抽象的概念，例如逻辑的思想或数学的思想，是可以重演的，广义的思想是不可能完全重演的。何兆武：《论柯林武德的史学理论》，《历史理性批判论集》，清华大学出版社，2001年，第211—233页。在我看来，历史事实之不可再现，决定了完全的"设身处地"事实上不可能。

2　金岳霖：《审查报告二》，冯友兰：《三松堂全集》(2)，第618—619页。

能？事实上，在作者的哲学影响哲学史书写这一点上，金先生也有保留，因为他终究暗示了，冯友兰在选择材料和论述详略上有"依个人的主见，遂致无形地发生长短轻重的情形"。如果将文化认同视为"根本"，那么冯友兰和陈寅恪在文化保守主义的基本态度上是一致的。冯友兰《中国哲学史》下卷，程朱陆王是重点，明清之际三大思想家仅一笔带过，而将颜元、李塨、戴东原等冠之为"清代道学之继续"。后来的《中国哲学史新编》第六册，冯友兰将自己和金岳霖、熊十力都归结为新道学，则更加说明"个人的主见"如何影响哲学史的书写。

关于冯友兰的文化取向如何影响其哲学史书写，在冯友兰《中国哲学史》上卷出版以后，胡适就指出其"正统派"倾向。对此冯友兰坦然承认："吾之观点为正统派的。"所谓"正统派"的观点，是指站在儒家的立场，重在"历史上能为一时代之大儒自成派别者"，而不像胡适那样对儒家与非儒学派、儒家中不同的学派都以"平等的眼光"对待，批评"独尊儒术，罢黜百家"，乃至认为"哲学的发达全靠'异端'群起，百川争流"。胡适的态度被冯友兰视为中国哲学史研究中的"正"以后的"反"，冯友兰则以"批评的态度"回归正统，所以是"合"。[1]

从对中国哲学史学科建制之意义而言，冯友兰的工作比胡适要成功，这因为胡适不但只留下"半部中国哲学史"，而且尽管其主观成见颇强，但在哲学创造之路上走得不够远。尽管胡、冯都在中西比较视野中研究中国哲学史，都重视逻辑方法的意义；但是，胡适将哲学史作为"语文—历史的科学"处理以后的"哲学—批判的科学"的成色不够。冯友兰不但率先完成贯通二千余年的《中国哲学史》，而且已经有更多的元哲学思考。他赞

1　冯友兰：《中国哲学史》(下)，《三松堂全集》(3)。1958 年，胡适就中国哲学史的开端应该是孔子还是老子的争论再次发声，他不但批评冯友兰在考据学上的问题，而且认为冯友兰有一个宗教信仰优先的问题，这一点与余英时批评港台新儒家如出一辙。参见《〈中国古代哲学史〉台北版自记》，《胡适全集》(5)，第 538—541 页。

成哲学是时代精神的精华；区分了"真实的哲学史"与"书写的哲学史"，意识到即使尽心写史，亦并不保证写出信史。历史是进步的，哲学史的进步可以表现为对前人著述的引申发挥。因而选择"叙述的哲学史"与"选录式的哲学史"相结合的方式著述，而把个人的哲学评价做更为隐蔽的处理。从"语文—历史的科学"形态看，这样的哲学史显然更易被普通读者接受。他同时又在"哲学—批判的科学"形态上有所努力，使传统哲学的概念经过逻辑分析显得比较清晰；并将《中国哲学史》视为哲学创造的准备，他说："研究哲学须一方面研究哲学史，以观各大哲学系统对于世界及人生所立之道理；一方面须直接观察实际的世界及人生，以期自立道理。"[1]"自立道理"即创造自己的哲学系统，其实现则是"贞元六书"所代表的"新理学"，那是"接着"宋明道学讲的，或者说是接着孔子—董仲舒—朱熹一路而讲的现代新儒学。

与冯友兰相似，冯契先生以一人之力撰写了自先秦至20世纪中叶的中国哲学通史，而且是以更为澄明的元哲学自觉和独特的方法论意识，即以他"所理解的马克思的实践唯物主义的辩证法"为一以贯之的理论[2]，研究自先秦到近代整个中国哲学史的发展，并创造了一个智慧说的体系。简言之，冯契先生将哲学史研究和独特的哲学创造智慧说连成一体，展现出特异的色彩。因而我们可以说冯契创造了中国哲学史的第三种范例。

冯契对哲学和哲学史也有所区别，他说："我以为要把哲学对象和哲学史对象区别开来。哲学作为科学，其对象为自然、社会和思维的一般规律，亦即最高的真理。哲学是通过主要围绕思维与存在关系问题而展开的不同哲学体系的斗争而发展的，这个发展过程（哲学史）也即真理发展过程。"[3]他给哲学史下了一个甚为严密的界定："我把哲学史的对象概括为'基于社

1 冯友兰：《中国哲学史》（上），《三松堂全集》（2），第254—255页。
2 《中国近代哲学的革命进程·后记》，《冯契文集》（7），第655页。
3 《致邓艾民·1980年8月10日》，《冯契文集》（10），第242页。

会实践的主要围绕思维和存在关系问题而展开的认识的矛盾运动'，这就是说，哲学史首先是认识史，而辩证法则是认识史的总结。"[1] 这一界定在智慧说的视野中揭示了广义认识论的主要内容和哲学发展的基本动力。他比前人更强调哲学和哲学史的深度关联，所以主张"哲学是哲学史的总结，哲学史是哲学的展开"。可以说，哲学与哲学史的辩证统一、哲学创造和哲学史的经验总结的有机融合，是贯穿冯契著述的鲜明特点。

本章开头说冯契先生的哲学史著作是达到智慧说创造的中介。正是在《逻辑发展》中，作为智慧说基本骨架的"广义认识论"概念出现了。这是建立在对中国传统哲学不重视认识论的流俗见解的批评基础上的新概念，不同于狭义的知识论，广义认识论需要回答四个问题，除了感觉能否给予客观实在和普遍必然的知识何以可能两个问题以外，还有逻辑思维能否把握具体真理和自由人格或理想人格如何培养两个问题。即不但要回答如何从无知到知、从意见到真理，还要回答如何从抽象真理到具体真理、从知识到智慧。在某种意义它意味着，冯契将其哲学史研究的目标，指向了广义认识论的长时段论证和历史性展开。

探寻冯契先生的心路历程会帮助我们理解上述问题。尽管冯契先生晚年对《智慧》一文有数度回顾，认为它显得学院气，理论也未臻化境，但是《智慧》一文依旧是冯契哲学研究的发轫之作，它试图熔铸中国传统哲学和近代哲学的成就为一体，讨论智慧如何得的问题。而"智慧说三篇"是在更高程度上对智慧的追求之复归。它本身又有一个曲折的过程：20世纪50年代，在发表《怎样认识世界》、研究实践的唯物主义辩证法的体系建构的同时，冯契也为《逻辑发展》等书的写作做了大量准备工作。后者曾经毁于一场浩劫，在它于20世纪80年代"从劫灰中恢复过来"之前，现在以《逻辑思维的辩证法》（以下简称《辩证法》）的书名出版的那部著

---

[1] 《致邓艾民·1980年8月10日》，《冯契文集》(10)，第242页。

述已经大致成形，这部书稿的总体目标是将逻辑阐释为对世界的认识的历史的总计、总和和结论，并且提出了一个辩证逻辑的范畴体系。和一般研究逻辑学的著述明显不同的是，该书稿将如何培养理想人格纳入其中，正说明《人的自由和真善美》也常在作者念中。[1] 换言之，广义认识论体系在20世纪80年代已经呼之欲出，在《逻辑发展》中最早提出广义认识论的四个问题，也就可以得到合理的解释了。冯契20世纪80年代的部分"哲学通信"还透露出，他认为哲学家应该是"时代之子"，作为亲历者有责任将波澜壮阔的历史以一种概念化反思的方式留给后人，《革命进程》因其特殊的语境而时常萦绕其心头。后者的出版不但对近现代中国哲学史研究有披荆斩棘之功，而且也奠定了冯契"智慧说三篇"的历史前提——弘扬近代哲学的成果，弥补哲学革命之不足。因此，我们承认"智慧说三篇"和"中国哲学史两种"之间，形式上有"论"和"史"的区别；实质上却不妨都看成哲学著作："哲学史两种"偏向"史"，"智慧说三篇"偏向"论"。前者——哲学家著史——是哲学理论的历史性展开，后者是汇百代之流以后的哲学体系性建构，体系性哲学的理论建构本身又是对前贤探索智慧的富赡经验的辩证综合。以此为视角，我们才能比较深切地理解冯契先生的如下自述：

> 就我个人来说，我主要从哲学史研究中对思辨的综合有一点亲切的体会，哲学家所要探索的根本问题可以概括为思维和存在的关系问题，或按中国传统哲学的提法，概括为天与人、性与天道的关系问题。这个问题一次次地取得不同形态，在不同历史阶段里表现为不同形式的问题，展开不同的论辩。如在中国哲学史上，表现为天人之辩、名实之辩、形神之辩、力命之辩、性习之辩、有无（动静）之辩、理气

---

[1] 《致邓艾民·1981年12月6日》《致董易·1981年12月6日》，《冯契文集》(10)，第248、292页。

（道器）之辩、心物（知行）之辩等等。每一论辩都可说是经历了由抽象到具体的发展过程，经过不同观点、不同学说的论争，到一定阶段上作出较为全面的批判总结，达到具体的、历史的统一。然后又有新的问题提上日程，又产生新的论争，又经历由抽象到具体的发展。这样哲学史就表现为复杂的螺旋式发展的辩证运动，而哲学就在哲学史中展开，便不断地复归出发点，又不断地取得新的形态，达到新的境界。每次新境界的获得，都是一次飞跃，都包含有理性直觉。而哲学家的新境界既然是从哲学史总结出来的，是哲学史论争的辩证的综合，那么，哲学史的辩证发展过程也就成了哲学家的新学说、新境界的论证。[1]

从完整的理论说，获得性与天道的认识需要经过转识成智，它是思辨的综合、理性的直觉和德性的自证三者的结合。但是，冯契先生特别强调其理论的创立尤其得益于"从哲学史研究中对思辨的综合"的"亲切的体会"，证实了我们对其哲学史与哲学之间高度融合的判断。因此，冯契所作的不是作为普通教材而作的哲学史[2]，而是作为哲学创造的准备和哲学理论的长时段历史论证而著述的哲学史。甚至可以说它是一种特殊的哲学，它以整个中国哲学为背景，并在跨文化的视野中通过"扬弃"活动而将自己与历史连接成一体。冯契"中国哲学史两种"，使得《智慧》中处于静态的思辨的历史元素呈现为辩证运动的过程，因而智慧说本身也转向了将中国

---

1 《〈智慧说三篇〉导论》，《冯契文集》（1），第 34 页。

2 在 1985 年"中国哲学史讨论会"上，应邀参会的任继愈、王明等十多位专家认为《中国古代哲学的逻辑发展》具有较高的马克思主义理论水平，建议国家教委列入高等学校文科教材。参见《冯契年表》，《冯契文集》（10），第 342 页。但是，冯契先生本人曾以为这部著作并不太适合做教材，他本人也并非为教材而作。因为新中国建立以来，教材的编撰有其"模式"，冯先生并不准备按"模式"来著述；另外，作为教材需要给学生的一些基本知识，也有所省略。参见《致邓艾民·1981 年 5 月 24 日》，《冯契文集》（10），第 247 页。

哲学家对智慧的追求之历史综合在其体系中的哲学方式。

二、历史主义的辩证法方案

中国哲学家素来有强烈的历史意识，"究天人之际"和"通古今之变"，是贯通而整全的。按照龚自珍《尊史》之云谓："史之尊，非其职语言，司谤誉之谓，尊其心也。心何如而尊？"其要在善入善出。"尊之之所归宿如何？曰：乃又有所大出入焉。何者大出入？曰：出乎史，入乎道，欲知大道，必先为史。"反过来，治史乃以对道的追求为目标，即为求道而治史。在这一传统中考察冯契先生的哲学史研究，不能不注意其哲学史观的历史哲学意蕴。因为哲学史观总是体现了并受制于哲学家特有的历史哲学，在这个意义上，哲学史观也可以说是二阶的历史观。冯契的历史观总体上自然在唯物史观的范式之内，但从著述的形式架构言，冯契的《逻辑发展》，明显受到黑格尔哲学的影响，不但表现在"哲学是哲学史的总结，哲学史是哲学的展开"的命题，更在于采取的"历史和逻辑统一"之方法，包括蕴含其中的历史主义。

哲学追求大写的真理，或中国人所谓"道"。真理曾经被视为绝对的因而是不变的，历史成为单纯连续性的意识，故董仲舒有"天不变，道亦不变"之说。正是黑格尔，第一次将"发展"概念引入了哲学和哲学史："哲学是在发展中的系统，哲学史也是在发展中的系统；这就是哲学史的研究所须阐明的主要之点或基本概念。"[1] 不过黑格尔主义又包含着绝对精神的目的论与哲学史的发展观念的内在矛盾。"哲学史当然以自行发展的理性为目的，这并不是我们加进去的外来目的；这就是它本身的实质；这实质是个普遍的本源，表现为目的，各个个别的发展与形态都自动地与它相适应。"[2] 延伸到哲学史研究"历史与逻辑的统一"的方法论，一方面他说："在统一

1　[德]黑格尔著，贺麟、王太庆译：《哲学史讲演录》(1)，商务印书馆，1983年，第33页。
2　[德]黑格尔著，贺麟、王太庆译：《哲学史讲演录》(1)，第114页。

中认识对立，在对立中认识统一，这就是绝对知识，而科学就是在它的整个发展中通过它自身认识这统一。"合乎规律地发展的观念是历史主义的核心。另一方面，他的目的论又使得其哲学成为一个封闭的体系，因为："世界精神现在已经成功地排除了一切异己的、对象性的本质，最后把自己理解为绝对精神，并且任何对于它是对象性的东西都是从自身创造出来，从而以安静的态度把它保持在自身权力支配之下。"[1]

在西方哲学史上，历史主义受到过各种批评，波普尔更给予它一种狭义界定，他"把历史主义严格地限定为历史决定论；也就是说，历史主义一词指的是这样一种观点：历史的行程遵循着客观的必然规律，因而人们就可以据之以预言未来。所以他使用历史主义一词是指那种根据客观的历史规律解释过去并从而预言将来的历史观"[2]。波普尔的批评对线性进步观念和规律概念的僵硬解释有某种解放性，但是历史辩证法非波普尔那样的实证主义者所能洞察。新康德主义者文德尔班也批评黑格尔过度强调哲学史进程的必然性，阉割了历史的偶然性[3]，他认为哲学的发展"不是单独依靠'人类'或者甚至'宇宙精神'（Weltgeist）的思维，而同样也依靠从事哲学思维的个人的思考、理智和感情的需要、未来先知的灵感、以及倏忽的机智的闪光"[4]。除了哲学家的个人创造，还需要考虑那些"来自文明史的因素"[5]，文德尔班在给予哲学史以某种知识社会学的解释空间的同时，似乎未

1　[德] 黑格尔著，贺麟、王太庆译：《哲学史讲演录》(4)，第 377 页。

2　何兆武：《评波普尔的〈历史主义贫困论〉》，《历史理性批判论集》，第 283 页。

3　冯友兰有类似的论述，他曾说："逻辑和历史的统一，是矛盾的统一。历史中的逻辑的东西，是历史发展规律的必然性的表现；这个表现，是跟历史的偶然性分不开的。他们的统一在于，历史的必然性只能在偶然性的堆积中表现出来，一般必然在个别中表现出来。个别不存在；一般也不存在。没有历史中偶然性的东西，也就没有历史中的必然性的东西。"参见冯友兰：《论唯物主义与唯心主义的互相转化及历史和逻辑的统一》，《学术月刊》，1961 年第 11 期。不过，冯友兰似乎更强调偶然性或个别的重要，它指向了中国哲学的民族形式和特殊内涵，在方法上也更强调哲学史的历史学属性而非哲学的意义和意蕴。

4　[德] 文德尔班著，罗达仁译：《哲学史教程》(上)，第 20 页。

5　[德] 文德尔班著，罗达仁译：《哲学史教程》(上)，第 22 页。

免于多元论的困惑。

与对"历史主义"在负面意义上的使用不同,冯契先生是在历史主义的路径上进一步发展了辩证逻辑,即通过黑格尔又超越了黑格尔。黑格尔说:

> 哲学的历史不是一些偶然幻想的盲目聚集,也不是一个偶然的进程。我毋宁曾试图指出它们一个接着一个地必然出现,因而一种哲学必然以先行的哲学为前提。哲学史一般的结论是:(1)在一切时代里只存在着一个哲学,它的同时代的不同表现构成一个原则的诸必然方面。(2)哲学体系的递相接连的次序不是偶然的,而是表明了这门科学发展阶段的次序。(3)一个时代的最后一种哲学是哲学发展的成果,是精神的自我意识可以提供的最高形态的真理。因此那最后的哲学包含着前此的哲学、包括前此各阶段在自身内,是一切先行的哲学的产物和成果。[1]

这里无疑包含着辩证法的合理因素。从形式上看,哲学体系的创造似乎是一项成王败寇的冒险,历史上所有的哲学体系都被后来者所推翻,但按照辩证法的观点,实质上没有一个历史上真正有影响的哲学体系会完全被推翻。黑格尔这样一种历史与逻辑统一的方法,在冯契那里,通过吸纳中国传统哲学的智慧和马克思主义,使得其历史主义获得了新的意义。因为,以逻辑与历史两种方法相结合来研究哲学史,在中国传统哲学中早已出现。在明清之际,"黄宗羲着重讲了哲学史的方法论,具有逻辑的方法和历史的方法相结合的思想的萌芽"[2]。它与王夫之的"理势合一"的历史观有互相映照之状。从源头上说,中国思想家重视将"究天人之际"与"通古今之变"

1　[德]黑格尔著,贺麟、王太庆译:《哲学史讲演录》(4),第378页。
2　《中国古代哲学的逻辑发展》(下),《冯契文集》(6),第364页。

相关联，蕴含着强烈的历史意识，它既有"道"的历史连续性的内核，又有易学重"变"的非连续性意味。黄宗羲继承了王阳明"心无本体，工夫所至，即其本体"的原则，将学派纷争的历史，视为随着"工夫"而逐渐展开的本体自身的运动，历史主义的方法论有了初步的本体论依据。从黄宗羲经章学诚到龚自珍，是历史主义的第一个阶段，他们"都以为道展开为历史，所以只有对对象作历史的考察，才能把握道。他们对历史主义态度都以历史变异观为基础，基本上是《易》'穷则变，变则通，通则久'的朴素辩证法，而非近代意义上的进化论"。进入世纪之交，由于有了进化论的世界观和进步史观，历史主义上升至第二阶段，表现在梁启超、章太炎、王国维和胡适注意研究历史的因果关系，"求因意味着比较具体地说明其'所以然'，而不是像章学诚那样笼统地即事求'道'"。不过，梁启超把历史的原因归结为"心力"，有唯意志论的倾向，胡适则是迷失在多元论之中。历史主义需要提升到更高的第三阶段："马克思主义者以唯物史观为依据，将历史主义建立在唯物辩证法之上，认为研究历史必须把握其原始的基本的关系即发展的根据，系统地考察矛盾展开、转化的过程，指明发展的可能性、趋势，以指导行动。如果说，章学诚主张即事求道，进化论者提出由明变而求因，那末唯物史观则进而要求从历史和逻辑的统一中来揭示发展的真正根据，把握矛盾发展的全过程。"辩证逻辑将历史主义的演化史做了更高的综合。[1]

基于上述中西哲学的历史渊源和马克思主义的唯物史观的结合，冯契研究哲学史的历史主义路径，在如下三点上既运用了黑格尔的辩证法，又超越了黑格尔。

第一，刚从教条主义和独断论的压抑中获得解放的冯契，其哲学有明朗的反独断论气质。他对于思维和存在的同一性持乐观主义的态度，在这方面黑格尔、马克思和中国儒家有相通的一面。但是他同时又经受过怀疑

---

[1] 《黄宗羲与近代历史主义方法》，《冯契文集》(8)，第248—252页。

论和相对主义的洗礼（休谟、康德和庄子、禅宗），因而对于如何达至思维和存在的同一性提供了辩证法的方案。这里的关键是"逻辑思维的辩证运动"的观念，它表示人们用理论思维去把握"性与天道"将是一个历史过程。范畴作为最基本的概念，本身是流动的而非凝固的，由此结成的范畴之网才能帮助我们获致变动不居的现实世界。因为此故，理性运用概念和范畴之运思也没有一个确定的终点，在那一刻，人类可以停顿下来，踌躇满志地以为终极真理尽在掌中。表现在体系安排上，与黑格尔主义的封闭性——黑格尔将其自身的哲学视为绝对精神的完满实现，因而哲学的历史由他的哲学的出现而终结——不同，冯契用易学"同归而殊途，一致而百虑"去理解人类认识史，又继承《易传》对《周易》的范畴体系性安排所体现的精神，强调"《易》在'既济'（第 63 卦）之后，受之以'未济'（第 64 卦）为终，正说明一切完成是相对的，发展是无止境的。这是优于黑格尔封闭的逻辑学的地方"[1]。以这样的精神来理解"哲学是哲学史的总结，哲学史是哲学的展开"的命题，那么虽然在历史的某个阶段，新出的哲学实现了对哲学史的总结，但总是阶段性的。"总结"并非"终结"，哲学的发展不会因为某种哲学的出现就"终结"，由此克服了黑格尔哲学的发展观和目的论的紧张。

第二，就哲学史观涉及一般历史哲学的深度而言，广义认识论所追求的"性与天道"，也可以说是天道与人道，都是对于规律性的认识。站在冯契先生的立场来看，波普尔对"规律"的批评不足以成立，因为在智慧说的体系中，规律的辩证本性有更为丰富的内容。最重要的是，不能将规律界定为单一的线性过程，而是内部包含着多对矛盾关系的结构。因此不但应该从肯定的意义上理解，而且需要考察其否定的意义，才能解释规律何以是发展的观念。从广义认识论的视域研究中国哲学史，其前提固然是承认人类认识有其自身的规律，但是规律不仅是必然性，同时也开显出诸多

---

1 《〈易传〉的辩证逻辑思想》,《冯契文集》(8), 第 366 页。

可能性；社会规律本身又包含了人的合目的性行动。规律概念的辩证理解既体现于"在势之必然处见理"，又体现于"理有固然，势无必至"。

第三，不同于黑格尔将哲学史书写成绝对观念自我规定和展开的历史，冯契提供了一个哲学"发展"的知识社会学方案。前文已述，冯契将哲学史界定为"根源于社会实践主要围绕着思维与存在关系问题而展开的认识的辩证运动"。这是一个实践的辩证法的定义，它揭示了哲学史作为人类的理性发展的历史，其根本动力在于基于社会实践的主客体交互作用；如果哲学史要"求因"的话，归根到底需要回到社会实践的历史中去。所以冯契明确地指出："我认为哲学演变的根源要到社会史中去找"[1]，在"出乎史而入乎道"的知识社会学的方案中，马克思主义的"社会实践"是一个核心范畴。对于马克思来说，"他的新世界观同他对社会实践的理解紧密相连"[2]。马克思自己也说："环境的改变和人的活动或自我改变的一致，只能被看作是并合理地理解为革命的实践。"[3]

在探索中国哲学的历史经验时，冯契并非笼统地承认社会实践是哲学发展的根本动力，而是将社会实践分析为三类，即阶级斗争、生产实践和科学实验，并对它们各自的作用机理做了具体分析。在阶级话语盛极而衰的过程中，冯契依然坚持阶级和阶级斗争是历史的事实，但他摒弃了将阶级分析与哲学派别形成固定"对子"的教义，认为使具体的社会实践转变为哲学之动力的直接中介是科学和政治思想。这两者不能偏废，但是在发生实际作用的历史条件上，两者有所区别：后者在社会发生历史性变革时代推动了哲学论争和发展，譬如春秋战国时代和19世纪中叶以来的中国近现代；前者则以"技进于道"的方式在社会形态相对稳定的时代作用尤为

---

1 《〈近代中国社会的新陈代谢〉序》，《冯契文集》(8)，第468页。
2 [法]科尔纽著，王以铸等译：《马克思恩格斯传》(2)，生活·读书·新知三联书店，1965年，第282—283页。
3 《关于费尔巴哈的提纲》，《马克思恩格斯选集》(1)，人民出版社，1995年，第55页。

明显，从起于术数开始，古典哲学与传统的农学、天学、历法、医学、数学等之间有着高度的相关性。这一相关性在王充和张衡、范缜和贾思勰、张载和沈括那里，以及在明清之际等几个历史时期，表现得尤为明显。冯契欣赏李约瑟的一个断言："当希腊人和印度人很早就仔细地考虑形式逻辑的时候，中国人则一直倾向于发展辩证逻辑。"[1]进而考察了形式逻辑与辩证逻辑既相区别又相关联的关系。在实践的辩证法之基础上，从认识论和辩证逻辑的视角研究该现象，成为冯契《中国古代哲学的逻辑发展》的一大特点。很少有哲学史家像他那样，努力研究传统哲学与科学技术之间的关系，系统地揭示中国哲学如何实质上受益于，又如何从思维方法上推动了古代自然科学技术的独特发展。

总之，哲学史基本动力的知识社会学方案的最重要意义在于，尽管冯契强调哲学有其自己的历史，对此人们需要研究再研究，但他拒绝将哲学的历史视为纯粹理性的活动，也不把哲学家看作孤往遁世或面壁默想的智者。尤其当单纯概念推演无法解释"飞跃"何以实现之时，他坚持"这种飞跃不仅可以描述而且可以合理地解释。飞跃是在个别头脑中一下子实现的，但是这种飞跃现象是可以用客观条件（社会历史条件、科学技术条件）和主观条件（如个人的才能和知识条件等）来给予说明的"[2]。

三、从范畴史到观念史

在广义认识论的视野中，哲学史就是认识史，辩证法则是认识史的总计。智慧说以实践的辩证法为旨归，在处理思维和存在的关系问题上，以外在实在论和客观知识的可获得性为前提，但并非只消极地将其视为如约翰·塞尔所谓启蒙运动有关"实在与真理"的两个"默认点"。哲学史的定

1　[英]李约瑟著，《中国科学技术史》翻译小组译：《中国科学技术史》(3)，科学出版社，1978年，第337页。转引自《逻辑思维的辩证法》，《冯契文集》(2)，第4页。
2　《逻辑思维的辩证法》，《冯契文集》(2)，第102页。

义和广义认识论的四个问题的提出，就意味着智慧说既要在 20 世纪中国哲学的背景下，在关于"客观实在"和"客观知识"的争论中提供中国哲学家的新方案，更要探寻认识如何能够提升至具体真理，如何能够进达中国哲学家追求的"性与天道"即智慧境界。按照冯契对中国哲学传统的总结，通过"类""故""理"范畴的辩证运动，逻辑思维可以获知"性与天道"的认识。因而对于中国哲学史家来说，如何安排合宜的范畴体系及对其历史的探讨就是十分值得研究的问题。这继承了中西文化的理性主义的传统，把哲学视为理性的活动，用概念化的思维去把握世界。按照这一传统，"真谛是体会之所得，元学理论是玄应之所建。玄应出于体会，所以元学理论可视为真谛的推演"[1]。哲学创造在某些具体的关节点上固然有赖于哲学家的洞见（体会），然而不但这些洞见或体会并非来自天启或"神悟"，而且元学理论实际是元学概念的结构，理论的建构和完善离不开概念体系和范畴的运用。

有人把现代哲学按逻辑分为两大类：分析哲学和综合哲学。综合型的体系又可以分为范畴的、解释学的和辩证的三类。"辩证的体系就是对现实的构成性范畴的完整展示，这些范畴按照一种作为体系本身推动力的必然生成的过程彼此联结在一起。"[2]按照这样的分类，冯契"智慧说三篇"属于"辩证的体系"，它"对现实的构成性范畴的完整展示"，不仅是理论的还是历史的。因为此故，当冯契自述"在古代，我比较注重把握哲学家的体系，把他们放在当时的历史条件下进行分析，以揭示其中所包含的认识环节，前后联系起来考察其逻辑发展"的时候，哲学史是不同历史背景下围绕着从哲学基本问题派生出的具体问题而展现的论辩史，它在某些历史阶段获得的思维成果即作为范畴沉淀下来，因而哲学史研究的对象，也可以是古往今来哲学体系前后更替过程中所形成的概念—范畴的历史。从这个意义上说，冯契实际上对古代哲学家的体系分别进行了解构，通过持续不断的

---

1 《智慧》，《冯契文集》(9)，第 57 页。

2 [法]保罗·利科主编，李幼蒸、徐奕春译：《哲学主要趋向》，第 59—60 页。

钩玄提要，《逻辑发展》展现了传统中国哲学的范畴发展史，他没有如一般哲学史教科书那样把哲学家的思想做平面展开，也就有了更合理的解释。

人们通常说，中国传统哲学家可以没有形式的系统，因为其著述不太追求严整的演绎系统；但是如孔子所说"吾道一以贯之"那样，每一个重要的哲学家的哲学都有"一以贯之"的宗旨或原则，因而具备实质的系统。从这个意义上说，对系统形式的追求本来就非中国哲学之所重。从更一般或普遍的意义上说，系统对于哲学的历史发展通常表现为一种临时性和过渡性，而且系统总是不完全的，完全的系统即封闭的系统，系统中包含的合理内核才是人类认识的积极成果，它们通常是那个"原则"或"宗旨"，凝结为概念，最重要的概念即范畴。历史上哲学家的贡献很大程度上视其是否提出以及如何运用和反省这些范畴。在黑格尔那里，作为绝对观念的自我规定与展开的各概念和范畴，构成了人类认识世界之"网"。而每一个重要的范畴都意味着认识史的某种进步。哲学要求概念具有确定的意义，智慧需要用具体概念来把握，因而如何达到概念的辩证法就是一个关键。在将"头脚倒置"之黑格尔哲学做了反转以后，概念辩证法又肯定概念之间的相互依赖和相互转化，进而达到对立面的同一或统一。认识也就形成了肯定—否定—否定之否定的运动过程。

20 世纪 50 年代到 80 年代，在认识论中心的哲学氛围下，黑格尔逻辑学受到广泛关注。与此相联，哲学界对于研究中国古代哲学的范畴体系，表现出极大的兴趣。譬如张岱年专门著有《中国古典哲学概念范畴要论》，把古代哲学范畴分为三大类，"一是自然哲学的概念范畴，二是人生哲学的概念范畴，三是知识论的概念范畴。用传统名词来说，一是天道之名，二是人道之名，三是'为学之方'之名"[1]，并且比较详细地罗列了古代哲学的主要范畴。简言之，张岱年是用对历史材料做静态分析的方式，研究中国

---

1 《中国古典哲学概念范畴要论·自序》，《张岱年全集》（4），河北教育出版社，2007 年，第 450 页。

古代哲学的范畴体系。他原则上同意历史的与逻辑的统一的方法，但对如何用之研究中国哲学史则持比较"松"的态度："现在探索中国古代哲学范畴的总体系，要考察两个方面的次序，一是范畴从普遍到特殊的逻辑顺序，一是历史上思想家提出范畴的先后顺序。哲学思想的历史发展，在一定意义上，有其逻辑的必然性，但是哲学范畴在历史上出现的先后次序并没有构成一个严格的逻辑顺序。如果勉强地把历史次序安排成一个逻辑顺序，势必削足适履。情况是复杂的，还应尊重客观事实。"[1]

相比之下，冯契先生处理中国古代哲学范畴体系，采用了历史和逻辑之间相对"紧"的安顿方案，即将其处理为一个动态的紧密联系。"范畴既然是客观现实的反映和标志着认识过程的小阶段，它们当然随着现实的发展和科学的进步而变化发展。"[2]因此，他认为范畴体系的安排要足够表达客观现实的变化法则，同时又是人类的认识史的"总计"：

> 总起来说，我们这样来安排范畴体系：从客观实在出发，把实在了解为现象与本质的统一。认识从现象到本质，以及对本质的认识不断深化、不断扩展的前进运动，也就是逻辑思维通过"类"、"故"、"理"等主要范畴的矛盾运动来把握性与天道的过程。[3]

我们前面说过，《逻辑发展》出版以前，现在作为"智慧说三篇"之一的《辩证法》已经大致成形，从某种意义上说，冯契先生在古代哲学史中所展开的哲学自然不会远离其辩证逻辑的范畴体系。《辩证法》列出了一个范畴表：关于"类"的范畴，主要有同一和差异，个别、特殊和一般，整体和部分，质和量，类和关系；关于"故"的范畴，主要有因果关系和相

---

1 《中国古典哲学概念范畴要论》，《张岱年全集》（4），第463页。
2 《逻辑思维的辩证法》，《冯契文集》（2），第239页。
3 《逻辑思维的辩证法》，《冯契文集》（2），第256页。

互作用，条件和根据，实体和作用，内容和形式，客观的根据和人的目的；关于"理"的范畴则有现实、可能和必然，必然和偶然，目的、手段和当然，必然和自由等。不过中国古代哲学家获得这一套逻辑范畴，并非依靠玄妙的静观或面壁虚构，而是在围绕着时代提出的急迫问题展开的争论中实现的。按照冯契对哲学史动力的洞察，先秦时代在"古今""礼法"争论的推动下，哲学家主要围绕"天人""名实"展开辩论。不但人类认识过程中的感性和理性、绝对与相对（有限与无限）、唯物论和辩证法等环节都得到了一定程度的考察，而且墨子率先提出了"类""故""理"三组范畴。在"类"的范畴中，同一和差异，个别、特殊和一般，整体和部分等主要范畴，都得到了先秦哲学家的考察。秦汉以后渐渐对"故"的范畴增加了考察，唐以后则对"理"的范畴的考察愈加精深。总之，中国哲学的历史，也是重要哲学范畴形成并在螺旋形上升的过程中渐趋成熟的历史。它在特定的历史条件下获得阶段性的总结，"如荀子对'天人'、'名实'之辩作了总结，王夫之对'理气'、'心物'之辩作了总结，就是处于这样的阶段，而马克思主义的哲学则达到了更高的总结阶段。当哲学和科学达到主观与客观的具体的历史的统一这样阶段的时候，逻辑思维的范畴就必然是比较辩证的。这种辩证性质就表现在概念、范畴是灵活的、能动的、对立统一的，因而能从有限中揭示无限，从相对中揭示绝对"[1]。

　　以上所述，说明以广义认识论为框架研究中国古代哲学史，何以没有用更为通用或一般化的《中国古代哲学史》，而用了一个更为精确的书名《中国古代哲学的逻辑发展》。它蕴含着该部著作的另一个特点，即某种意义上它可以说是中国传统哲学的一部范畴史。

　　我们把冯契先生的《逻辑发展》和《革命进程》合称"冯著中国哲学史两种"，其间自然有理论与方法的统一性，但是饶有意味的事情是，两

1　《逻辑思维的辩证法》，《冯契文集》（2），第318页。

部著作采用了颇不相同的命名方式。中国古代哲学经过两千多年的演变，到明清之际已经达到总结阶段，从这个意义上说，哲学的古典时代开始终结，代之而兴起的是一个革命的时代。因而冯契先生将近代哲学史的著述题为《中国近代哲学的革命进程》。既然是"革命"时代的哲学革命进程，就预设了传统哲学的某种断裂。当冯契先生将"古今中西"之争视为贯穿整个近现代中国历史的文化—政治争论的时候——它虽然在形式上类似先秦时代的"古今、礼法"之争，但是却是新出现并且尚未终止的争论——它是与中国社会进入"三千年未有之大变局"的历史条件相适应的，正是这一争论决定着中国哲学的新走向。作为一个直面现实的哲学家必定对其研究方法会有所调整。这使我们想起以赛亚·伯林所说的，"哲学中不能有正统、不能有可以无限改进的方法，否则我们就可以说每一代人都是和平地从上几代人没有完成伟大工作的地方开始接手的，就可以说哲学是连续不断地进步的"[1]。中国近代的哲学革命，某种意义上说是对古代哲学的"扬弃"，而且这一进程尚未完成，因而相应地要求哲学史的书写方式做必要的调整。近现代哲学部分没有继续在"逻辑发展"的名目下，即是其表征。

同样以认识论为中心，在处理古代哲学史与近代哲学史的写作时，冯契先生的方法既有相同之处，又有所不同。相同的是都采用历史与逻辑相统一的方法，其间的不同，冯先生自己有交代："在古代，我比较注重把握哲学家的体系，把它们放在当时历史条件下进行分析，以揭示其中所包含的认识环节，前后联系起来考察其逻辑发展。在近代，由于现实经历着剧烈变革，思想家们一生变化较大，往往来不及形成严密的哲学体系。因此，我认为对近代哲学不要在体系化上作苛求，而应注重考察思想家们在一定历史阶段上的独特贡献，看他们在当时提出了什么新观念来反对旧观念，

---

1 ［英］以赛亚·伯林著，潘荣荣、林茂译：《现实感：观念及其历史研究》，译林出版社，2004 年，第 79 页。

从而推进了中国近代哲学的革命进程。"[1] 简言之，范畴史的书写方式需要在一个更大的历史尺度中才能展开，而百年近代史（在冯先生那里，"近代"指从鸦片战争到中华人民共和国成立）显得过于短促了，更何况"时代的艰苦"曾经如黑格尔感叹的那样，束缚乃至牺牲了许多优秀人才，"使得人们没有自由的心情去理会那较高的内心生活和较纯洁的精神活动"[2]。各种观念的哲学争论尚未得以充分展开以前，冯契先生撰写的《革命进程》，实质上是在广义认识论视野中研究观念的新陈代谢史。

强调研究"观念的新陈代谢"，当然蕴含着"进步"观念的预设，但是它既不表示忽略文化的连续性，也不表示承认单线进化论。荀子就说过："若有王者起，必有循于旧名，有作于新名。"（《荀子·正名》）这句话可以解释为观念世界随着现实生活（尤其是政治史）的变化而变化。古代哲学有"天人""名实""心物（知行）""理气（道器）"四大问题，"中国近代哲学是在新的历史条件下，在更高的发展阶段上，对上述的问题展开了具有近代特色的论争。这些论争与西方近代的哲学有着密切的联系，但它们又是合乎逻辑地从中国传统哲学中演变出来的"。[3] 新的历史条件，加上与西方哲学的密切联系，使得从传统演变而来的哲学争论具有何等样的"中国特色"？冯契先生提出"古今中西"之争是贯穿近代的基本争论，贯彻了政治思想对于哲学的动力学原则。"古今中西"的文化话语，在社会史上即是现代化的必要性与方向性的争持，在哲学上则通过文化—政治思想直接推动历史观、认识论、伦理学和逻辑学的辩难。毋庸讳言，近代以来的哲学进程与现实的关系十分密切，它常常通过一系列社会文化问题的"论战"而展开。创造体系的专业哲学家出现较晚而少，学院哲学的社会影响较迟而小。有思想的政治家、社会活动家和文学家经常成为哲学的前卫，这些

1　《中国近代哲学的革命进程·后记》，《冯契文集》(7)，第 655 页。

2　[德] 黑格尔著，贺麟、王太庆译：《哲学史讲演录》(1)，第 1 页。

3　《中国近代哲学的革命进程》，《冯契文集》(7)，第 11 页。

如果属于"通俗哲学"的话，它们又汇入了特定的社会思潮。后人把它们总体上区分为人文主义与科学主义两大类，这是两大家族，各自有自己的谱系。在仅仅数十年的短暂时段里，如此多的社会思潮前后更替的后面，我们可以发现"观念的新陈代谢"的轨迹——形成了现代传统，它们实际上是"传统的创造性转化"的相应成果。因此，近代哲学革命依然符合"同归而殊途，一致而百虑"的规律，但是这一规律的运用可能应该有所扩充，包括关注观念的位移和转换，承认"某种概念的历史并不总是，也不全是这个观念的逐步完善的历史以及它的合理性不断增加、它的抽象化渐进的历史，而是这个概念的多种多样的构成和有效范围的历史，这个概念的逐渐演变成为使用规律的历史"[1]。换言之，从理解现时代精神状况的意义上看，从范畴史到观念史的转换，意味着"传统的创造性转化"是一项未竟的事业；当代观念史的研究要有一个更为开放的空间，具体的操作方式会有更多的实验性。

　　冯契先生以开放态度看待近代思想家，将对"观念的新陈代谢"的历史研究上升为哲学理论，同时指出理论如何转化为改造世界的方法。作为哲学家，冯契先生相信理论的力量，作为理想主义者，他相信理想的力量。但是他同时深刻感受到"现实是更有力量的"。晚年冯契已经觉察到社会思潮的转向，实用主义盛行，理想主义消退。这一方面更使他觉得，《革命进程》一类著述，要"述往事，思来者"，是作为社会变革的亲历者"不容推卸的责任"[2]；另一方面，也使他对未来的展望更为平实：

　　　　我几次讲到世纪之交，中国可能进入自我批判与"反思"阶段（王元化大概也是这个用法），这是期望。系统地从各方面来进行"反

1　［法］米歇尔·福科著，谢强、马月译：《知识考古学》，生活·读书·新知三联书店，1998年，第3页。

2　《中国近代哲学的革命进程·后记》，《冯契文集》(7)，第655页。

思"，是下一代人的事。我们若能开个头，那就是尽了历史的责任了。[1]

以上这段话是冯契先生逝世前一个多月写的。他期望"下一代人"能系统地进行文化反思，而且自己也实际上开启了这个课题（若将散见于各处的相关内容加以综合，需要另一篇文章）。"自我反思"本来是"认识自己"的必经途径，而观念史的"核心关注点是'了解你自己'这一古老格言向群体的历史整体、文明或文化的广泛延伸，个体的自我便包含在它们中间，在很大程度上是它们的产物"。"观念史力求找出（当然不限于此）一种文明或文化在漫长的精神变迁中某些中心概念的产生和发展过程，再现在某个既定时代和文化中人们对自身及其活动的看法。"[2] 因而必然是跨学科多学科研究的对象。如果我们意识到这点，并且记得怀特海的说法，观念会表现为两种力量——理想的力量和强制的力量；那么我们大约需要面对许多问题，包括理想和现实之间的关系。而"现实"，若分析地说，即包括政治、经济和社会诸方面，涉及权力、利益和生活方式等复杂面相。与常常表现为强制性的力量的"现实"不同，"理想"的力量在于说服和感化。自我反思是对当代社会精神状态的审视，转换成观念史的命题即什么是当代人观念世界的"实然"和"应然"，它们与古今两大传统的关系如何。现实中国包含着现代、前现代和后现代的复杂组合，从观念史的视角看，身逢"诸神纷争"的年代，急迫的事情莫过于"理想的冲突"何以解决。从这一意义上说，冯契先生在创造智慧说的同时，也给我们研究当代人的观念世界提出了更多的问题。

1　《致董易·1995 年 1 月 2 日》，《冯契文集》（10），第 324 页。类似的意思还可见本书第
　318、321 页。

2　[英] 以赛亚·伯林著，冯克利译：《反潮流：观念史论文集》，译林出版社，2002 年，
　第 13、5 页。

第三章　思史互动

——以《中国古代哲学的逻辑发展》成书历程为视角

冯契先生的《中国古代哲学的逻辑发展》(以下简称《逻辑发展》)已成为中国哲学史著中的经典，但对它的讨论远未结束。现有讨论中一个基本的共识是，冯契以哲学家的身份著哲学史，"哲学史两种"和从《智慧》到"智慧说三篇"的哲学创作之间存在着密切关联[1]，用他自己的话来说，是"哲学是哲学史的总结，哲学史是哲学的展开"。不过，这一表达容易给读者造成某种印象，认为在他那里哲学史和哲学是静态的对应关系，这一印象往往为冯先生在60余岁后才重新投入工作的事实所加强。但如果我们意识到冯契的晚年写作其实持续了相当长的一段时间，并且这些工作并非仅仅是把原先就已定型的东西付诸笔墨，而是同样包含着差异与发展，那么我们就应该把他那里的"统一"理解为"展开"与"总结"之间动态的、互相生成的过程。而为了具体地展示这一过程，思想上的阐发需要以文献工作为前提。本章即是结合文献与思想进行综合考察的一种尝试。

《逻辑思维的辩证法》(以下简称《辩证法》)"初版整理后记"中称：

> 1981年夏，作者在讲完这门课程并亲自整理完记录稿后，便按"哲学是哲学史的总结，哲学史是哲学的历史展开"的思想，转而系统

1　参见高瑞泉：《在历史深处通达智慧之道——略论冯契的哲学史研究与"智慧说"创作》，《华东师范大学学报》(哲学社会科学版)，2017年第6期。

　　讲授和整理从先秦到中华人民共和国建国为止的两千多年中国哲学史的研究成果。[1]

这一表述有含混之处。冯契的确是在讲授和整理完《辩证法》后着手整理其哲学史研究成果的。[2]但他系统讲授《逻辑发展》这门课程的时间应在1978年10月至1980年1月间，并且其授课记录已经整理形成一个记录稿[3]，而其正式出版是在1983年至1985年之间。[4]因此，上述"初版整理后记"告诉了我们《逻辑发展》是在《辩证法》之后改定的，但没有告诉我们，在讲授和整理《辩证法》之前，《逻辑发展》课程的讲授就已经完成，并且已经形成了一个"粗坯"[5]。强调这一事实的意义在于，如果我们意图观察冯契思想中的"思史互动"，从《逻辑发展》记录稿（以下简称"记录稿"）到公开发表稿（以下简称"定稿"）的变化发展就提供了一个绝佳的窗口，因为这一修改过程经过了《辩证法》的中介，而正是在《辩证法》的现有版本中，冯契开始展露其思想的系统的原创性。[6]因此，我们可以借

1　《逻辑思维的辩证法·初版整理后记》，《冯契文集》(2)，第384页。

2　参见《致邓艾民·1980年10月9日》，《冯契文集》(10)，第243页。

3　参见朱义禄：《论冯契对中国哲学史发展的贡献》，杨国荣主编：《追寻智慧》，上海古籍出版社，2007年，第288页；《致邓艾民·1980年3月19日、5月14日》，《冯契文集》(10)，第236、239页。

4　《中国古代哲学的逻辑发展》现有版本分为三卷，依次分别初版于1983、1984和1985年。参见《冯契年表》，《冯契文集》(10)，第341—342页。

5　"我的主要精力还是在整理《中国古代哲学的逻辑发展》(记录稿)，估计在4月份可以整理好。还是个粗坯，打算从5月份起就若干问题加工，写成几篇论文。"《致董易·1980年3月31日》，《冯契文集》(10)，第282页。

6　《辩证法》现有版本是20世纪80年代初冯先生的讲课记录稿，在课程结束后曾经冯先生亲自审定。"这部稿子的内容比《导论》中指出的《逻辑思维的辩证法》篇的主要更丰富，也可以说这是整个《智慧说三篇》主体思想的初次系统论述。"90年代中期，在完成《人的自由和真善美》《〈智慧说三篇〉导论》及《认识世界和认识自己》后，冯先生计划删改、补充这一"记录稿"，以将其纳入到"智慧说三篇"的"一体两翼"体系之中。但这项工作尚未正式启动，冯先生就"在他自己和大家都毫无思想准备的情况下突然病逝"。正式出版的《辩证法》在其"整理后记"中载有冯先生的修改提纲，而其主体部分则基本保持了80年代初"记录稿"的原貌。参见《逻辑思维的辩证法·初版整理后记》，《冯契文集》(2)，第383—386页。

助《辩证法》来理解《逻辑发展》两个稿本之间的变化，进一步地，由于《辩证法》现有版本作为智慧说体系之初撰的特殊性质，我们也可以将上述两个稿本的变化与整个智慧说体系的发展联系起来。幸运的是，我们今天仍有机会看到"记录稿"的原貌。[1] 不过，系统研讨《逻辑发展》"定稿"的形成，尚有待于其他相关材料的搜集、整理和披露；本章仅拟从几个要点出发，观察从"记录稿"到"定稿"的变化，因而仅仅是一种"散论"，也可以说是对今后系统研究的一种展望。

一、"绪论"第二节晚出

"记录稿"和"定稿"的一个重大不同是"绪论"部分。"定稿"的"绪论"标题下共有两节，即第一节"哲学史研究的方法论"和第二节"中国传统哲学的特点"。而"记录稿"则没有"绪论"之目，其第一章名为"哲学史研究的方法论"，从结构和思想内容上看即是"定稿""绪论"第一节的前身；第二章开始就进入了中国哲学史的具体内容。也就是说，"定稿""绪论"的第二节在"记录稿"中尚不存在，它是作为一个整体在修改过程中添加的。而我们知道，这一节提出了许多重要的观点，尤其是提出了广义认识论核心的四个问题。由此来看，从"记录稿"上册到"定稿"第一篇的近三年时间[2] 对于冯契思想发展来说至关重要，正是在这一时期，不仅《逻辑发展》获得了我们今天所熟悉的面貌，同时，冯契也借此明确了此后十余年思想发展的具体架构。

在真正接触到"记录稿"之前，笔者从新版《冯契文集》已公开的材

1　"记录稿"分上下两册，分为"先秦"和"秦汉至清代（鸦片战争以前）"两个部分。华东师范大学哲学系晋荣东教授慷慨地向笔者展示了这一珍贵稿本，并对本章的修改提供了多处宝贵意见，在此致谢！

2　"记录稿"（上）完成于1980年3月左右，"初稿"第一篇的修改工作开始于1982年2月，完稿于1982年11月底。参见《致邓艾民·1980年3月19日、1982年3月28日》《冯契年表》，《冯契文集》（10），第236、249、340页。

料出发，已经推测"记录稿"尚不存在"绪论"第二节。一个细节上的间接证据是：发表于 1979 年的《关于中国哲学史研究的方法论问题》一文，在收入新版《冯契文集》后，编者说明称"本文系《中国古代哲学的逻辑发展》(初稿)(着重号为引者所加，下同)的'绪论'"；而发表于 1983 年的《论中国传统哲学的特点》一文，编者说明称"本文系冯契著《中国古代哲学的逻辑发展》一书'绪论'的第二节"(按照本章体例，"《逻辑发展》(初稿)"即是"记录稿"，"《逻辑发展》一书"则指"定稿")。[1] 这些说明实际上基于论文最初发表时就有的一些论述。[2] 这些精细用语反映了，《关于中国哲学史研究的方法论》一文改编自"记录稿"之"绪论"[3]的"全体"，而《论中国传统哲学的特点》一文则改编自"定稿""绪论"的"第二节"。从中我们能够推测，"记录稿"的"绪论"不包含《论中国传统哲学的特点》一文的内容，亦即不存在"绪论"第二节。"记录稿"的实物证实了这一推测。

更为重要的是，根据现有材料，即使不参照"记录稿"，我们其实也已经能够大致勾画"绪论"第二节的诞生过程，当然，"记录稿"中的材料将使这一过程更为完整。在 20 世纪 80 年代初与友人的通信中，冯契曾流露出对"记录稿"的不满，他担心这本尚未面世的哲学史著作将会有"蔽于天而不知人"的缺陷，并承认在"人道观"方面还没有拉起一条线索。[4] 结

1　《关于中国哲学史研究的方法论问题》《论中国传统哲学的特点》，《冯契文集》(11)，第509、554 页。

2　"本文系冯契教授所著《中国古代哲学的逻辑发展》(初稿)的绪论。本刊征得作者同意，先行发表以饷读者。"冯契：《关于中国哲学史研究的方法论问题》，《华东师范大学学报》(自然科学版)，1980 年第 5 期。"作者附记：本文是拙著《中国古代哲学的逻辑发展》的'绪论'的第二节，这次发表时作了一些删节。"冯契：《论中国传统哲学的特点》，《学术月刊》，1983 年第 7 期。

3　不过，上文已述，根据"记录稿"的实际目录来说，并不存在"绪论"，而只有"第一章"。

4　《致邓艾民·1980 年 1 月 2 日、3 月 19 日》《致董易·1980 年 1 月 2 日》，《冯契文集》(10)，第 236、237、280 页。

合"记录稿"来看，"第一章"（经过修改后成为"定稿""绪论"第一节）确立了贯彻中国哲学史中的几大论争，其中"'天人之辩'主要是天道观和人道观上的争论"[1]，这已经开辟了容纳"人道"问题的理论空间。但"人道观"的具体内涵，则是随着《逻辑发展》的讲授进程而不断拓宽的。在"记录稿"上册的小结中，冯契在"人道"的题目下仅仅讨论了社会历史观[2]，而到了下册小结，他就为其增添了人生观的内涵：

> 中国哲学所说的"人道"，包括社会发展和个体发育两方面，后者即如何从天行（通过习行、教育）培养德性而形成理想人格的问题，亦即通常说的人生观问题。中国古代哲学家在这方面讨论得很多，也提出了不少有价值的见解，我们没有多讲，只就和认识论有关的作了些考察。[3]

可见，他此时虽然已经对"人道"问题有所考虑，但对其内涵的规定还在扩充之中，并且"个体发育"方面的比重在逐渐增大。也正是对于"个体发育"问题考虑的增多，使他产生了对现有稿本"蔽于天而不知人"的不满。但这一方面的内容，如何与以认识史为中心的哲学史研究相结合，一开始并不存在一个全盘的规划。与此相联系，冯契在此时（1980 年 8 月）还持着传统的认识论观点：

> 我把哲学史的对象概括为"基于社会实践的主要围绕思维和存在

---

1 "记录稿"（上），第 6 页。

2 "在人道观方面，古代当然不可能有真正科学的理论。但法家和《易传》都已认识到历史有其演变过程，而荀子用'明分使群'来解释国家制度和道德的起源，是包含有合理因素的。""记录稿"（上），第 119—120 页。"初稿"在小结部分的相似位置添加了一段关于"人的自由问题"的论述。参见《中国古代哲学的逻辑发展》（上），《冯契文集》（4），第 334 页。

3 "记录稿"（下），第 255 页。

关系问题而展开的认识的矛盾运动"，这就是说，哲学史首先是认识史，而辩证法则是认识史的总结。我的讲稿现在贯彻了这个观点。"蔽于天而不知人"，确实是个缺点。[1]

在这段话中，"蔽于天而不知人"的自我批评与"哲学史首先是认识史"的定位共同出现。如果冯契此时已经持对认识论的广义界定，那么，"哲学史是认识论"的说法就无法导致"蔽于天而不知人"的自我批评，因为广义认识论中的第四个问题已经包含了对"人"的关注。而在不久之后（1981年1月），扩展认识论界定的设想就首次出现于他的书信中：

　　我在这个学期讲了《逻辑思维的辩证法》的认识论部分，已结束。哲学史上争论不休的认识论问题，我以为是四个：（一）感觉能否给予客观实在？（二）普遍、必然的科学知识何以可能？（用康德的提法，即先天综合判断何以可能？）（三）逻辑思维能否把握具体真理？（也即名言能否把握"道"的问题。）（四）理想人格能否形成？（也即人能否成为"圣人"的问题。）我对前面3个问题考虑得较多，对第4个问题考虑得少。[2]

此前（1980年5月）冯契已经把"记录稿"上册寄给邓艾民。[3]假设在"记录稿"中已经存在着"定稿""绪论"第二节的相关表述，那么邓艾民就应该已对此有所了解，按照冯契行文简练的习惯，他在信中也就没有必要如此郑重、详细地把这四个问题复述一遍。由此也基本可以断定，四个问题的提出晚于"记录稿"的完成。值得注意的是，此一表述是冯契在

1　《致邓艾民·1980年8月10日》，《冯契文集》（10），第242页。
2　《致邓艾民·1981年1月8日》，《冯契文集》（10），第244页。
3　《致邓艾民·1980年5月14日》，《冯契文集》（10），第239页。

谈及《辩证法》的"认识论部分"时顺承提出的，这尤其说明，《辩证法》中的探索给予了冯契提出广义认识论的直接灵感。实际上，在《辩证法》中，四个问题都已经作为小节标题，分散在各章中出现了。[1] 从这个角度看，广义认识论正是出于对《辩证法》中相关讨论的总结。而这一重要的思想创获，又马上被他应用于对哲学史的研究。至 1982 年 6 月，他再次写信给邓艾民：

> 我打算在我的书中增加一章（第二章），讲一下"中国古代哲学的特点"。基本观点在前信中已跟你谈了……[2]

此处提及的"第二章"应即是"定稿"的"绪论"第二节。这封信向我们指示了冯契着手增添这一节的具体时间节点。至此，冯契已经决定，通过增写"绪论"的方式，把广义认识论的四个问题确立为其哲学史研究基本框架的重要组成，从而在研究框架的高度上弥补"记录稿"中"蔽于天而不知人"的缺陷。当然，冯契对于具体章节的修改在此前就已经开始了，对于这些修改工作具有决定性意义的事件是至晚于 1981 年初四个问题表述的先行提出[3]；而冯契决定增写"绪论"第二节时，距离"定稿"第一篇改定只剩 5 个月，可以说，"绪论"第二节实际上是对于此前修改工作的总结。

---

1 分别是"第二章第二节：感觉能否给予客观实在？""第二章第三节：普遍、必然的科学知识何以可能？""第三章第四节：逻辑思维能否把握具体真理""第五章第三节：如何培养自觉的人格"。

2 《致邓艾民·1982 年 6 月 12 日》，《冯契文集》(10)，第 251 页。

3 在 1982 年 5、6 月间的中国哲学史学会华东分会第二次年会上，冯先生曾做题为"中国传统哲学的特点"的报告，并留有记录稿。有理由猜测，此报告是 1983 年 7 月发表于《学术月刊》的《论中国传统哲学的特点》的雏形。如果这一猜测成立，那么四个问题表述的时间表大致为：1981 年 1 月，在私人信件中提出；1982 年 5、6 月间，正式向学界公开这一表述；1983 年 7 月，正式以文字形式公开这一表述。但目前我们仍未搜集到这一报告的记录稿，因此上述猜测仍有待验证。参见《致邓艾民·1982 年 6 月 12 日》《致董易·1982 年 6 月 12 日》，《冯契文集》(10)，第 251、293 页。

二、三对"范畴"与四个"问题"

"定稿"两节"绪论"并非一气写就的事实，自然地引导我们进一步提出如下问题：两节"绪论"的内容是否协调一致？从思想内容来看，"绪论"第一节的中心是"感性和理性""绝对和相对""唯物主义和辩证法（包括客观规律性和主观能动性）"这三对"范畴"，亦即这"三个在对立中统一的人类认识发展的必要环节"所构成的逻辑圆圈[1]，而第二节的中心则是与"感性""知性""理性"和"德性"相关的四个认识论"问题"，因此这里的问题又可以概括为：三对范畴所反映的认识基本环节或认识过程的辩证法与四个认识论问题之间处于何种关系？而《逻辑发展》"记录稿"和"定稿"的叙述都以三对范畴的"逻辑发展"为骨干，于是问题就进一步转变成：在这一哲学史写作的整体构想已然确立的前提之下，修改过程中后加的四个认识论问题的视角是否得到了有效的贯彻？

三对范畴与四个问题的关系，依以何者为主的角度，可以有两种处理思路。思路 1，以广义认识论的四个问题为主线，在每个问题中都包含着三对范畴的矛盾。《认识世界和认识自己》同样以这三对范畴和四个问题为构件，具体组织方式则为"以上面讲的四个问题作为线索，以上面讲的三组对立范畴作为环节来阐发'认识世界和认识自己'的基本原理"[2]，即是这一思路的表现。《逻辑发展》在阐述四个问题后，对这一思路其实也已有所预告。[3] 思路 2，以三对范畴的逻辑发展为主线，在认识发展的每一个环节中包含四个认识论问题的讨论。《逻辑发展》即采取这一思路，对此冯契亦有明确表述：

1　《中国古代哲学的逻辑发展》（上），《冯契文集》（4），第 16—22 页。

2　《认识世界和认识自己》，《冯契文集》（1），第 68—70 页。

3　"辩证唯物主义以实践标准作为认识论的基础，应用辩证法于认识论，从而对每一个问题的回答都贯彻了列宁所说的三个结论，同唯心主义、不可知论和形而上学划清了界限。"《中国古代哲学的逻辑发展》（上），《冯契文集》（4），第 33 页。

基于实践的认识的辩证发展过程有不同环节，因而认识的成果（知识）有不同层次，而人在认识和改造客观世界的同时，也认识和改造着人自身。历史上的哲学家往往抓住了某个环节（层次）或某个方面来提出问题，进行探讨。因此，认识论的问题就显得多样化了。[1]

哲学家们总是立足于认识辩证史发展的某个环节之内来提出认识论的问题，这些问题不出上述四个问题的范围。当然，哲学史的实际情况不可能像理论设计那样工整，因此所谓"在认识发展的每一个环节中包含四个认识论问题的讨论"在实际叙述上必然要打上折扣，或者是在某一环节的倾向表现并不清晰，掺杂着其他环节的倾向，或者是某些环节发展不充分，或者是在这些环节内部四个认识论问题的讨论不均衡，有些可能完全没有涉及。[2]哲学史的发展有其民族的和历史的特点，每个哲学家的思想也自有其个性，在实际叙述中冯契采取了灵活的形式，并没有遵照一套死板的规程。但这不妨碍思路2在整体上作为一种叙述模式的成立。因此固然"哲学是哲学史的总结，哲学史是哲学的展开"，但在冯契那里，哲学史和哲学所采用的共同要素实际上采取了不同的组织结构。

在区别这两种思路后，我们可以进一步明确上文所提的问题：在认识发展的每一个环节之中，贯彻对四个认识论问题的讨论，这一叙述模式的设想在理论上能否成立（而非在实际的写作实践中对这一叙述模式的贯彻到了何种程度）？笔者认为，由于四个认识论问题的设置方式，这一设想只能部分成立。为了说明这一点，此处只得不避烦冗，把"定稿""绪论"

1　《中国古代哲学的逻辑发展》（上），《冯契文集》（4），第32页。

2　就中国哲学史的整体情况来说，是"较多和较长期地考察了上述后两个问题：逻辑思维能否把握宇宙发展法则的问题，发端于先秦的'名实'之辩；理想人格如何培养的问题，发端于先秦的'天人之辩'；'天人'、'名实'之辩贯串于整个中国哲学史"。《中国古代哲学的逻辑发展》（上），《冯契文集》（4），第34页。

第二节中关于广义认识论的表述抄录一遍：

> 第一，感觉能否给予客观实在？
>
> 第二，理论思维能否达到科学真理？换一个提法，普遍必然的科学知识何以可能？用康德的话，就是纯数学和纯自然科学何以可能？
>
> 第三，逻辑思维能否把握具体真理（首先是世界统一原理、宇宙发展法则）？用康德的话，就是"形而上学"作为科学何以可能？
>
> 上面三个问题，用德国古典哲学的术语来说，就是关于"感性"、"知性"、"理性"的问题。
>
> 第四，人能否获得自由？也可以换一个提法，自由人格或理想人格如何培养？[1]

在《认识世界和认识自己》中，冯契补充，"上述四个问题是中西哲学家反复讨论的问题，每个问题都包含着'能否'的问题和'何以可能'的问题"，两者紧密联系，"如果回答'能'，那就要说明何以可能，说明了何以可能的条件，才是真正回答了'能'"。[2] 这些表述中康德哲学的色彩是非常明显的。如此看来，他对认识论第四个问题（以下简称"问题4"）的问法就略显怪异：问的是"能否"和"如何培养"，而不是"能否"和"何以可能"。顾红亮教授认为，从冯契思想的内在逻辑看，"如何培养"与"何以可能"是不能等同的，前者讨论方法论主张，后者讨论可能性条件，两者间有"形而下"与"形而上"的区别。[3] 问题在于，在上文冯契对"能

---

1 《中国古代哲学的逻辑发展》（上），《冯契文集》（4），第32—33页。

2 《认识世界和认识自己》，《冯契文集》（1），第67—68页。

3 "就冯契的提问方式来看，自由人格如何培养的问题和自由人格'何以可能'的问题不应该是同一类的问题，前者关于自由人格培养的途径和方法，属于形而下的问题，后者关乎自由人格成立的可能性条件，属于形而上的问题。"顾红亮：《自由人格的可能性：以冯契为例》，《天津社会科学》，2012年第2期。

否"和"何以可能"的讨论中，他并没有对"何以可能"和"如何培养"做出区分。再者，从引文中提问的方式来看，一路下来都是"何以可能"，因此在问题4上同样问"何以可能"，在逻辑和语势上都十分自然，而冯契突然把问题扭转至"如何培养"的方向，显得是有意为之，而非无心之失。这大概是因为，冯契本人倾向于认为自由人格"何以可能"和自由人格"如何培养"这两个问题是一致的。换言之，自由人格"何以可能"本身就已经是一个实践问题，因此对于它的回答必须要落在"如何培养"的实践维度，"形而上""形而下"的区分恐怕在此并不适用。这一解释的问题是，仅仅从"培养"的角度来说明自由人格"何以可能"显然太过狭隘了，除了"培养"之外，至少还有"自得"的一面。实际上，冯契对"培养"一词的使用有广狭两义，在狭义上指营造有利于自由人格发展的外部条件，在广义上则指"化理论为德性"的整个过程。例如在《人的自由和真善美》第九章"理想人格的培养"中，冯契在开篇即这样交代：

> 人类通过化理想为现实的活动来发展科学、道德和艺术，创造有真、善、美价值的文化，改变了现实世界的面貌，同时也发展了自我，培养了以真、善、美统一为理想的自由人格，使理论（智慧）化为德性。[1]

此处的"培养"就不能做狭义的理解，而更多地是指结合了"培养"（发展条件）与"自得"（自我发展）的自由人格生成过程。由此来看，在冯契那里，对于自由人格"何以可能"的回答是狭义的"培养"和"自得"两个方面的统一，用传统哲学的语言来说即是"成人之道"。[2]

---

1 《人的自由和真善美》，《冯契文集》（3），第230页。
2 顾红亮教授相当精细地区分了"自由人格理论何以可能""自由人格本身何以可能"和"自由人格如何培养"这三个问题，后两者的回答分别是狭义的转识成智说和狭义的人格培养论。参见前揭顾红亮《自由人格的可能性：以冯契为例》一文。而笔者在此处的意见是，后两个问题是一致的，两者的答案也是统一的。亦即"自由人格本身何以可能"（或自由人格如何培养）这一问题的回答，包括狭义的转识成智说和狭义的人格培养论两个部分。

问题在于，如果从前三个认识论问题的视角来看，我们确实能够对"形而上"层面的可能性条件论证和"形而下"层面的方法论主张做出明确的区分。同时，一种可能性条件论证，可能与多种方法论主张相兼容；反之，同一种方法论主张的某些部分，也有可能与几类不同的可能性条件论证相兼容。因此，如果仅仅从两种可能性条件论证的区分出发，我们就有可能无法对分别与前两者相兼容的两种方法论主张做出明确的区分。举例来说，假设：有一种可能性条件论证 p，与 m_1、m_2 这两种方法论主张相兼容；另一种先验条件论证 p′，与 m_2'、m_3' 这两种方法论主张相兼容；m_2 和 m_2' 部分重叠。那么，仅仅从先验层面出发，我们便无法确定，分别持 p 的甲某和 p′ 的乙某，他们的方法论主张是完全不同的（亦即分别选择了 m_1 和 m_3'），还是有部分重叠的（亦即分别选择了 m_2 和 m_2'）。

从"何以可能"这一提问方式来看，在认识发展过程的诸环节（三对范畴）中贯彻认识论诸问题（四个问题），具体表现为：在某一个认识环节上，认识论诸问题的可能性条件论证具有一种基本的可传递性。《逻辑发展》中三对范畴和四个问题的结合，实际上是以此种可传递性为基础的。如果我们把某位哲学家定位于"唯物主义"这一类型，那么我们就有理由期待，他在关于"感觉能否给予客观实在"（包含"何以可能"）的问题上持唯物主义类型的态度，并且这一态度将传递至关于"理论思维能否达到科学真理""逻辑思维能否把握具体真理"（二者同样包含"何以可能"）的问题上去。当然，前文已述，由于历史的偶然性，实际的叙述情况更为复杂，但这不妨碍此种叙述模式的存在。而冯契把问题 4 的问法从"何以可能"扭转为"如何培养"，仅从前三个认识论问题的视角来看，就是没有在可能性条件论证和方法论主张之间做出明确的区分。虽然从问题 4 本身的实践视角出发，这一批评并不成立，但由此造成的后果，是可能性条件论证的可传递性在问题 4 那里受到了干扰。因为，如前所论，在同一个"何以可能"的论证之下，可能并存着数种不同的方法论主张，而这些方法论主张，又有可能与其他基于不同的可能性条件论证的方法论主张部分重叠。

在冯契对中国哲学史的梳理中，上述问题就具体表现为，哲学家们在感性、知性、理性层面所持的态度，其可传递性在德性领域受到了干扰，从而无法在这一领域提供关于认识发展环节的有效辨识。例如，从认识发展环节的角度来说，孟子和荀子之间不仅存在"唯心"和"唯物"的区分，并且分别处于"先验主义"和"朴素唯物主义与朴素辩证法的统一"的不同阶段，在多个层面上，他们都有不小的差异；但"他们心中理想人格的观念还是相似的"，并且，"通过学习、教育和修养，以达到仁、智统一的人格，这也是他们共同的主张"。[1] 对两者在诸多层面上差异的揭示，不能帮助我们理解他们在德性问题上为何分享着一些重要的共同信念，用前述的分析来说，即是我们从可能性条件方面的差异出发，无法理解他们在方法论主张上是否以及为何重叠。而为了达到这种理解，我们实际上需要落回到传统思想脉络的"儒—释—道"等划分之上。于是，冯契在此处的困境就在于：如果他从把"何以可能"等同于"如何培养"的实践观点上退却下来，或是回到三个问题的格局，或是把德性问题处理为单纯理论上的关于德性之知识的可能性条件论证，固然可以达到逻辑上的一贯，但却把传统哲学中一些关于德性问题的重要共同信念排除在哲学史的分析框架之外；而如果坚持这一实践观点，马上面临着的问题将是，三对范畴矛盾运动的框架无法为这些信念的共同性提供充分的说明。这一困境实际上显示了康德哲学式的认识论进路，在处理中国传统哲学时的某种限度。当然，这里还存在着另一种可能性，那就是从问题 4 的视角出发，对前三个认识论问题都进行实践论上的改造，在此基础上容纳三对范畴的矛盾运动。这在某种意义上预示了此后《认识世界和认识自己》的思路（亦即前文提到

---

1 《人的自由和真善美》，《冯契文集》(3)，第 231—232 页。

的思路 1），而在《逻辑发展》中，此种改造的迹象虽然也已经存在，但整体性的变动可以说仍在酝酿之中。[1]

根据以上分析，笔者认为，《逻辑发展》"绪论"的第一节和第二节并没有达到完全的协调一致，亦即，在勾画人类认识普遍发展规律的整体构想之下，四个认识论问题的视角没有得到有效的、完全的贯彻。这里存在着的理论张力或许促使冯契继续调适三对范畴与四个问题之间的关系，从而成为其哲学继续发展的动力之一。

三、中国哲学史的"本来面目"

本章所谓"思史互动"，主要指哲学创作和哲学史写作之间的互动，在另一方面也可以指思想与现实历史之间的互动。就后者而言，"定稿"已经显得较为内敛，"记录稿"则在开篇就带有刚刚走出特殊时代的痕迹：

> 前几年，"四人帮"鼓吹"儒法斗争为主线"，把一部中国哲学史弄得面目全非。我们现在要在这方面拨乱反正，肃清"四人帮"的流毒，还中国哲学史的本来面目，这就需要从马列主义的立场、观点和方法出发，总结中国古代哲学的发展规律。[2]

无独有偶，《辩证法》也以对时代的反思开篇，并且更具体地提到了独断论、造神论等现象，但他这时更为强调，这些现象的形成，其主观条

---

1 例如在"记录稿"中，对于孔子的"仁""知"关系，冯先生认为"他的'知'主要是认识人们之间的伦理关系，有了这种认识，就利于行仁"，把"知"和"仁"理解为道德知识和道德行为之间静态对应的关系。而到"初稿"中他保留了这一说法，并进而指出，"孔子的仁智统一学说，以为认识论即是伦理学，所以他的认识论命题都具有伦理学意义。……认识过程其实也就是德性培养过程"，则更为强调认识过程与主体生成过程相统一的动态视角。"记录稿"（上），第 29 页；《中国古代哲学的逻辑发展》（上），《冯契文集》（4），第 78 页。
2 "记录稿"（上），第 1 页。

件是长期以来不强调逻辑思维（包括形式逻辑和辩证逻辑）。[1]言下之意是，如果不改进整个民族的思维能力，那么这些现象仍有可能在特定的历史条件下复现。因此，起而批评历史错误虽是不平则鸣的人心自然，但停留在这个阶段则无助于补益孱弱的理智，并且恰恰就是此种孱弱的表现。《辩证法》和"记录稿"的主题虽然不同，但我们也不难看到，在经历了以鲜明的善恶对立为前提的解放感之后，冯契的反思很快就进入了一个更为冷静和深远的阶段。而在"定稿"当中，这段透露时代感觉的表述凝结成一句简洁平实的话：

> 用马克思主义的立场、观点和方法来研究中国哲学的逻辑发展，以求建立科学的中国哲学史，这是一项有待于许多人共同努力的重要工作。[2]

再结合《〈智慧说三篇〉导论》中"知识与智慧"作为"真正的哲学问题"这一表述来看，他对时代问题的反思不仅贯彻于哲学史写作和哲学创作，并且视野不断拓深，表述不断精练，显示了哲学家在暮年仍精进不已的旺盛生命。

其次，值得注意的是，在本节前引的"记录稿"文句中，冯契使用了"本来面目"一词。这一原本指佛性人人本具的禅宗用语，在20世纪70年代末80年代初的语境中一度流行，在消极的意义上，它指摆脱政治对学术的不良干扰[3]，冯契对该词的调用显然也有这一层意思。问题在于，它在积极的意义上，还暗示在排除了这些干扰之后，我们就能够进入某种认识论

---

1 "从主观上说，长期以来我们不强调逻辑，不讲客观地、全面地去看问题，无疑是产生主观的独断论的重要条件。"《逻辑思维的辩证法》，《冯契文集》(2)，第2页。

2 《中国古代哲学的逻辑发展》(上)，《冯契文集》(4)，第1页。

3 参见任继愈：《批判"影射史学"，恢复哲学史的本来面目》，《哲学研究》，1978年第3期。

上的透明状态，从而直接地、一劳永逸地获得唯一的真理（虽然冯契本人可能不接受此种暗示，但仅从语词的角度来说，这种暗示确实存在）。因此，这一用语表达了刚从独断论的束缚中挣脱出来的乐观态度，但同时又吊诡地沾染着独断论的气息，并参与建构着当时关于统一之"是"的想象。

实际上，早在 1957 年出版的《怎样认识世界》中，冯契就已经论及绝对真理和相对真理之间的辩证关系[1]；1960 年在其主持编写的《马克思主义哲学》教科书中，他还别出心裁地把"认识论"放在第一部分。在当时的条件下这些做法并非无的放矢，而是要强调"人们对于物质的认识是一个过程"[2]。《辩证法》明显延续了这一思路。[3] 对于以反省思维和实践上的独断论为思想任务的冯契来说，像"还……以本来面目"的简单说法显然是不能持续下去的。因此"定稿"毫不意外地删去了这一表述。而在 20 世纪 90 年代的《认识世界和认识自己》中，冯契再次启用了"本来面目"一词，但把它明确地置于认识发展过程的主题之下，用以形容自在的"本然界"。由此，"本来面目"在他的用法中洗去了独断论的色彩，而表示认识运动中绝对真理与相对真理的辩证统一。[4] 在这一前提下，冯契再次把"本来面目"一词与自己的哲学史写作联系起来：

当我把实践唯物主义辩证法理论作为研究方法，运用于中国哲学史领域，力求按历史的本来面目来了解它时，很自然地表现为实践唯物主义辩证法理论在中国哲学的历史发展进程中展开，同时它又成为

1　《怎样认识世界》，《冯契文集》(9)，第 233—237 页。

2　《关于马克思主义哲学教科书体系和内容的一些设想》，《冯契文集》(10)，第 221 页。参见《论真理发展过程》，《冯契文集》(9)，第 266 页。

3　《逻辑思维的辩证法》，《冯契文集》(2)，第 79—83 节。

4　"人类认识的进步，就在于越来越深入、越来越全面地使自在之物转化为为我之物。认识运动的极限，就在于如实地了解世界的本来面目、了解本然界，而此极限，即是绝对真理。……绝对真理就是在掌握相对真理的过程中逐步逐步地展开的。"《认识世界和认识自己》，《冯契文集》(1)，第 240 页。

中国哲学史的概括和总结。[1]

孤立地看这句话，冯契似乎是在宣称他的哲学史写作接近于那个一成不变的中国哲学史的真相，但这种认识论上的乐观乃至傲慢在他那里其实是很罕见的。如果联系上文解说来看，这句话其实无非是想说明，他运用实践唯物主义辩证法理论研究中国哲学史所获得的成果，代表了达到绝对真理的无限过程中的一个有待于被后来者超越的相对阶段。实际上，冯契本人在 20 世纪 80 年代初就曾表露过要超越《逻辑发展》现有版本的意向：

> 我不满足于只做个哲学史家。如果天假以年，还是想把《论真、善、美》一书写出来。而且，从这样的观点来回头看哲学史，也就会给哲学史以更新面貌。[2]

这里提到的《论真、善、美》一书，应是此后在 20 世纪 90 年代完成的《人的自由和真善美》，又或者可以宽泛地说是整个智慧说体系，这方面的工作他基本完成了。但基于从哲学创作中获致的洞见再次"给哲学史以更新面貌"的工作，或谓"展开"与"总结"之间的新一轮互动，他则未能争取到更多的时间。不过，据陈卫平先生等前辈学者介绍，冯先生晚年并未透露过有修订哲学史著作的计划。[3] 这里大概存在着三种可能性。第一，随着年龄增长，他不愿再提出一个可能已经无法完成的计划。第二，他提出希望"给哲学史以更新面貌"时，《逻辑发展》"记录稿"的修改工作尚未正式展开，而在修改完成的"定稿"中，实际上"真、善、美"问题已经成为其梳理哲学史的重要线索，换言之，这一"更新面貌"已经存在于

---

1 《〈智慧说三篇〉导论》，《冯契文集》（1），第 17 页。
2 《致邓艾民·1981 年 12 月 6 日》，《冯契文集》（10），第 248 页。
3 陈卫平先生此说是于 2018 年 12 月"冯契哲学研究工作坊"会议中，在评议本章初稿时提出来的。在此致谢！

"定稿"之中了。第三,在"智慧说三篇"中,随着哲学讨论的展开,冯契也融入了大量的哲学史梳理的内容,这些内容较之正式的哲学史著作相对零散,但即是所谓"更新面貌"具体而微的呈现。陈先生本人倾向于第三种可能性;笔者认为,这三种可能性是可以同时存在的,而"智慧说三篇"中的哲学史内容与"定稿"之间的异同,仍是一个有待继续研讨的问题。

无论如何,从冯契对"本来面目"一词的用法以及他对"更新面貌"的期望中,我们起码能够体会的是,出于对认识论问题的自觉,他在勾画中国古代哲学史逻辑发展的"圆圈"时,理论上的魄力是与对自身写作有限性的意识紧密结合在一起的。从这个角度看,20世纪80年代哲学史写作从"两军对阵"到"认识史"的突破[1],就不仅是单纯的研究范式的变迁,还意味着哲学的气质类型从独断论到辩证法的转换。

---

1 陈卫平:《从突破"两军对阵"到关注"合法性"——新时期中国哲学史研究之趋向》,《学术月刊》,2008 年第 6 期。

第四章　冯契中国哲学史研究的思想路径与内涵拓展

冯契既是一位哲学家，也是一位哲学史家。他的智慧说哲学体系的建构，是与他对中国哲学史的研究相联系的；他的中国哲学史研究，则是与他的智慧说哲学体系建构结合在一起的。这种哲学与哲学史的内在关联，用他的话说就是："哲学是哲学史的总结，哲学史是哲学的展开。"[1] 因此，对他的中国哲学史研究，仅仅从哲学史的视角来衡论和评价还是不够的，还需要从智慧说哲学体系的视角来加以考察和阐发。本章即从智慧说入手论析冯契的中国哲学史研究，考察其思想路径，昭显其内涵拓展，以深化对冯契中国哲学史研究的探讨和理解。

一、20 世纪 80 年代中国哲学史研究的两个代表性个案

20 世纪 80 年代是中国哲学史研究范式的转换时期。当时中国哲学史学界受时代思潮推动所呈现的普遍性倾向，就是力图走出原来的以"唯物主义—唯心主义""辩证法—形而上学"（即"两个对子"）为主要问题的本体论研究框架，而改换为以范畴研究为主要内容的认识史研究框架。范畴作为哲学内在的思维形式，是哲学思维之网的网上纽结，体现的是哲学发展超越于经验性和历史感的抽象一面。这种新的研究范式，解构了长期以

---

1 《认识世界和认识自己》，《冯契文集》(1)，第 69 页。

来哲学史与现实政治的纠结，凸显了哲学史的思想内涵与内在逻辑，推进和深化了中国哲学史研究。但这也给中国哲学史研究带来了两方面的负面影响：一是范畴所具有的超越性和抽象性，使中国哲学史研究更注重哲学自身的逻辑演进，导致了哲学史与社会历史的疏离；二是范畴史意义的凸显，使中国哲学史研究专注于范畴史研究，遮蔽了问题史在中国哲学史研究中的重要性。

值得重视的是，在这种学术大势下，有两位中国哲学史研究者保持了自己独特的研究路径：一位是李泽厚，另一位是冯契。对于这两位哲学史家，人们会感到他们的思想差异很大，似乎没有什么可比性，因而尽管两人影响都很大，但却一直没有研究者做这种比较工作。然而，如果就他们的中国哲学史研究框架来考察，就会发现他们在不同之中又有其共同之处，这就是他们都自立于中国哲学史学界这种普遍倾向之外，来书写自己从古及今的中国哲学史。这就有了李泽厚的《中国近代思想史论》《中国古代思想史论》和《中国现代思想史论》，也就有了冯契的《中国古代哲学的逻辑发展》和《中国近代哲学的革命进程》。这些都是 20 世纪 80 年代中国哲学史研究的代表性著作，也使它们的作者成为 20 世纪 80 年代中国哲学史研究的两个代表性个案。

李泽厚和冯契为什么能够不为当时的学术大势所左右，而在中国哲学史研究中独树一帜呢？关键一点，就在于他们在开展中国哲学史研究时，都有过个性化的哲学思考，特别是对马克思主义哲学有着各自的理解，并力图依据这种理解来建构自己的哲学体系。正是这种独立自得的哲学思考，使他们没有把自己融于中国哲学史学界的这种普遍化倾向之中，而留下了各自特色鲜明、影响很大的中国哲学史著作。

当时的李泽厚对马克思主义哲学有着自己的理解。他认肯唯物史观，而不认肯辩证唯物主义，认为："应该回到历史唯物论（唯物史观）。应明确唯物史观才是马克思主义的基本理论（辩证唯物论等等是后来推演出来的）。"[1] 而对于唯物史观，他又有自己的理解，认为可分为科学层次和哲学层次。在科学层次上，历史唯物论具体地研究生产力、生产关系、经济基础和上层建筑等问题，或分化，或渗入，或成为许多专门的社会科学学科；而"就哲学层次说，历史唯物论即主体性的实践哲学，或称人类学本体论。它应包含工艺社会结构（人类学主体性的客观方面）和文化心理结构（人类学主体性的主观方面）这样两个方面"[2]。在这两个层次中，他更重视哲学层次。从这种马克思主义哲学观出发，李泽厚"试图改变一下中国哲学史陈陈相因的面貌"[3]，既不从哲学问题来讲中国哲学史，也不从认识史来看中国哲学史，而是从文化心理结构来谈中国哲学史。他说："我研究中国思想史既没用唯物论唯心论斗争史，也不用认识论史"[4]，"我想从中国文化心理结构等角度进行研究，也就是说，把中国哲学史放在文化心理结构中加以展开和探讨。我希望这种研究能略有新意"[5]。正是这样，他把自己有关中国哲学史研究的三部代表性著作，不以"哲学史"命名而以"思想史"命名。

关于哲学史与思想史的关系问题，中国学术界曾在 1983—1984 年展开讨论，通过这次讨论，厘清了哲学史与思想史各自的内涵：哲学史属于哲学学科，所研究的是哲学发生发展的历史，主要探讨哲学自身的范畴与问题在历史上的逻辑开展；思想史则属于历史学学科，主要探讨人的精神生活发生发展的历史，走向了对社会生活中的思想、意识、观念、群体性心理的具体研究。[6] 李泽厚的三部中国思想史论，并不是这个意义上的思想史著作，其实还是一种哲学史著作。他之所以将其命名为"思想史"，是想在

1　李泽厚：《中国现代思想史论》，东方出版社，1987 年，第 203 页。

2　李泽厚：《中国现代思想史论》，第 204 页。

3　李泽厚：《走我自己的路》，生活·读书·新知三联书店，1986 年，第 61 页。

4　李泽厚：《走我自己的路》，第 205 页。

5　李泽厚：《走我自己的路》，第 62 页。

6　参见李维武：《关于"以哲学史为中心的思想史研究"的再思考》，《中国高校社会科学》，2018 年第 6 期。

"思想史"的名称下独树一帜，凸显自己的中国哲学史研究与众不同的特色。正如他所说：

> 我写的这些文章不敢自称哲学史，但哲学史既应是"自我意识的反思史"，那么对展现在文化思想中的本民族的心理结构的自我意识，也就可以成为哲学和哲学史的题目之一。我所注意的课题，是想通过对中国古代思想的粗线条的宏观鸟瞰，来探讨一下中国民族的文化心理结构问题。[1]

冯契对马克思主义哲学的理解，与李泽厚全然不同：不仅认肯唯物史观，而且认肯辩证唯物主义，强调"辩证唯物论和历史唯物论的统一"[2]。他在建构智慧说哲学体系时，特别强调自己"相信实践唯物主义的辩证法"[3]，强调自己是"沿着实践唯物主义辩证法的路子前进"[4]，强调自己是"用实践唯物主义的辩证法来解决知识和智慧的关系问题"[5]。这也就是说，"《智慧说》以心物、知行关系问题作为出发点，在实践唯物主义的基础上来阐述认识世界和认识自己的辩证法，亦即由无知到知、由知识到智慧的辩证运动"[6]。在他看来，智慧说所要解决的哲学问题，即知识与智慧的关系问题，仍然是认识论问题；只是智慧说所讲的认识论，不同于传统的"狭义的认识论"，而是一种"广义的认识论"；这种"广义的认识论不应限于知识的理论，而应该研究智慧的学说，要讨论'元学如何可能'、'理想人格如何培养'的问题"。[7]

1　李泽厚：《中国古代思想史论》，人民出版社，1985 年，第 296 页。
2　《中国近代哲学的革命进程》，《冯契文集》(7)，第 581 页。
3　5　《〈智慧说三篇〉导论》，《冯契文集》(1)，第 10 页。
4　《〈智慧说三篇〉导论》，《冯契文集》(1)，第 11 页。
6　《〈智慧说三篇〉导论》，《冯契文集》(1)，第 37 页。
7　《〈智慧说三篇〉导论》，《冯契文集》(1)，第 6 页。

冯契的中国哲学史研究，正是与智慧说哲学体系相结合而展开的，即"从认识论角度看中国传统哲学的特点"[1]，并从广义的认识论出发提出哲学史研究应当注意阐明的四个问题："感觉能否给予客观实在？理论思维能否把握普遍有效的规律性知识？逻辑思维能否把握具体真理（首先是世界统一原理和发展原理）？理想人格或自由人格如何培养？"[2]在他看来，智慧说主要就是要回答这四个问题，而他的中国哲学史研究也主要是考察这些问题，特别是后两个问题在中国哲学历史中的提出与开展。因此，冯契的中国哲学史研究虽然也十分重视历史上的哲学范畴，但其所指向的不是当时中国哲学史学界都在讲的哲学范畴，而是当时大家都不去关注的哲学问题。

李泽厚与冯契对马克思主义哲学的不同理解，实在于对辩证唯物主义，特别是对中国马克思主义者所讲的辩证唯物主义，抱有不同的态度。李泽厚对辩证唯物主义持否定的态度，这一点先是在他的《中国现代思想史论》中初步提出，而后在他与刘再复合著的《告别革命》一书中有了明确表达，用他的话说，"我总是强调历史唯物论，就是与毛的'辩证唯物论'对立"[3]。冯契则对辩证唯物主义持肯定的态度，这一点在他的"智慧说三篇"和《中国近代哲学的革命进程》中都有相当明确的表达，特别是对于毛泽东所阐发的"能动的革命的反映论"，不论是从哲学史看，还是从哲学理论看，他都予以了高度评价。从中国近代哲学史看，他指出："中国近代哲学的演变以历史观和认识论的心物之辩为中心，'能动的革命的反映论'的提出，标志着实现了一个革命的飞跃"[4]，是"对历史观与认识论中的'心物'之辩的总结"[5]。从智慧说的哲学思路看，他认为："毛泽东的著作回答了现

---

1 《认识世界和认识自己》，《冯契文集》(1)，第71页。

2 《〈智慧说三篇〉导论》，《冯契文集》(1)，第37页。

3 李泽厚、刘再复：《告别革命》，天地图书有限公司，2004年，第141页。

4 《中国近代哲学的革命进程》，《冯契文集》(7)，第584页。

5 《中国近代哲学的革命进程》，《冯契文集》(7)，第577页。

实中面临的迫切问题，所以他的著作中所包含的哲学即对能动的革命的反映论和辩证逻辑的阐发使我觉得很亲切，也使我感到真正要搞哲学，就应该沿着辩证唯物论的路子前进。"[1] 对于冯契所说的"哲学是哲学史的总结，哲学史是哲学的展开"，正是要以这种马克思主义哲学观作为基础和出发点来加以理解和把握；不能离开这个基础和出发点，抽象地谈冯契所说的"哲学是哲学史的总结，哲学史是哲学的展开"。

二、以"逻辑发展"阐明中国古代哲学史

智慧说既是沿着辩证唯物主义的路子前进，那就十分重视唯物辩证法，特别重视辩证逻辑。这种对辩证逻辑的重视，对于冯契来说，不只是通过课堂和书本获得的，而更是通过投身革命斗争的实践感悟和体会到的。在《〈智慧说三篇〉导论》中，他谈到了《论持久战》对他及一代投身抗战的革命青年的深刻影响：

> 毛泽东的《论持久战》，我是在山西抗战前线读到的。这本书当时给前线战士带来的兴奋和所起的思想解放作用，没有亲身经历、体验过的人是难以想象出来的。抗战初期，因为平型关、台儿庄战役的胜利，许多人盲目乐观，以为抗战不要太久就会胜利结束。但接着打了许多败仗，日军长驱直入，很多城市沦陷了。在前线，我们亲知国民党那些杂牌军确实腐败得不得了，而我们游击队的力量又还比较弱小。抗战的前途究竟如何？使大家感到困惑，存在着许多思想问题。毛泽东的《论持久战》一出来，给大家指明了前途，使我们豁然开朗，解除了困惑，那种兴奋的心情是难以言表的。这本书以其理论力量一下子征服了我们，它分析了中日双方互相矛盾的基本要素，批判了亡国论和速胜论，指出发展的两种可能性中什么是优势的可能性，中国人

---

[1] 《〈智慧说三篇〉导论》,《冯契文集》(1)，第12—13页。

将如何通过持久战来最后获得胜利。记得读这本书的时候，我完全被吸引住，一口气就读完了，后来又反复地读。《论持久战》特别使我感受到理论的威力，它以理论的彻底性和严密性来说服人，完整地体现了辩证思维的逻辑进程。可以说，这本书是继《资本论》之后，运用辩证逻辑的典范。[1]

在这里，冯契实际上阐明了《论持久战》的双重意义：第一重意义在于，《论持久战》揭示了抗日战争的内在矛盾、演进规律与发展大势，这层意义是就全中国的抗战军民而言的，具有普遍性；第二重意义在于，《论持久战》对辩证逻辑做出了典范性运用，这层意义是具有哲学素养的冯契在亲历的革命实践中所感悟和体会到的，是一种特殊性。换言之，《论持久战》的双重意义，是冯契以抗日战士和哲学学者的双重身份读出来的。这种对辩证逻辑的特殊感受，深刻地影响了冯契后来的哲学探索。在"智慧说三篇"中，不仅《逻辑思维的辩证法》一书专论辩证逻辑问题，而且《认识世界和认识自己》《人的自由和真善美》两书实也贯穿着辩证逻辑的方法。

正是这样，冯契在中国哲学史研究中十分重视辩证法的运用，强调以辩证法来梳理和揭示中国哲学历史的逻辑进程。这在《中国古代哲学的逻辑发展》一书中，体现得尤为显明。该书"绪论"的第一段即言："本书试图用马克思主义的辩证方法来研究中国古代哲学史。在这个领域里，前辈和时贤已做了大量的工作。我只是想在他们工作的基础上，用粗线条来描绘一下中国古代哲学思想合乎逻辑地发展的轨迹。"[2] 这就是说，描绘中国古代哲学思想合乎逻辑地发展的轨迹，以"逻辑发展"阐明中国古代哲学史，正是他这部中国哲学史与诸家中国哲学史的一个根本性区别。

---

1 《〈智慧说三篇〉导论》，《冯契文集》(1)，第 11 页。

2 《中国古代哲学的逻辑发展》(上)，《冯契文集》(4)，第 1 页。

如何用马克思主义的辩证方法来研究中国哲学史呢？冯契认为，这就在于从矛盾的普遍性和矛盾的特殊性的相互联结入手，来具体考察中国哲学历史，首先阐明哲学与社会历史的联系，进而阐明哲学自身的思想运动。在他看来，这种矛盾的联结，不论在哲学与社会历史联系的层面，还是在哲学自身思想运动的层面，都是客观存在并且鲜明地呈现出来的。

在哲学与社会历史联系的层面上，冯契主张从矛盾的普遍性和矛盾的特殊性的相互联结，来说明哲学发展的根据。他指出，从哲学史的矛盾的普遍性看，"哲学作为自然知识和社会知识的概括和总结，同其他意识形态和科学一样，来源于人类的社会实践。社会实践（主要指阶级斗争、生产斗争和科学实验）是哲学的源泉"[1]。这一观点作为一般原理，对于任何时代、任何国家的哲学开展都是适用的。从哲学史的矛盾的特殊性看，中国历史的不同时期，影响哲学发展的根据又有所区别，并不都是一样的。"从春秋战国和近代两个革命时代来看，政治思想斗争制约着哲学斗争，转过来哲学革命又作了政治变革的先导，这种相互作用是非常明显的。"[2]而秦汉时代至鸦片战争前的中国封建社会，则与这两个革命时代不同："首先是由于社会生产力的发展推动了科学反对宗教迷信的斗争，其次是社会矛盾促进了地主阶级内部的政治思想斗争。将二者结合起来考察，我们就可以把握中国封建社会中哲学发展的根据。"[3]也就是说，在中国封建社会中推动哲学前进的根据，首先是科学和农业、手工业生产的发展，而物质生产的主体是农民和手工业工人。因此，中国哲学发展的根据固然来源于中华民族的社会实践，但在不同的时代，或是阶级斗争、政治斗争成为首要根据，或是生产斗争、科学实验成为首要根据。

在哲学自身思想运动的层面上，冯契认为需要从矛盾的普遍性和矛盾

1　《中国古代哲学的逻辑发展》（上），《冯契文集》（4），第2页。

2　《中国古代哲学的逻辑发展》（上），《冯契文集》（4），第4页。

3　《中国古代哲学的逻辑发展》（上），《冯契文集》（4），第6页。

的特殊性的相互联结，来说明哲学发展的自身矛盾运动。他指出："把全部哲学的根本问题概括为思维与存在的关系问题，这是马克思主义对哲学发展史的总结。"[1] 然而，这一根本问题在不同时代、不同国家的哲学开展中却有着具体的表现。正是这样，冯契强调："我们研究中国哲学史就必须注意这一根本问题在中国历史各阶段是怎样表现的。"[2] 在他看来，中国古代哲学家围绕思维与存在关系问题所展开的认识的辩证运动，开始于先秦时期的天人之辩、名实之辩，经过不同时期的哲学探讨，至宋明时期演化为心物（知行）之辩、理气（道器）之辩。他说：

> 以先秦来说，"天人"之辩与"名实"之辩是哲学斗争的中心。"天人"之辩主要是天道观和人道观上的争论，"名实"之辩主要是认识论和逻辑学上的争论。这两个问题由荀子作了总结，但以后仍以不同的形式继续争论着。还有"道"与"物"的关系问题，先秦也已经提出，后来发展为"有无（动静）"、"理气（道器）"的争论。到了魏晋，"有无"之辩成了中心；在宋明，"理气"之辩成为天道观上首要的问题。这说明天道观上的斗争在不同的时代变换着形式。在认识论上也是如此，除"名实"之辩外，"形神"、"心物（知行）"之辩在先秦时也已提出。到汉以后，由于反对谶纬神学，形神关系问题就突出起来。在佛教盛行后，为了从认识论上驳倒佛教，"心物（知行）"之辩成了中心问题。可见在认识论上，哲学根本问题的表现形式在各个时代也是不同的。[3]

因此，中国古代哲学家围绕思维和存在关系问题所展开的认识的辩证运动，是通过天人之辩、名实之辩、心物（知行）之辩、理气（道器）之辩四个

---

1 2 《中国古代哲学的逻辑发展》（上），《冯契文集》（4），第 7 页。
3 《中国古代哲学的逻辑发展》（上），《冯契文集》（4），第 7—8 页。

问题来展开的。中国哲学史研究在强调把握哲学根本问题的同时，还需要把握这一根本问题在不同时代的具体表现。以"逻辑发展"阐明中国古代哲学史，应当从揭示和把握这些问题在哲学历史中的诸环节入手。冯契的《中国古代哲学的逻辑发展》，正是通过这一框架来阐释中国古代哲学的逻辑进程的。

基于这两个层面上的矛盾关系，冯契对哲学史下了一个定义："根源于人类社会实践主要围绕着思维和存在关系问题而展开的认识的辩证运动。"[1]正是这样，他重视黑格尔的哲学史观，主张吸取其中的历史与逻辑相统一的思想。他说：

> 黑格尔把逻辑看作绝对观念的结构，把哲学史看作绝对观念的运动，以为将历史上互相对立的哲学体系清除其外在的形式及属于其局部应用范围等等的东西，就能把握哲学的基本概念及其逻辑的发展。他的这一说法是唯心论的，但包含着合理的因素，就是历史与逻辑的统一。这点合理因素，经过批判，为唯物主义的辩证法所吸取。[2]

因此，他强调哲学史研究要在哲学开展的历史中发现哲学运动的逻辑，哲学史研究的过程也就是发现和建构哲学历史内在逻辑的过程。他说："一方面必须坚持唯物主义，把现实的历史看作逻辑思维的出发点和基础；另一方面也必须善于剥掉外在的形式，摆脱历史偶然性的干扰，以便在历史现象中认出逻辑发展的环节来。历史从哪里开始，思维进程也就从哪里开始。"[3] 又说：

1　《中国古代哲学的逻辑发展》（上），《冯契文集》（4），第9页。

2　《中国古代哲学的逻辑发展》（上），《冯契文集》（4），第9—10页。

3　《中国古代哲学的逻辑发展》（上），《冯契文集》（4），第10页。

哲学史家必须完整地、准确地把握历史上的各个哲学体系，而又必须粉碎这些体系，把其中所包含的作为人类认识史的必要环节揭露出来。这就要求把历史上每一个哲学体系放在当时的历史条件中进行考察，从它的社会根源（阶级基础与科学技术条件）和认识论根源来进行分析。[1]

由此来看哲学史，冯契认为哲学发展的内在逻辑就表现为一系列哲学思想的"圆圈"。这种哲学史上的"圆圈"，实即历史上不同哲学思想间的近似螺旋上升的内在联系，是对哲学发展内在逻辑进程的辩证法和规律性的形象化表达。他说：

哲学史体现了认识的矛盾运动：哲学家们所争论的问题就是矛盾，某个矛盾产生、发展、解决了，另一个新的矛盾又产生、经过发展得到解决……这是一个在循环往复中前进的过程。这样的过程，就表现为黑格尔、列宁都说过的近似于一串圆圈、近似于螺旋形的曲线。[2]

由此，他提出了哲学史研究的总目标和总程序：

我们研究哲学史，首先要把握哲学历史发展的根据以及哲学的基本问题在不同历史阶段的不同的表现形式；接着要具体地考察围绕着哲学基本问题而展开的各哲学体系之间的斗争，对每个哲学体系进行马克思主义的历史主义的具体分析，并揭露它们的认识论根源，以便清除其外在形式，把握它们的基本概念，把这些互相矛盾的体系分别地作为人类认识运动的某个环节来进行考察；再把它们综合起来，看

1 《中国古代哲学的逻辑发展》（上），《冯契文集》（4），第 11 页。
2 《中国古代哲学的逻辑发展》（上），《冯契文集》（4），第 14 页。

矛盾在实际上是如何发展的，如何经过曲折斗争达到比较全面、比较正确的解决。于是，发展就表现为一系列的圆圈，哲学史就表现为近似于螺旋形上升的曲线。[1]

在这里，他对哲学史上的"圆圈"做了专门的界定，指出在哲学史研究中强调"圆圈"，实际上是主张以认识史来把握哲学史的辩证方法。现在的一些研究者认为，在哲学史研究中讲"圆圈"是对哲学史的主观化、简单化论说，这实是由于对这种辩证方法不理解或不懂得而产生的误解。

具体到中国古代哲学的逻辑进程，冯契提出了"两个圆圈"的观点。他说：

中国古代哲学开始于原始的阴阳说，先秦时期争论"天人"、"名实"关系问题，由荀子做了比较正确、比较全面的总结，达到了朴素唯物论与朴素辩证法的统一，仿佛回复到出发点，这可以说是完成了一个圆圈。秦汉以后，哲学上关于"有无"、"理气"、"形神"、"心物"等问题的争论，由王夫之作了比较正确、比较全面的总结，在更高阶段上达到朴素唯物论和朴素辩证法的统一，完成了又一个圆圈。我以为，中国古代哲学主要是这么两个圆圈，而这两个圆圈又可以分成若干更小的圆圈。[2]

在他看来，这"两个圆圈"具有重要的意义：一则显示出中国古代哲学具有特别悠久的朴素唯物论与朴素辩证法的传统，分别在战国时期和明清之际形成了两个高峰；二则显示出中国哲学与西方哲学具有共性的一面，这"两个圆圈"与列宁在《哲学笔记》中所勾画的西方近代哲学的"三个圆

1　《中国古代哲学的逻辑发展》（上），《冯契文集》（4），第 16 页。
2　《中国古代哲学的逻辑发展》（上），《冯契文集》（4），第 15 页。

圈”相比较，可以看出人类认识运动的必经环节。

列宁所说的“三个圆圈”，第一个是从笛卡尔、伽桑狄到斯宾诺莎，第二个是从霍尔巴赫经过贝克莱、休谟、康德到黑格尔，第三个是从黑格尔经过费尔巴哈到马克思。[1] 冯契认为：“回顾这三个圆圈，清除其外在的形式，把握它的基本概念，就可以看到围绕着思维与存在关系问题而展开的认识的辩证运动中的三对主要范畴，即感性和理性、绝对和相对、唯物论和辩证法。这是三个在对立中统一的人类认识发展的必要环节。”[2] 由此来看先秦哲学，亦呈现出这样一个涉及感性和理性、绝对和相对、唯物主义和辩证法三个环节的“圆圈”：

> 中国古代哲学开始于原始的阴阳说，到春秋战国，百家争鸣，墨子用经验论来反对孔子的先验论，而老子想要超越经验论和先验论，提出“反者道之动”的命题，有辩证法思想。这一段哲学包含着感性和理性的对立。继老子之后出现的黄老之学的唯物论和法家的唯物论，都带有独断论的色彩，孟子的唯心主义也是一种独断论，而庄子则用相对主义来反对这些独断论。名家的两派——“离坚白”、“合同异”，也是绝对主义和相对主义的论战。接着，《墨经》建立了唯物主义的逻辑学和认识论体系，荀子对“天人”之辩和“名实”之辩作了比较全面、正确的总结。在这里，我们不仅看到了绝对和相对的对立，而且也看到唯物论与辩证法到荀子那里达到了统一（这特别表现在荀子提出“明于天人之分”和“制天命而用之”的论点，比较正确地解决了客观自然规律和人的主观能动性之间的关系）。荀子之后，韩非强调斗争，《吕氏春秋》则强调统一，他们都把朴素辩证法引向形而上学。《易传》有丰富的辩证法，但它建立了一个唯心主义的体系，为后来汉代

---

1 参见《谈谈辩证法问题》，《列宁选集》(2)，人民出版社，1995年，第559页。
2 《中国古代哲学的逻辑发展》(上)，《冯契文集》(4)，第19页。

形而上学的唯心主义神学开了先河。总起来说，我们可以把先秦哲学的发展过程看作一个圆圈，经过曲折的发展，经过唯物主义与唯心主义的反复斗争，到荀子那里达到了朴素唯物论与朴素辩证法的统一。[1]

通过这种先秦哲学与西方近代哲学的比较，冯契得出结论说：

> 哲学史作为根源于人类社会实践主要围绕着思维和存在关系问题而展开的认识的辩证运动，就是通过感性和理性、绝对和相对、唯物主义和辩证法（包括客观规律性和主观能动性）这样一些互相联系的环节而展开的矛盾发展过程，表现为近似于螺旋形的曲线。[2]

在他看来，通过这种哲学史上"圆圈"的比较，可以清楚看到其中所包含的人类认识发展的普遍规律。

冯契的这些思考，构成了他的中国古代哲学史观。这一哲学史观是他从智慧说的广义的认识论出发，考察中国古代哲学史的结果。从一般意义上看，冯契的这一哲学史观，如他所说是用马克思主义的辩证方法来研究中国古代哲学史；而从具体形态上看，冯契的这一哲学史观，则是他从智慧说这一个性化和中国化的马克思主义哲学体系出发对中国古代哲学史所做的反思，而这一反思又为智慧说的建构提供了哲学史的根据。在这里，可以深切地感受到他所说的"哲学是哲学史的总结，哲学史是哲学的展开"的含义。《中国古代哲学的逻辑发展》一书就是这一哲学史观的具体体现。

正是基于这一哲学史观，《中国古代哲学的逻辑发展》成为一部独具特色的中国古代哲学通史著作。这部哲学史，以"逻辑发展"阐明中国古

1　《中国古代哲学的逻辑发展》（上），《冯契文集》（4），第19—20页。

2　《中国古代哲学的逻辑发展》（上），《冯契文集》（4），第20—21页。

代哲学史，力求在纷繁复杂的哲学历史中发现内在的逻辑进程，凸显了中国古代哲学发展的问题、辩证法与规律性，与胡适的《中国哲学史大纲》（卷上）、冯友兰的《中国哲学史》、张岱年的《中国哲学大纲》一样，是由中国哲学家写出的个性化的中国哲学史。当然，既是个性化的写作，偏至之处不可避免。其中值得商榷的问题，在笔者看来，并不在于有的研究者所批评的对中国古代哲学史逻辑进程的强调，而在于把中国古代哲学史做了认识论化的理解。这种中国古代哲学史的认识论化，一方面凸显了中国古代哲学中体现了广义的认识论的哲学问题，重视其中可以纳入广义的认识论的思想资源，特别揭示了中国古代哲学在辩证法、逻辑学和培养理想人格方面的成就，许多内容是其他哲学史家所不曾关注的；但另一方面又遮蔽了不属于广义的认识论的哲学问题，忽视了难以纳入广义的认识论的思想资源，如中国古代的政治哲学、社会哲学、历史哲学、宗教哲学等方面的内容就未能充分纳入或基本没有纳入进来。相比之下，倒是李泽厚的《中国古代思想史论》，由于强调对"中国民族的文化心理结构问题"进行探讨，认为先秦时代主要是"政治论的社会哲学"[1]，所提出的问题和所探讨的内容显得更有新意，因而获得了更广泛的关注，产生了大得多的影响。

三、以"革命进程"阐明中国近代哲学史

对于这种偏至之处，冯契在继《中国古代哲学的逻辑发展》之后所撰写的《中国近代哲学的革命进程》及主编的《中国近代哲学史》两书中有所矫正。

《中国古代哲学的逻辑发展》与《中国近代哲学的革命进程》，可以称作兄弟篇。两书合而观之，成就了一部完整的个性化的中国哲学由古而今

1　李泽厚：《中国古代思想史论》，第314页。

的通史；但细读两书，又会发现其间的不尽相同之处：前一部哲学史讲问题，更着重于哲学史的逻辑的一面；后一部哲学史讲问题，则更强调哲学史的历史的一面，且特别强调中国近代哲学史与中国近代社会历史大变迁的联系，强调那些来自中国近代社会历史大变迁的时代问题。这一点，冯契自己在《中国近代哲学的革命进程》一书"后记"中有过明确的说明。他谈了自己与中国近代哲学史的密切联系和特殊感受：

> 我的前半生是在民主革命时期度过的，在那如火如荼的革命岁月中，许多进步思想家用鲜血、用生命写下了哲学的诗篇，曾使我深受感动和鼓舞。在这时期从事哲学的知名学者中，还包括有我曾亲聆教诲的老师。我对这一逝去的历史时代的思想家们是精神相通、血脉相连，有着特别的亲密关系和亲切之感的。[1]

他进而指出了这种联系和感受在书中的反映：

> 我为"古代哲学"和"近代哲学"取了不同的书名：一叫《逻辑发展》，一叫《革命进程》。这是因为，虽然两书都是运用逻辑和历史统一的方法，但所取视角稍有不同，选材颇有些差别。在古代，我比较注重把握哲学家的体系，把它们放在当时历史条件下进行分析，以揭示其中所包含的认识环节，前后联系起来考察其逻辑发展。在近代，由于现实经历着剧烈变革，思想家们一生变化较大，往往来不及形成严密的哲学体系。因此，我认为对近代哲学不要在体系化上作苛求，而应注重考察思想家们在一定历史阶段上的独特贡献，看他们在当时提出了什么新观念来反对旧观念，从而推进了中国近代哲学的革命进程。[2]

---

[1] 《中国近代哲学的革命进程·后记》，《冯契文集》(7)，第654页。
[2] 《中国近代哲学的革命进程·后记》，《冯契文集》(7)，第655页。

这是说，他是以"逻辑发展"阐明中国古代哲学史，继而以"革命进程"阐明中国近代哲学史。

正是这样，在对中国近代哲学的研究中，冯契固然仍旧强调哲学史的内在逻辑，但却给予了影响哲学史的社会历史因素以更多的重视。在他看来，这种对影响哲学史的社会历史因素的重视，最为突出的莫过于对近代中国所面临的时代大问题的重视。从哲学史的内在逻辑看，冯契指出："中国哲学已经经历了几千年的独立发展，有着深厚的传统和民族特点。中国近代哲学是中国传统哲学在近代的合乎逻辑的发展。"[1]如果说，中国古代哲学在思维和存在关系问题上，集中探讨了天人之辩、名实之辩、心物（知行）之辩、理气（道器）之辩四个问题；那么，中国近代哲学则是在新的历史条件下、在更高的发展阶段上，对这四个问题展开了具有近代特色的思考与论争。但是，在这些中国哲学发展的自身问题之外，他强调中国近代哲学家还有对时代大问题的思考和探讨。"哲学要把握时代脉搏"[2]"哲学要回答时代的问题"[3]，这是冯契两篇文章的标题，也是他对中国近代哲学史进行理解和阐释的一个基本点。

时代向中国近代哲学家提出了什么大问题呢？冯契指出：

在中国近代，时代的中心问题就是"中国向何处去？"——灾难深重的中华民族，如何才能获得自由解放，摆脱帝国主义的压迫、欺凌和奴役？一百多年来，无数志士仁人前仆后继，浴血奋战，就是为了解决这个问题。这个时代的中心问题在政治思想领域表现为"古今中西"之争，其内容就是如何向西方学习，并且对传统进行反省，来寻

1 《中国近代哲学的革命进程》，《冯契文集》(7)，第10—11页。
2 《哲学要把握时代脉搏》，《冯契文集》(11)，第513页。
3 《哲学要回答时代的问题》，《冯契文集》(8)，第279页。

求救国救民的真理，以便使中华民族走上自由解放的道路。这一政治思想领域中的关于"古今中西"的论争，实质上是中国人民反帝反封建的现实斗争的反映。[1]

因此，他强调：

> 研究中国近代哲学，首先要看到这一特点：中国近代史上很多思想家是爱国者，是革命家，他们代表了中华民族的希望，代表了中华民族的优秀传统。他们的热情、意志、思想都集中在解决"中国向何处去"的问题。而"中国向何处去"的问题，就表现为政治思想领域的"古今中西"之争。[2]

他甚至认为："在中国近代史上，许多有成就的思想家并不是专门研究哲学的，他们研究哲学主要是为了回答'中国向何处去'的问题。"[3]在他看来，"中国向何处去"这一时代大问题，是中国近代哲学的特殊问题，也是中国近代哲学的根本问题。其所以为特殊问题，因为这一问题是以往数千年的中国哲学发展所不曾探讨过的；其所以为根本问题，因为这一问题贯穿着中国近代哲学发展的全部历程，并制约着中国近代哲学家对历史观、认识论等问题的回答。正是这样，冯契的中国近代哲学史研究，十分重视把握"中国向何处去"这一时代大问题，以此为纽结来考察和揭示中国近代哲学的展开。这是冯契的中国近代哲学史研究与他的古代哲学史研究一个很大不同的地方。

这种对影响哲学史的社会历史因素的重视，还表现在以"哲学革命"作为中国近代哲学史的主轴线。这种对"哲学革命"的强调，不仅从《中

---

1 《中国近代哲学的革命进程》，《冯契文集》(7)，第3—4页。
2 3 《中国近代哲学的革命进程》，《冯契文集》(7)，第5页。

国近代哲学的革命进程》的书名上鲜明地体现出来，而且在书中的章名上也显著地标示出来。全书正文共四章，除第一章题为"中国近代哲学的前驱"外，第二章题为"哲学革命的进化论阶段"，第三章题为"新旧思潮之激战和哲学革命开始进入唯物辩证法阶段"，第四章题为"马克思主义哲学的中国化与专业哲学家的贡献"，都是对"哲学革命"进程的具体表达。冯契所说的"哲学革命"，是指哲学发展中的渐进过程的中断和由此而来的质的飞跃及新质的扩张。这一观念世界的变革，与近代中国社会历史的变革相联系、相伴随，是由此而来的"古今中西"之争的理论反映，并成为现实世界变革的哲学先导。他对此有明确的说明：

> 在中国近代，中国人民反帝反封建的斗争由自发到自觉，与之相适应，中国人民的革命的世界观由自在而自为。这样的一个过程，在哲学领域就表现为一场哲学革命。这个哲学革命的胜利成果，实际上就是根源于中国人民的实践的革命世界观取得了科学的形态，从而为中国人民的民主主义革命和社会主义革命，作了理论的准备。[1]

而"哲学革命"的成果与影响，则主要体现在历史观和认识论上。他指出：

> 为了解决"古今中西"之争，就必须认识人类历史和中国历史如何从过去演变到现在、又如何向将来发展这样的规律性，因此历史观的问题在中国近代就显得非常突出。同时，要回答"古今中西"之争，就必须把从西方学到的先进理论与中国的具体实际结合起来，以便付之于实践，这里就牵涉到一个很重要的认识论问题，即知与行、主观与客观的关系问题。在中国近代，关于思维与存在的关系问题的哲学论争，集中地表现在历史观和认识论这两个领域，这是同哲学要回答

---

[1]《中国近代哲学的革命进程》，《冯契文集》(7)，第618—619页。

"古今中西"之争密切相关的。而中国近代哲学革命的伟大成果，就表现为马克思主义与中国革命实践相结合，正确地解决了中国近代社会的"古今中西"之争，也就是正确地回答了一定历史阶段上的"中国向何处去"的问题，于是哲学革命就成了政治革命的先导。[1]

这样一来，冯契对于中国近代哲学史，不再像对中国古代哲学史那样做认识论化的理解，而赋予了更广阔的思想空间和更丰富的思想内涵。由于关注"中国向何处去"这一时代大问题，使政治哲学问题在《中国近代哲学的革命进程》一书中凸显出来。龚自珍对封建社会"衰世"的揭露批判，魏源对"师夷长技以制夷"的提出倡导，洪秀全、洪仁玕在神学外衣下阐发的革命世界观，康有为所主张的大同理想，谭嗣同所高呼的"冲决网罗"，章太炎的民族主义与革命观念，孙中山的革命民主主义与社会理想，李大钊、陈独秀由革命民主主义到马克思主义的转变，毛泽东的经过人民民主专政到达大同之路，这些政治哲学内容都在书中得到了一一介绍和衡论。与"古今中西"之争相联系，同历史观问题关联在一起的文化观问题，也在书中得到了重视和阐发。书中第三章和第四章，有"五四时期各种思想派系的自由争鸣""鲁迅：战斗的唯物主义在文化战线的胜利""马克思主义者对传统思想的批判研究"诸节，主要内容都涉及文化观问题。在他看来，新文化运动以来关于文化观的探讨与论争，尽管不是直接针对天人之辩、名实之辩、心物（知行）之辩、理气（道器）之辩而来，但对于中国近代的"哲学革命"亦有着重要意义。如对于新文化运动及其所倡导的"科学"与"民主"，他就从哲学上予以了很高评价，认为：

　　新文化运动激化了古今中西之争，加速了中国哲学近代化的步伐。"打倒孔家店"的口号虽被某些人视为过分激烈了，但在当时是完全必

---

[1] 《中国近代哲学的革命进程》,《冯契文集》(7)，第5—6页。

要的。……至于科学和民主两面旗帜，当然包括多方面的意义，但就哲学的近代化来说，就是要求在思维方式上用科学方法取代经学方法，在价值观念上用近代的自由原则取代封建的权威主义。所以，新文化运动使中国哲学在近代化进程中的批判对象和战斗任务更加明确起来了。[1]

这就揭示和肯定了新文化运动之于"哲学革命"的重要意义。

在冯契主编的《中国近代哲学史》中，进一步发挥了《中国近代哲学的革命进程》的这些特点，思想空间有了进一步拓展，思想内涵有了进一步丰富。从全书框架上看，正文共分三编，第一编题为"中国近代哲学革命的准备阶段"，第二编题为"中国近代哲学革命的进化论阶段"，第三编题为"中国近代哲学革命的辩证唯物主义阶段"，这就更加鲜明地凸显了"哲学革命"作为中国近代哲学史主轴线的一以贯之的意义，并由此以"哲学革命"为标识对中国近代哲学史做了更明确的阶段划分。从全书内容上看，书中对许多思想论争进行了专章或专节的介绍，其中既有哲学论争，如问题与主义论战、科学与人生观论战、唯物辩证法论战，也有包含哲学内核或具有哲学意味的思想论争，如以《翼教丛编》为代表的封建反动思潮对维新变法思想的攻击，新文化运动对封建旧制度旧文化的批判，中国早期马克思主义者对伪社会主义与无政府主义的批判，20世纪30年代的中国社会性质问题论战和中国社会史问题论战，中国马克思主义者对戴季陶主义、陈立夫"唯生论"和蒋介石"力行哲学"的批判。这些思想论争的内容，更能显示中国近代哲学家对"古今中西"之争的开展以及对"中国向何处去"这一时代大问题的解答。今天的人们如果能够认真读一读这些内容，对思考21世纪中国的前进道路和文化发展，是会有启迪作用的。诚如冯契的学生和助手陈卫平所说："虽然这部著作以冯契的《中国近代哲

---

[1] 《中国近代哲学的革命进程》，《冯契文集》(7)，第283页。

学的革命进程》为编写的基本思路，但与后者相比，依然有其独特的价值，这就是更为广阔地展现了中国近代哲学的丰富性，更为深入地揭示了中国近代哲学的嬗变轨迹。"[1]

平心而论，冯契的中国近代哲学史研究，比他的中国古代哲学史研究更富于启发性。其中有两点启示，不只涉及中国近代哲学史研究，而是关系到对全部中国哲学史的理解和把握，尤其值得今天中国哲学史研究者重视。

启示之一是，冯契在这里实际上提出了哲学史上的两种提问方式及由之而来的两类问题：一种提问方式及其问题来自哲学发展的自身逻辑开展，另一种提问方式及其问题则来自社会历史。如"中国向何处去"这一时代大问题以及由此引发的"古今中西"之争，就是来自近代中国的社会历史，而不是中国古已有之的东西，也非西方他亦有之的内容。由于黑格尔哲学史观的深刻影响，在哲学史上的这两种提问方式及其问题之间，长期以来中国哲学史研究者往往更为关注前者，而不大关注后者，甚至认为后者不属于哲学问题，最多只能算是思想问题，根本就不是哲学史的研究对象。这就使得 19—20 世纪中国哲学研究，总是停留在纯粹的哲学范围里，而不甚关注那些直接来自社会历史的提问方式及其问题，缺乏由形上世界走向生活世界的兴趣。其实，这些提问方式及其问题，同样是值得中国哲学史研究者重视和研究的，同样可以而且应当成为中国哲学史研究的一个有机组成部分。甚至可以说，正是由于有了这些问题进入到中国哲学史研究中，中国哲学史研究才能保持同社会历史、同生活世界的更为密切、更为鲜活的联系，才能保持鲜明的时代气息和民族根性，也才能不断丰富自己的研究内容、拓展自己的思维空间。特别是环绕"中国向何处去"这一时代大问题，鸦片战争以来一代又一代先进中国人上下求索，在 19—20 世纪中国思想世界留下了深深浅浅的无数足迹。当社会主义中国已经成功

1　冯契主编：《中国近代哲学史》，生活·读书·新知三联书店，2014 年，上下册封底。

地走过 70 年光辉道路的时候，去回溯这些思想足迹，从中总结出成功的经验和失败的教训，对于中国的未来发展，其意义自然是非常重要的。因此，尽管这些问题没有在中国古代哲学史上出现过，更不曾在西方哲学史上出现过，也不是那种纯概念纯逻辑的东西，但却有自己的理论价值和实践价值，有自己激动人心的地方，有自己值得中国哲学史研究者认真研究、反复发掘的思想底蕴。一个关注中国历史命运和未来发展的中国哲学史研究者，尤其应当关注 19—20 世纪中国哲学中这些直接来自社会历史进程的哲学问题，关注这些与"中国向何处去"这一时代大问题密切相关的哲学问题。

启示之二是，冯契在这里实际上提出了中国文化和中国哲学有两种传统：一种是古代传统，另一种是现代传统。在他那里，这种现代传统称为"近代传统"。在他看来，中国文化和中国哲学当然有着自己一以贯之的传统，中国近代哲学正是中国古代哲学在近代中国的合乎逻辑的发展；但是，中国文化和中国哲学的传统并非是一成不变、永远如此的，特别是中国近代社会历史的变革，促成了新文化的兴起和中国近代的"哲学革命"，使得中国文化和中国哲学的发展出现了质的飞跃，也使得中国文化和中国哲学的传统出现了更新。从中国文化传统上看，他指出：

> 中国近代是中西文化冲撞、汇合的时代，西风东渐，文化的渗入，思潮的传输，在中国这片国土上形成了既不同于古代中国又不同于近代西方的特点。……中华民族历来是富于创造性的民族，近代严峻的历史条件的挑战，更激发了她的创造性。所有这一切，即古代文化传统在近代的转变，西方文化的传入及其与中国文化的融合，近代民族文化的独特创造，就构成了中国近代的文化传统。[1]

---

1 《"中国近现代社会思潮研究丛书"总序》，《冯契文集》(11)，第 738 页。

因此，他提醒人们注意中国文化传统在 19—20 世纪的更新，提醒人们重视中国文化的近代传统。他说：

> 一谈到传统，人们往往就想到古代传统，如说：中华民族有 5000 年文明史，自孔子以来有 2000 多年的儒学文化传统，我国的文化传统主要是儒道两家（或儒释道三教）相互作用的历史，等等。不错，我们有悠久的古老的民族文化传统，这是足以自豪和需要批判地加以继承的。但是，构成当代人直接精神背景的，却不是原封不动的古代文化传统。古代文化中那些在当代生活中依然有生命力的东西，大多是经过近代历史的筛选，并发生了不同程度变形的东西。所以，批判继承民族文化传统的问题，首先应注意的是自 1840 年以来 100 余年间形成的近代传统。[1]

与之相联系，从中国哲学传统上看，他指出："民族文化传统、包括哲学传统，在近代、在 20 世纪，已发生了很大变化。"[2] 又说："中国近代哲学既是古代哲学的延续，又发生了革命性的变革，形成了新的近代传统。……哲学革命还在继续着，而近代的传统（不论是成果，还是遗留问题），都明显地影响着当代人的哲学思维。"[3] 冯契的中国文化与中国哲学的两种传统的思想，为衡论 19—20 世纪中国哲学与中国古代哲学的关系，提供了一个新的参照系；运用这个参照系，能够有效澄清 19—20 世纪中国哲学研究中的一些重大问题，能够深刻理解 19—20 世纪中国哲学与中国古代哲学的既关联又变革的复杂关系。

正是这样，与李泽厚的《中国近代思想史论》和《中国现代思想史论》

1　《〈中国近代哲学史史料学简编〉序》，《冯契文集》(9)，第 412 页。

2　《"通古今之变"与回顾 20 世纪中国哲学》，《冯契文集》(8)，第 492 页。

3　《〈中国近代哲学史史料学简编〉序》，《冯契文集》(9)，第 413—414 页。

相比，冯契的《中国近代哲学的革命进程》更能把鸦片战争以来的时代进程和哲学历史准确地结合起来，从纷繁复杂的时代进程和哲学历史中揭示出中国近代哲学的内在逻辑和变革特征，深刻阐明中国近代哲学开展所取得的超越前人的思想成就，因而更具有思想的深度和理论的力度。特别是对于中国马克思主义哲学的开展和毛泽东对马克思主义哲学中国化的贡献，两人的历史梳理和思想评价大相径庭：冯契通过自己投身中国革命的亲身体验，认肯毛泽东阐发的"能动的革命的反映论"，强调这是"中国近代哲学革命的最主要的积极成果"[1]，在中国近代哲学史书写中予以了详细阐发和高度评价；李泽厚则否定中国马克思主义者阐发辩证唯物主义的意义，以为这些都离开了马克思主义哲学创始人的哲学思想，只有所谓"回到历史唯物论"才是正道。其所以如此，就在于冯契是以"革命进程"来阐明中国近代哲学史，而李泽厚则是怀着"告别革命"心态来衡论中国近代哲学史。

四、走向中国近代社会思潮史研究

在撰写《中国近代哲学的革命进程》及主编《中国近代哲学史》之后，冯契沿着这一思路继续探索，于 20 世纪 90 年代初主编了"中国近代社会思潮研究丛书"，开始由中国近代哲学史研究走向中国近代社会思潮史研究。在这方面，由于天不假年，冯契没有能够留下更多的著述；但在为这套丛书所撰写的总序中，表达了他在这方面的新思考。

中国近代社会思潮史研究与中国近代哲学史研究当然有着一定的联系，但两者又有着不同的视野、内涵与意义。对于这一研究的视野、内涵与意义，冯契在丛书总序中做了明确的说明，指出：

---

1 《中国近代哲学的革命进程》，《冯契文集》(7)，第 625 页。

从鸦片战争开始的近代一百余年间，中华民族面临着前所未有的文化挑战和民族危机，中国社会发生了甚至春秋战国时代也难以与之相比的激烈动荡和深刻变迁。这是一个由封闭走向开放，由专制走向民主，由农业社会走向现代化工业社会的转折时期。围绕着"中国向何处去"的历史中心问题，中国的思想界不断掀起轩然大波，形成了思潮蜂起、波澜壮阔的历史图卷。略举荦荦大端，其中即有进化论思潮、社会主义思潮、无政府主义思潮、民族主义思潮、唯意志论思潮、自由主义思潮、文化保守主义思潮、佛教复兴思潮、科学救国思潮、平民教育思潮等等。在短短百年间，特别是在 19 世纪末至 20 世纪前半叶的数十年间，如此多的思潮纷呈涌动，在数千年的中华文明史上可以说是没有前例的，它集中地表现了中华民族在近代历史条件下，思想的空前活跃，争鸣的空前激烈，精神的迅速高扬。就具体的思潮而言，它们可能是有得有失，有积极面有消极面，有的甚至可能是负面影响大于正面影响；但是，思潮蜂起的总画面表现了民族精神在寻找救国救民、走向现代化的道路，这一点是毫无疑问的。正是在这一长期艰苦的探索中间，形成了值得珍视的近代文化传统。[1]

在他看来，中国近代社会思潮史与中国近代哲学史相比，有着更为广阔的思想空间和更为丰富的思想内涵，有着更多的不属于哲学逻辑而属于社会历史的东西，但这些东西却往往更能反映 19—20 世纪中国思想世界的走向，更能体现那个探寻救国救民真理的激动人心的年代，更能贴近并把握那些艰难岁月中跃动不息的时代脉搏。"中国向何处去"这一时代大问题的回答，中国文化传统由古代而现代的更新，都是在这种错综复杂、纵横起伏的诸思潮相激互动中实现的。因此，冯契对于这套丛书能够得以出版，

---

1 《"中国近现代社会思潮研究丛书"总序》，《冯契文集》(11)，第 737 页。

感到"很令人高兴"[1]。

当然，冯契也看到了这套丛书撰写的艰难性和方法的探索性。特别是中国近代社会思潮史的研究方法，他认为应当有别于哲学史及一般思想史，需要加以认真的探索。在丛书总序中，他对自己的有关方法论思考做了阐明：

> 收入本丛书的著作，它们所研究的，可以主要是哲学思想，或者政治思潮，或者文化及宗教思潮，即每一部著作的侧重面可能颇不相同，但作为丛书整体，强调的是社会思潮。换句话说，不管这些思潮的侧重面在哪里，它们都是对整个社会发生广泛影响的思潮，而不是只在狭窄的专业圈之内发生影响的理论。所以，收入本丛书的著作与一般的近代哲学史或思想史的著作将有很大的不同，它常常需要跨越政治、哲学、宗教、文学艺术、教育乃至俗文化、社会生活方式等诸多领域，从而反映出社会思潮自身的广度与深度。在方法上，本丛书注重研究在中国近代特定的社会历史条件下，西方思想如何传入并影响中国，而中国古代传统又如何被发掘、继承及转化，从而使形成的一系列社会思潮既具有时代特征，又富于民族特点。由于其中相当一部分社会思潮是在西方同类思潮的传播下发展起来的，所以为了把握它们的近代民族特点，又需要通过中西比较的途径。[2]

在他看来，中国近代社会思潮史研究与中国近代哲学史研究具有不同的特点，是一个比中国近代哲学史研究更为广阔、更为复杂、更为生动的研究领域，在这里需要更多地重视社会历史因素。

尽管冯契开始从中国近代哲学史研究走向中国近代社会思潮史研究，进入了更为广阔的思想空间，面对着更为丰富的思想内涵，但并不意味着

---

1 《"中国近现代社会思潮研究丛书"总序》，《冯契文集》(11)，第738页。

2 《"中国近现代社会思潮研究丛书"总序》，《冯契文集》(11)，第739页。

他放弃了对中国近代哲学史，乃至对中国近代社会思潮史内在逻辑进程的探寻和把握。对于中国近代哲学史研究，他强调要从中把握"中国近代哲学革命的规律性"[1]。对于中国近代社会思潮史研究，他也强调要从中"把握近代文化传统，进而把握历史的流向"[2]。这种"哲学革命的规律性"，这种"历史的流向"，在他那里都是有明确指向的，这就是只有马克思主义哲学中国化才对"中国向何处去"这一时代大问题做出了正确的回答，才对"古今中西"之争做出了合理的解决，才使中国近代哲学革命有了胜利的结果，才是中国近代诸社会思潮相激互动合力中所形成的历史总体走向。正是以此为出发点，他又提出"进一步发展哲学革命"[3]问题，主张在改革开放的中国"开辟'同归而殊途，一致而百虑'的唯物辩证法的新阶段"[4]。这就提出了他建构智慧说哲学体系的哲学史根据，强调了智慧说正是接着中国近代哲学革命而讲的。因此，他在《中国近代哲学的革命进程》的"后记"中，特地强调了他的两部哲学史前后衔接、一以贯之的主轴线，认为："'哲学是哲学史的总结，哲学史是哲学的展开'是其共同的指导思想。"[5]他对此做了进一步说明："把两书视为'哲学的展开'，贯串在其中的基本原理，就是我所理解的马克思的实践唯物主义的辩证法，同时也是中国传统哲学合乎逻辑的发展的产物和中国近代社会变革在哲学理论上的集中表现。"[6]在这里，冯契仍然保持着一位哲学家兼哲学史家的追求。即使他在走向中国近代社会思潮史研究时，也仍然是如此。

1 《中国近代哲学的革命进程》，《冯契文集》(7)，第618页。

2 《"中国近现代社会思潮研究丛书"总序》，《冯契文集》(11)，第738页。

3 《中国近代哲学的革命进程》，《冯契文集》(7)，第648页。

4 《中国近代哲学的革命进程》，《冯契文集》(7)，第651页。

5 6 《中国近代哲学的革命进程·后记》，《冯契文集》(7)，第655页。

第五章　智慧的实践之维与哲学史的写法

在当代中国的思想讨论中，冯契先生扮演着两个不同的角色。在哲学创作领域，他似乎成为某种意义上的先知，"代表了一种现代中国哲学发展应取的方向"[1]；而在哲学史研究领域，他则似乎是进行着"前现代"写作的落伍者。[2] 这种分裂的形象与冯契本人对其哲学创作和哲学史写作之统一性的期许——"哲学是哲学史的总结，哲学史是哲学的展开"[3]——形成了强烈的反差。如何理解这种反差？本章试图提供的思路是，寻找那些在冯契看来足以构成哲学与哲学史之统一性的思想联系，并进而指出，这些思想联系是如何在当代的思想讨论中被视为需要做出进一步的原则性区分的。

1　张汝伦：《冯契和现代中国哲学》，《华东师范大学学报》(哲学社会科学版)，2016 年第 3 期。

2　方旭东：《"前现代"的中国哲学史书写：以冯契为例》，《哲学研究》，1999 年第 7 期。以"前现代"来定位冯契的哲学史写作并非毫无问题。具有黑格尔主义色彩的认识发展史框架显然是一种现代产物，哈贝马斯把黑格尔思想归结为现代性的哲学话语；况且方教授根本没有给出所谓"前现代"的标准。如果稍微认真阅读过冯契的著作，就会发现，冯契先生并不只熟悉休谟、康德和黑格尔、马克思，对西方现代哲学家从杜威到奎因，从尼采、柏格森、维也纳学派到现象学，都有不同程度的回应，而他对分析哲学的重视更是其来有自。进一步来说，更重要的问题在于，方教授虽然注意到了冯先生的广义认识论，但对这一创见在其思想体系中的重要性仍做了过低的评估。

3　《〈智慧说三篇〉导论》，《冯契文集》(1)，第 17 页。本章主要讨论冯契的古代哲学史著作《中国古代哲学的逻辑发展》，因为其近代哲学史著作《中国近代哲学的革命进程》没有采取"画圆圈"的逻辑发展写法，因此也就难以在相同的意义上囊括在哲学史与哲学的统一体中。两种著作写作方式的区别，参见高瑞泉：《观念史何为？》，《华东师范大学学报》(哲学社会科学版)，2011 年第 2 期。

在这些思想联系中，最为根本的当属他的"实践唯物主义辩证法"，实际上，由于这一思想对于冯契的根本重要性，对他的任何讨论都无法完全避开这一话题。不过，要讨论实践唯物主义辩证法在上述两种写作中的区分是比较困难的，因为无论是冯契本人还是其评论者们对此种区分都缺少明确的提示。相较而言，"智慧"是一个更可行的切入点。正是主要在智慧问题上，评论者们认为冯契的哲学史写作和哲学创作应该被区分看待。例如，方旭东教授一方面认为冯契的哲学史写作"在把握中国哲学的精神时难免有'削足适履'之蔽"；另一方面又认为，"冯契哲学思考的精彩之处，在我们看来，实在于他晚年'智慧说'对中国哲学中关于'性与天道'的认识即'智慧'的弘扬"。[1]这一观点有两个缺陷：第一，我们很难认为冯契在他的哲学史著作《中国古代哲学的逻辑发展》(以下简称《发展》)中没有涉及智慧，实际上，我们应该将对智慧问题的关注视为他用以统一哲学与哲学史的重要思想联系之一；第二，仅仅用"关于'性与天道'的认识"来概括智慧，将遮蔽冯契讨论智慧时的重要区分，这一区分正是本章讨论的重点。因此，问题转变为：冯契在其哲学创作和哲学史研究中所讨论的智慧存在着何种差别？本章的论点是，智慧在其表现形态上可以区分为思辨的和实践的，在"智慧说三篇"中，冯契主要探讨了智慧的实践之维，而在《发展》中，他探究的则主要是智慧的思辨形态；冯契本人对此种区分有所认识，但没有对此做主题性的发展，而在当代的思想讨论中，这一区分已经变得足够重要了。从这个角度，我们可以看到，在冯契构筑的哲学与哲学史的统一体中，如何隐藏着一条此后不断扩大的裂缝。

一

在中国哲学史研究中，冯契较早突破了主流的"两军对阵"式哲学史

1　方旭东：《"前现代"的中国哲学史书写：以冯契为例》，《哲学研究》，1999 年第 7 期。

观[1]，将哲学史定义为"根源于人类社会实践主要围绕着思维和存在关系问题而展开的认识的辩证运动"[2]。同时，他对认识论做了广义的理解，认为认识论包括四个基本问题：一、"感觉能否给予客观实在？"；二、"理性思维能否达到科学真理？"；三、"逻辑思维能否把握具体真理（首先是世界统一原理、宇宙发展规则）？"；四、"人能否获得自由？也可以换一个提法，自由人格或理想人格如何培养？"[3]中国传统哲学较多讨论了广义认识论中的后两个问题，并将经过马克思主义哲学的中介，与较多讨论前两个问题的西方哲学一道，合流为未来的世界哲学。[4]考察中国古代哲学家对后两个问题的讨论成为冯契在古代哲学史研究中的主要线索。[5]它们大致相当于冯契后来常说的"关于性与天道的认识"，而这种认识即使不是智慧的全部内涵，至少也是其中相当重要的一方面：

> 智慧学说，即关于性与天道的认识，是最富于民族传统特色的、是民族哲学传统中最根深蒂固的东西。[6]

因此，虽然在字面上尚未明确使用"智慧"概念，但对民族智慧的挖掘和总结构成了《发展》的实质内容。此后，在《〈智慧说三篇〉导论》中，冯契回顾自己的哲学史研究，对哲学史的主题——人类认识的辩证运动——有了进一步的界定：

---

1 陈卫平：《从突破"两军对阵"到关注"合法性"——新时期中国哲学史研究的趋向》，《学术月刊》，2008 年第 6 期。
2 《中国古代哲学的逻辑发展》（上），《冯契文集》（4），第 9 页。
3 《中国古代哲学的逻辑发展》（上），《冯契文集》（4），第 32—33 页。
4 《中国古代哲学的逻辑发展》（上），《冯契文集》（4），第 49—50 页。
5 《中国古代哲学的逻辑发展》（上），《冯契文集》（4），第 34 页。
6 《〈智慧说三篇〉导论》，《冯契文集》（1），第 18 页。

　　归根到底认识的辩证运动是天与人、性与天道的交互作用，是实践基础上认识世界和认识自己的交互作用，表现为由无知到知、由知识到智慧的辩证发展过程。[1]

从这一界定我们能更清楚地看到冯契对智慧的关注与其哲学史写作的内在联系。同时，他又将更系统地阐明这一辩证运动的过程，视为"给自己提出的须作深入探索的任务"[2]。这一探索的结晶就是"智慧说三篇"。有理由认为，在实践唯物主义辩证法的基础之上，对智慧的关注是构成冯契思想中哲学史与哲学之统一性的重要纽带：哲学史是人类从无知到知、从知识到智慧这一辩证过程的展开，而当代的哲学创作——他本人的智慧说——将是对这一发展过程的概括和总结。

二

　　然而，这种统一性并非毫无问题。历史地看，虽然冯契在经历浩劫后的耳顺之年才重新开始哲学史写作和哲学创作，但这并不意味着这些作品就是铁板一块的晚年定论了。实际上，"哲学史两种"和"智慧说三篇"的写作持续了近15年时间，在这相对较长的时段内，"望崦嵫而勿迫"的哲学家，其思想仍可能变化和发展，从而其写作也就呈现为一个动态的、包含差异的过程。从理论上说，冯契在较早的哲学史写作和较晚的哲学创作中对智慧的看法存在着差异，本章将这种差异概括为思辨和实践之别。而为了阐明这一区别，我们就需要首先分析冯契思想中的另一个重要概念："具体"。

　　在"智慧说三篇"中，冯契对"具体"主要有四种用法。第一，用以描述人格的个体性和整体性，个体性指具体人格是本质与存在的统一，整体性指具体人格是知、情、意的统一[3]；其反面或者是强调人的类的规定性

1　2　《〈智慧说三篇〉导论》，《冯契文集》(1)，第27页。
3　《人的自由和真善美》，《冯契文集》(3)，第158—159页。

而忽视个体存在的本质主义[1]，或者是强调人格知、情、意的某一方面而忽视其他方面，例如他指出，传统儒家较注重理性的自觉，而相对忽视意志的自愿，西方的基督教文化则正好相反，重自愿而轻自觉。[2]第二，用以描述时空中的实存对象，亦即"客观世界的具体事物"，其反面是抽象的概念、范畴。[3]第三，用以描述感性经验，又称具体表象，与之相对的也是抽象的概念、范畴。具体的感性经验是人类所有知识的基础，从感性经验到抽象概念之间存在着认识论上的一个飞跃。[4]第四，用以描述"具体真理"。冯契总结了哲学史上具体真理的两重含义。首先，马克思的《〈政治经济学批判〉导言》主要是在"科学认识由分析达到综合阶段，克服了各种抽象理论的片面性，具有了完备的客观性"的意义上讲具体真理。其次，毛泽东的《实践论》主要是在"主观与客观、理论与实践的一致"的意义上谈了具体真理。[5]在冯契自己的概括中，具体真理的特征除了上述两条之外，还增加了一条历史条件性，强调了"真理是过程"的观点。[6]相应地，具体真理的反面也就有三种情况：片面性、与实践脱节和非历史性。从外延上看，具体真理包括两种，分别是达到综合阶段的科学理论和哲学理论。就作为具体真理的哲学理论而言，冯契又有广狭两种说法。狭义地看，哲学意义上的具体真理"归结到世界统一原理和发展原理"[7]，亦即"道"。广义地看，与科学研究的局部性不同，哲学"要把握整个宇宙洪流及其演化秩序，把握自我作为具体的精神主体（作为群体与个性的统一）的全面活动，而且还要把握整个自然界和人之为主体之间的相互作用"[8]，换言之，哲学意

1 《认识世界和认识自己》，《冯契文集》(1)，第318页。
2 《人的自由和真善美》，《冯契文集》(3)，第175—176页。
3 《逻辑思维的辩证法》，《冯契文集》(2)，第7页。
4 《逻辑思维的辩证法》，《冯契文集》(2)，第45页。
5 《〈智慧说三篇〉导论》，《冯契文集》(1)，第31—32页。
6 《认识世界和认识自己》，《冯契文集》(1)，第227—229页。
7 《〈智慧说三篇〉导论》，《冯契文集》(1)，第38页。
8 《〈智慧说三篇〉导论》，《冯契文集》(1)，第33页。

义上的具体真理不仅指对"道"的认识，还包括了对"性"的认识，以及对"道"与"性"之相"与"的认识，总起来说，这种具体真理即是"关于性与天道的认识"。下文所使用的"具体真理"，即是指这种哲学意义上的关于性与天道的认识。

在总结了冯契对"具体"用法的不同层次之后，我们将从具体真理与智慧之关系的角度，来阐明智慧的思辨与实践之别。仅从认识的内容来说，冯契将具体真理亦即关于性与天道的认识直接等同于智慧[1]，但在另一些场合，他在这两者之间加了一个限定条件：

> 有关宇宙人生的具体真理的认识，就是关于性和天道的认识，它和人的自由发展内在地联系着，这就是智慧。[2]

我们应将所谓"内在联系"理解为"内在关系"，亦即"彼此相关联的两个项目，如果一个改变了质态则另一个也有相应的改变"[3]。冯契用"内在关系"来描述实践中的能所关系，以区别于狭义的认识过程中能所关系的外在性。关于性与天道的认识与其认识主体之间不是狭义上的、能所对待的认识关系，而是广义的、实践的认识关系，因此我们也可以用"内在关系"来描述之。进一步来说，在冯契的用语中，关于性与天道的认识属于认识论领域的问题，人的自由发展则属于本体论领域的问题，而认识论和本体论是统一的、"互为前提"的。[4]冯契有时借用传统哲学中"工夫所至，即其本体"的话头，来强调在广义的认识过程中，随着对性与天道之认

1　除了前曾引文（"智慧学说，即关于性与天道的认识"）外，这样的用例还很多，如"'智慧'一语指一种哲理，即关于宇宙人生根本原理的认识，关于性与天道的理论"等等。《认识世界和认识自己》，《冯契文集》（1），第330页。为行文简便，不再一一列举。

2　《认识世界和认识自己》，《冯契文集》（1），第86页。

3　《认识世界和认识自己》，《冯契文集》（1），第62页。

4　《认识世界和认识自己》，《冯契文集》（1），第84页。

识的发展，天性转化为自由的德性，人的精神也就越来越获得本体论的意义。而另一方面，认识的此种发展同样是以一定的主体状态为前提的，智慧所指涉的认识具有可言述的一面，但在实质性的理解上它则对主体的状态提出了相应的要求，这种特殊性质使我们无法脱离认识主体而单纯地谈论认识的内容。而从认识主体（亦即生成中的本体）的角度看，首先，广义上的认识主体不仅是以逻辑为结构的意识的综合统一体（"统觉"或"我思"），还是包括了认知与评价、理性与非理性的人格整体（"自我"）。[1] 其次，冯契虽然强调主体意识中的社会意识内容，但智慧的承载者最终仍然是个体性的。狭义上的认识主体是一些可以被通约、被一般的殊相，而在增加了上述规定之后，"这样"的主体就转变为活生生的"这个"个体，亦即上文所总结的"具体"的第一层意义：具体的人格。

需要注意的是，在冯契对"具体真理"之规定中，认识论意义上的关于"性"的认识，不能与本体论意义上的人的自由发展相混淆。不过，由于广义认识论的实践性质，这种关于"性"的认识的内涵有可能会在不同的语境下发生扩张。这或许可以解释，为什么冯契有时会直接把"关于性与天道的认识"和"智慧"相等同，这时关于"性"的认识的内涵可能已经扩张至本体论意义上的人的自由发展了。有利于这一解释的证据是，冯契曾提到，"认识天道和培养德性，就是哲学的智慧的目标"[2]，这里似乎是拿"认识天道和培养德性"来解释"关于性与天道的认识"了。当然，从总体上看，既然冯契已经将本体论意义上的人的自由发展单独提出来，我们便不宜再对关于"性"的认识做过多诠释。

在《认识世界和认识自己》的最后章节中，冯契对此种联系的内在性

1　"心灵（自我）是整个的，心具有的思维能力是理性的，但不能忽视理性与非理性的联系，要把认知与评价、理性与非理性联系起来看。"《认识世界和认识自己》，《冯契文集》（1），第 309 页。

2　《认识世界和认识自己》，《冯契文集》（1），第 332 页。

有更为凝练的表述：

> 我们从性与天道交互作用来看这理性的直觉，它并不神秘，就其
> 为"道之撰"说，它是辩证的综合；就其为"性之显"说，它是德性
> 的自证。[1]

"理性的直觉"是从知识向智慧飞跃（转识成智）的关键一步，"辩证的综合"主要指通过对范畴的辩证综合来达到具体真理，"德性的自证"则指认识主体的德性状态。这三者构成了"某种三位一体的关系"[2]。

综上所述，智慧要求两种意义的具体：一是作为认识内容的关于性与天道的具体真理，二是作为认识主体的具体人格。两者通过广义的认识过程而内在地联系在一起。对上述双重具体性的关注，构成了智慧的实践之维。

三

前文已述，冯契写作中国哲学史的目标，是描述一般的、广义上的人类认识辩证发展史在中国哲学中的特殊表现。他认为，这种认识的辩证发展是通过诸逻辑环节的螺旋式上升来进行的，为了描述此种发展，我们就需要找出哲学史中的这些环节。而这些环节并非是自我显现的，这就需要哲学史家使用特殊的技艺将它们挖掘出来：

> 哲学史家必须完整地、准确地把握历史上的各个哲学体系，而又必
> 须粉碎这些体系，把其中所包含的作为人类认识史的必要环节揭露出来。[3]

---

1 《认识世界和认识自己》，《冯契文集》（1），第345—346页。

2 高瑞泉：《"具体的心灵"有多宽广？》，《文汇报》，2015年7月24日。

3 《中国古代哲学的逻辑发展》（上），《冯契文集》（4），第11页。

在对哲学史的此种理解和处理中，冯契对智慧的认识主体进行了两重抽象。首先，哲学史的主体是一般的"人类"或其殊相"中华民族"，而不再是作为个体的人。其次，哲学史在叙述上仍须落到思想人物的个体，而他虽然已经将自由人格理解为知识、道德、审美的统一[1]，但为了说明人类认识的发展，这些思想人物情意或非理性的一面被当作各"体系"中无关紧要的部分"粉碎"掉了，留存和突出的是能够被简化为逻辑环节的知识理性。在这样的哲学史叙述中，历史上的思想人物因为提出了这些环节而为认识史的辩证发展做出了贡献，同时又都因为片面发展了各自所代表的环节，而纷纷不可避免地走向歧途。例如孟子强调了理性的作用，但他片面发展了理性原则而走向了先验主义，而庄子则用相对主义反对独断论，同样也片面发展了这种相对主义而走向不可知论和唯心主义，等等。这大概是冯契思想中最难以为当代学者所接受的地方，究其原因，除了"先验主义""相对主义"等现代哲学词汇容易在对古代思想人物的使用中造成"范畴错置"而显得削足适履之外，更根本的可能还在于：虽然他通过其广义认识论而实质性地将智慧视为哲学史的写作对象，并在对智慧的认识内容的充分把握中开创了中国哲学史写作的新时代，但这种对智慧的理解缺少对认识主体之个体性和完整性的关注，因而实际上描绘的是主体缺失的真理，笔者称其为智慧的思辨形态。

与之相反，在"智慧说三篇"中，冯契对智慧的实践维度有较充分的说明。所谓智慧的实践维度，并非是指具体真理与具体人格两者的机械叠加，在两者经由实践的内在关系之中，我们对智慧也就有了更新的理解。首先，与科学相比较，哲学"不仅要区分真假，有属于分析和发现的一面，哲学也有属于综合和创作的一面"[2]，哲学的创作不同于科学中纯客观的发现，它凝聚了哲学家的个性："哲学著作中所包含的智慧是哲学家个性的表

---

1 《中国古代哲学的逻辑发展》（上），《冯契文集》（4），第 45 页。
2 《认识世界和认识自己》，《冯契文集》（1），第 333 页。

现。"[1] 正是循着这条思路，冯契开始触摸到自身哲学史写作的界限：

> 历史上那些大哲学家的体系，都是一定历史条件下求穷通的一次尝试、一个富于个性色彩的创作，不仅是认识发展过程中的一个环节，还有其不为后人所能重复的特色。[2]

个性的表现是哲学创作的内在组成部分。既然这一部分无法被化约为人类认识发展史中的环节，那么以描述此种认识史为目标的哲学史写作，其全面性和可信度就值得怀疑了。其次，智慧需要德性的自证，它不仅需要理性的自明和情感的自得，还需要意志的自主。如果说前两者还保持在内在领域的话，那么意志的自主则更需要通过发用为外在的、一次性的行动以证明自身。[3] 最后，这种对智慧的个性化的强调，会突破作为现代学科建制的"哲学"的藩篱，从而将古代思想家获得智慧的过程放置回具体的历史场景中去。[4]

总之，智慧的实践维度要求我们回到具体的历史场景中，去理解古代思想家们那些个性化的、无法重复的言说和行动。然而，这个意义上的智慧是无法被以描写人类认识发展环节为目标的哲学史叙述所把握的，因为正是只有上述因素被当作历史中的外在、偶然之物剥离和粉碎之后，这些逻辑环节才得以显现出来。换言之，这类哲学史写作中对智慧的追求，恰恰是以对智慧的实践之维的遗忘为前提的，从中得到的只能是智慧的思辨

---

1 《认识世界和认识自己》，《冯契文集》(1)，第334页。

2 《认识世界和认识自己》，《冯契文集》(1)，第333页。

3 "所谓意志的自主，就是前文一再说及的意志的自愿性，表现为意志的选择功能和坚持功能。与理性的自明和情感的自得不同，意志的这些特性必须通过行为而表现出来，绝非仅限于单纯的内在的品格或者心灵体验。"蔡志栋：《回应冯契哲学研究中的几个问题》，《学术界》，2016年第5期。

4 "在历史上，许多大思想家是从不同途径（教育、科学、文学、艺术、事功等）进入哲理境界而具有智慧和自由德性的。"《认识世界和认识自己》，《冯契文集》(1)，第361页。

形态，亦即孤零零的、以抽象的"人类"或"民族"为主体的关于性与天道的认识。这一悖论最明白不过地显示了冯契哲学史写作和哲学创作之间的裂缝。

四

当张汝伦教授认为冯契"代表了一种现代中国哲学发展应取的方向"时，很大程度上便是在表扬他对智慧的实践品格的阐发。[1] 接下来的问题是：在冯契之后，我们应该如何从智慧的多重品格出发，再写中国哲学史？

"重写中国哲学史"是近年来的热门话题，对它的讨论应该由经验丰富的哲学史家来"化理论为方法"，无法空谈。不过，我们大致可以说，智慧固然有自得的、个性的一面，但也有可言传的、共性的一面。个人的意识总是在不同程度、不同侧面反映了社会意识，其哲学创作也离不开历史上的思想传承，同时也应该承认，从总体上看，我们仍可以将人类广义的认识演变把握为持续的进步，虽然这种进步也许不采取严格逻辑推演的形式，并不可避免地以某种程度的循环往复为其表现形式。对思想人物的个案分析要求我们深入到具体人格内部及其实践情境的复杂性中去，而哲学通史的写作则需要更为宽广的识度，因此，冯契先生的哲学史研究仍有其不可磨灭的价值。在这个问题上，杨国荣教授提供了一个较为公允的看法。他将哲学史写作的对象区分为类型和个案，相应地，哲学史应采用论证与解释这两种不同的研究进路。论证的进路主要把握哲学体系内部和思想演变

---

1 "在这样的'知识论'当道的时代，冯契的哲学是个异数：它既有向外的一面（认识世界），也有向内的一面（认识自己，其实是完善自己）。'化理论为德性'的主张要求理论不但要有外在的工具、方法的价值，'而且本身具有内在价值，体现了人格，表现了个性'。在今天那些喜欢以受过'严格的专业训练'自得的人看来，这个命题根本不通。理论和人格、个性风马牛不相及。然而，这才是孔夫子和苏格拉底追求的哲学，它要求内外双修，合天人，'一内外'；既有严谨的分析推理论证，又有对超名言之域的把握。"张汝伦：《冯契和现代中国哲学》，《华东师范大学学报》（哲学社会科学版），2016 年第3 期。

中的逻辑脉络，解释的进路则更注重将"一种思想体系还原到它所处的具体历史背景（具体的思想史情境）中，去再现它的具体性、多样性和丰富性"。这两种研究进路应当是不可偏废、综合互补的。[1]萧萐父先生曾类似地概括哲学史研究中的"纯化"与"泛化"两条进路。一方面我们可以把哲学史提纯为哲学认识史，"以便揭示哲学矛盾运动的特殊规律"；另一方面我们也可以把哲学史扩大为哲学文化史，这种扩大的哲学文化史"更能充分反映人的智慧创造和不断自我解放的历程"。萧先生强调，只有在这两者间"两端互补和循环往复中的反复加深"，才能开辟哲学史研究中的新境界。[2]另外，这些进路的区分实际上对研究者提出了不同的心性要求，亦即如高瑞泉先生所言，不仅需要"同情的理解"，还应具备"平等的眼光"乃至"批判的头脑"。[3]值得注意的是，缺少"平等的眼光"和"批判的头脑"，"同情的理解"就有可能泛滥为"同情优先的理解"，并把理解者自身的处境设想为理解的应当被克服的障碍。为了避免这种谬误，我们就需要在不同类型的哲学史写作中探索同情与批判之间的多样平衡，尤其是需要将哲学史写作中的解释任务规范性地理解为某种视域融合。

论证和解释、"纯化"和"泛化"、批判和同情在具体研究中应如何互补与结合，以及此种互补与结合的实际效果，需要新的典范性的哲学史著作来加以证实。这意味着哲学史写作的多元化：高度抽象的逻辑范畴史，关注具体的个案研究和哲学文化史，以及作为某种中间形态的批判的观念史，等等。当然，典范（用冯先生的话来说就是"总结"）在任何时候都不应该意味着终结，它的重要性在于增加了我们理解人类智慧发展的可能维度，而不是宣布某种新的现成真理。在这个意义上，"再写"（而非推倒重

1　杨国荣：《论证与解释——关于哲学史研究的方法论问题》，《哲学动态》，2005年第5期。

2　萧萐父：《吹沙集》，巴蜀书社，2007年，第417页。

3　高瑞泉、吴晓番、胡岩：《观念史的视域——高瑞泉教授访谈录》，《哲学分析》，2015年第1期。

来的"重写"）多元形态的中国哲学史又意味着对论辩合理性的扩充，换言之，哲学史写作自身就参与到"一致而百虑"的认识辩证发展过程中。[1] 从这个角度，我们也许能理解或谓开发冯先生关于哲学创作和哲学史写作之统一性思想的另一重含义：哲学创作和哲学史写作都将内化为研究者本人追寻智慧之努力的一部分。

1　参见晋荣东：《"一致而百虑"与论辩合理性的扩展——对冯契一个观点的梳理、重构与引申》，《天津社会科学》，2017 年第 5 期。

第六章　知识与德性
——冯契的智慧说与哲学史书写

　　知识与德性的关系问题在中国思想史上主要表现为两种主流趋势。其一，在传统的伦理社会，知识作为道德实践的必要条件尚未获得独立的价值。与此相对应的是，关于道德、伦理的德性之知成为知识概念的主导内涵[1]。其二，知识随着近代以来的科学发展而获得独立地位，德性亦由统一的对道德品性的追求而分化为对个性及知、情、意等人的本质力量全面发展的要求。这就使德性概念不再限于道德或伦理的范围，而与获取知识相关的理智能力亦成为德性的一种。就后一种趋势而言，由于近代科学对生活世界的巨大影响，以及其滥用在消极层面对道德秩序所造成的危机，知识与道德的关系曾陷入了何者优先或谁决定谁的争论。知识与德性（包括知识与道德）之间究竟是何种关联，二者的统一何以可能？这一问题在科技与人文并重的当代社会仍显得颇为突出。

　　作为马克思主义哲学家，冯契的智慧说哲学体系将马克思主义理论与中国哲学相结合，力图沟通知识与智慧，而智慧就表现为自由的德性，由此智慧说亦涉及对知识与德性概念及其关系的考察。学界对于前者（知识与智慧）有诸多研究，但后者（知识与德性）尚未获得足够的讨论。事实上，对于知识与德性的统一何以可能这一问题，智慧说贡献了比现代新

1　古代传统哲学中对客观知识之独立性的肯定及其与德性之关系的相关研究，可参见李承贵：《中国传统哲学中的德智关系论》，《齐鲁学刊》，2001年第2期。

儒家抽象的构造方式更为合理的哲学解答。而作为哲学史家，在智慧说创作之前，冯契已在其中国哲学史研究中贯穿了对此问题的考察，智慧说则对它进行了进一步的深化与总结。由此，智慧说中的知识与德性问题以及这一问题如何由其哲学史书写提炼为概念化的哲学理论，这些理论又如何体现在其哲学史的具体写作之中，构成本章所要讨论的主要问题。在这些问题的展开中我们将发现，冯契不仅提供了对知识与德性概念的现代界定及对其关系的现代诠释，而且展示出贯通哲学创作与哲学史研究的独特范式。

一、智慧说：知识、智慧与德性的统一

冯契创立智慧说主要处理知识与智慧的关系问题，对这一问题的解决同时关涉知识与德性的问题。因为作为智慧说主干的广义认识论不仅将智慧同时亦将德性纳入了认识论的范畴，智慧的获得最终是以成就自由的德性为目的，而知识则成为智慧与德性的必要前提——"转识成智""化理论为德性"所表达的正是知识、智慧与德性之间的转化关系。我们要理解他对知识与德性关系的探讨，须以对其知识、智慧与德性关系的认识为基础。

智慧说或广义认识论的提出是以知识、智慧与德性的统一为取向的。就知识与智慧而言，冯契当时所面临的是时代性的难题，即知识与智慧的分裂问题。与前现代的知识主要指向"德性所知"（道德与伦理之知）有所不同，近代以来的知识主要是指实证科学知识（包括自然科学与社会科学知识），其特点在于能够表达与实证，金岳霖先生将之划分为由单纯的理智作用所把握的"名言世界"，而由此构成的知识论就仅仅要求"理智的了解"。持这种狭义知识论观念的主要代表是实证论者，他们仅仅承认客观的或普遍必然的知识，将认识论视为研究实证科学知识之所以可能的哲学理论。这种观点的极端表现是科学主义，即以科学实证作为衡量一切知识的

唯一标准，从而将人生问题、道德与情感等现象视为客观的研究对象。这与追求形而上的智慧并强调人的道德存在的人文主义的观念针锋相对，从而造成了科学与人文、知识与智慧的分裂。

为解决这一矛盾，冯契提出应该是用 epistemology 来代替 theory of knowledge。他说："广义的认识论不应限于知识的理论，而应该研究智慧的学说，要讨论'元学如何可能'、'理想人格如何培养'的问题。"[1] 元学即本体论，是关于性与天道的认识，这正是智慧所要把握的内容。智慧与知识密不可分，认识的辩证运动体现为由无知到知、由知识到智慧的飞跃。理想人格的培养问题则涉及价值论的领域，同时亦以认识论为前提，是认识的辩证运动贯彻于价值论领域，要求在化理想为现实的活动中将智慧转化为德性。由此，广义认识论不仅要论证科学知识的普遍有效性，而且将智慧与德性纳入了认识论的研究领域。这一认识论所要回答的四个主要问题——"感觉能否给予客观实在？理论思维能否把握普遍有效的规律性知识？逻辑思维能否把握具体真理（首先是世界统一原理和发展原理）？理想人格或自由人格如何培养？"[2]——亦依次展示出知识、智慧与德性的递进关系。

冯契将知识、智慧与德性的获得视为相互关联、相互促进的统一过程，根源于他对人的整全性与自由本性的深刻洞察。在他看来，首先，建立知识的理智并非"干燥的光"，理智不是独立起作用的。"科学家、工程师们要结合实际进行理论思维，把客观规律所提供的可能性和人类的要求结合起来，并且要运用想象力，把这种有利于人的可能性构思出来，制成蓝图、规划、设计，这些蓝图、规划、设计或多或少是形象化的。"[3] 换言之，科学研究不可能是超然的、纯粹客观的，它离不开人的感性需要、想象力等非

---

1 《〈智慧说三篇〉导论》，《冯契文集》(1)，第6页。
2 《〈智慧说三篇〉导论》，《冯契文集》(1)，第37页。
3 《论真、善、美》，《冯契文集》(8)，第65页。

理性因素作为目的、动力、启发能力或表达形式等的参与。[1] 因此认识论也不能离开"整个的人"，人的情感、意志等非理性的内容同样是人的本质力量的体现，并参与到人的认识过程之中，且在理性的照耀下取得越来越理智化的形态。其次，冯契认为，人有要求自由的本性，人的认识是为了获得智慧，而智慧体现为化理论为德性、成就自由的人格。知识与智慧、理性与非理性的统一，以及由知识的扩展到自由德性的培养，构成广义认识论视域中认识的完整过程。

由此，广义认识论以"整个的人"与人的本质要求（自由）为出发点，以知识、智慧与德性，认识论、本体论与价值论的统一为目标，来探讨如何转识成智、如何成就自由德性的问题。沟通知识与智慧无疑构成智慧说的主要内容，而知识与德性的关系问题亦涵盖其中，并以知识与智慧的关系理论为基础而获得展开。另外，冯契智慧说哲学体系的建立与其对哲学史的研究是相互贯通、互相诠释的。以下对知识与德性关系问题的考察，我们将从其哲学理论与哲学史研究两个方面展开讨论。

二、认识的辩证运动与主体德性的生成

智慧说试图沟通知识与智慧，并以成就德性作为获得智慧之最终指向。我们所要讨论的知识与德性的关系首先呈现为这样一个问题：由知识转化为智慧以成就德性，这一过程是如何可能的？为避免陷入知识与智慧、知识与德性的分裂，冯契以认识的辩证运动同时伴随主体德性的生成这一认

1　波兰尼的个体知识论亦否定了这种客观主义的知识观，认为科学家个体性的介入（personal participation）是科学研究不可或缺的组成部分。郁振华教授指出："波兰尼的个体知识论表明，中国现代哲学家所预设的客观、冷静、超然的科学观是对现实的科学研究的一种不真实的抽象"，而"中国现代哲学在科玄论战前后重视形上智慧，这是对实证主义拒斥形而上学主张的回应。然而这种克服实证主义的思路却分有了实证主义的科学观和知识观，导致其将科学和形上智慧截然两分的思路"。参见郁振华：《中国现代形上学之批判》，《学术月刊》，2002 年第 9 期。在此，冯契对科学研究的特征及理性与非理性关系的揭示，正超越与弥合了科学与玄学、知识与智慧之间的紧张。

识与实践的交互作用过程来阐释知识、智慧与德性的统一。

智慧说在实践唯物主义的基础上阐述认识世界和认识自己的辩证法，亦即从无知到知、从知识到智慧的辩证运动。这一过程在冯契看来亦为德性由自在而自为的发展过程，他说，认识的辩证运动"从对象说，是自在之物不断化为为我之物，进入为人所知的领域；从主体说，是精神由自在而自为，使得自然赋予的天性逐渐发展成为自由的德性"[1]。这表明认识的过程是基于实践的天与人的互动，而主体的德性亦在认识与实践的相互作用中生成以至达到自由。冯契进而用"四界说"阐发了这一认识与成德的互动统一过程。具体而言，从认识的程序来说，在没有能所、主客的对立时，自然界是未曾剖析的混沌，被称为自在之物或本然界。人类以得自经验者还治经验，化自在之物为为我之物，本然界就转化为事实界。事实界是自然界进入经验、被人理解的领域，是认识由无知到知的飞跃。与此相应，知识经验的主体以其"统觉"统率这一知识经验领域，就具有了自我意识，并意识到了人之所以为人的类本质，这是主体自我认识的展开与理性精神的发展过程。再进一步，主体以一定的观点为视角，依据事实材料，运用逻辑思维来把握事实界的多种可能性即可能界。主体将现实的可能性与自身的需要相结合形成目的与理想（包括个人理想与社会理想），并创造条件而使之化为现实，便创造了价值。价值界是人化的自然，是人的本质力量的对象化，它转过来又促进主体德性的发展。"四界说"即本然界、事实界、可能界到价值界的转化，完整展现了人们在认识世界的同时认识自己、在改变自然中造就人本身的过程，它表明人的认识的不断深化与其德性的生成，是在实践的基础上共同进行且相互促进的。较之仅限于"理智的了解"的狭义认识论，基于实践的广义认识论由此将静态的认知主体扩展为了动态的德性主体。

1　《〈智慧说三篇〉导论》,《冯契文集》(1)，第 38 页。

不难看出，冯契如上所论之德性亦并非仅仅指狭义上的道德品性，而是对人的各种精神力量的总称。它包括形成知识的理论理性和道德评判上的价值理性，以及主体在与现实存在打交道的过程中形成的种种具有一贯性的精神品质。正是在此意义上，冯契强调其德性概念具有区别于古代传统德性论的独特内涵。他说：

> 古人讲"立德"，主要指体现在道德行为和伦理关系中的品德，是从伦理学说的。我这里讲德性，取"德者，道之舍"之义，是从本体论说的。人的德性的培养，包括立德、立功、立言等途径，都是以自然赋予的素材（天性）作根基，以趋向自由为其目标。[1]

冯契从本体论上界定德性，其所理解的德性首先是一个广义的概念，以与人的多样化的存在相对应，意在跳出传统的道德本质论对人之具体存在的狭隘限定。[2] 其次，本体论意义上的德性具有两方面的特点。其一，德性本身并非先验的本体，而是由自然天性发展而来的，表现为由自在而自为的过程。这在强调德性的培养以自然禀赋为根据的同时，其实亦突出了人的精神力量的能动作用——如理性、意志等主观作用的发挥，从而表现出人道原则与自然原则的统一。其二，德性主体乃作为价值创造的主体而具有本体论意义。德性由自在而自为，离不开化自在之物为为我之物的客观实践过程，而在此意义上的德性也就是自由的个性。冯契说："在价值界……精神为体、价值为用，所以我们说自由的个性具有本体论意义。艺术作品

---

1 《认识世界和认识自己》，《冯契文集》(1)，第357—358页。

2 就对德性概念的广义界定而言，冯契与亚里士多德的观念颇为接近，后者在《尼各马可伦理学》中将道德领域的伦理德性之外的理智亦纳入了德性的范畴——理智德性并不限于理智，而是包括技艺、科学、明智、智慧和理智这五种思维上成真的品质。其德性概念甚至超出了人的精神领域，指向一切事物使其自身具有优秀功能的特性。而冯契则仅限于就人的精神品质言德性，它不仅包括善与真，亦涵盖了审美领域。

是艺术个性的表现，德行的主体是一个个自由的个性，理论创造如果真正是自由的，那总是个性自由的表现。"[1] 真、善、美的价值创造过程，既是人的知、情、意等本质力量的对象化，又是个性自由的表现。本体论意义上的德性实际上体现了对人之主体性与个体性的双重凸显。

冯契的德性概念取"德者，道之舍"之义，这意味着德性作为非现成的、非抽象化的本体始终是在与"道"（自然之道与社会领域的当然之则）的交互作用中生成的。亦即，德性的获得是对"道"的体认与转化，使之凝结成有血有肉的人格，并在"凝道而成德、显性以弘道"——从为我之物中吸取营养、成就德性，并将自身的德性对象化——的反复过程中造就自由的德性。广义认识论在此体现出本体论与认识论的统一，即德性的形成须有认识（不仅是道德认识）的参与，而认识亦须在与实践的交互作用中转化为德性。这一过程显示出知识对于成德的必要性与积极作用，同时也提出了转识成智和化理论为德性的要求。因为若要获得德性及其自由，仅仅具有一般性的知识是不够的——"道"不仅包括分开来说的道理，更指向对宇宙人生的整体性把握，自由的德性仍须通过知识到智慧的飞跃，以及化理论为德性的实践来实现。

这首先涉及知识与智慧的区别及转识成智的可能性问题。与德性概念一样，知识概念在冯契这里亦具有广义的内涵，它包括科学知识与一般常识。在此知识经验的领域，思维用抽象概念来把握事和理，把对象区分为一件件的事实，一条条的条理。所以知识所把握的不是宇宙的究竟、大全或整体，不是最高的境界。命题的真也总是有条件的、有限的、相对的。智慧即关于性与天道的理论，则是对宇宙人生的真理性认识，并与自由内在关联。虽然它与知识一样是以理论思维的方式来把握世界，但并不用逻辑论证、实践检验来区分其真假是非，而是"求穷通"。所以智慧要把握的

1　《人的自由和真善美》，《冯契文集》（3），第 255 页。

是无条件的、绝对的、无限的东西，是无不通也、无不由也的道及会通天人的德性。冯契指出，要求达到智慧之境，不仅是哲学家的任务，亦出于人的天性与思维的本性。基于知识与智慧的区别与联系，转识成智既是必要的又是可能的。他认为，智慧以知识为必要的基础，是由分别的知识经验之积累而达到的豁然贯通，所以转识成智是凭理性的直觉达到的。理性的直觉并不神秘，并表现在各个领域，如：

> 艺术家运用想象力把形象结合成有机整体，以创造意境，往往出于"妙悟"；科学研究中不乏灵感不期而至、豁然贯通而有所发现的事例，都是理性的直觉的表现。道德实践、宗教经验中也存在着这类体验。但哲学的理性直觉的根本特点，就在于是具体生动地领悟到无限的、绝对的东西，这样的领悟是理论思维和德性培养的飞跃。[1]

冯契认为，转识成智是哲学家的任务，但各个领域的不同主体在其实践与认识的积累中亦能凭理性的直觉达到哲理的境界。历史上有许多大思想家都是从不同途径（教育、科学、文学、艺术、事功等）进入哲理境界而具有智慧和自由德性的。

哲理境界可以由不同的主体通过不同途径而到达，但化理论为德性，则是德性培养的共同要求。所谓"化理论为德性"，就是"世界观、人生观的理论通过理想、信念而成为德性的过程"。[2]也即是说，理论向德性转化、哲理境界由抽象到具体的飞跃，须通过理想、信念的环节来实现。具体来说，首先，对现实世界和自我的理性认识与人出于本性的需要相结合而形成理想。其次，意志对理想做出自愿的选择，并以其专一的意志力克服种种困难而一贯地坚持理想即为信念。信念使人乐于从事，形成习惯，

---

1 《认识世界和认识自己》，《冯契文集》(1)，第33页。
2 《人的自由和真善美》，《冯契文集》(3)，第258页。

久之则成为自然，从而感到天道与性是统一的，天道仿佛就是我的理性所固有的，这才真正形成自己的德性。在此过程中，情感与想象力亦以其感性形象充实理想，使人乐于坚持理想。因此，这两个环节的转化是理性、意志与情感共同作用的结果。这样培养出的德性也就是知情意统一的自由人格。

冯契强调，培养自由人格的基本途径，归结到最核心的一点，就是"化理论为德性"[1]。他虽然将理论限定为哲学理论、关于性与天道的智慧或"科学的世界观理论"，但化理想为现实的过程，并非仅仅是哲学家的成德途径，而是普遍的成德之路。冯契提倡平民化的即多数人可以达到的自由人格的现实性亦基于此，每个人都会在其认识与实践及受教育的过程中形成一定的世界观与人生观，在正确的（科学的）——不必皆达到纯粹理论化的程度——世界观与人生观的指导下，各个领域的主体皆可以通过化理想为现实的实践活动实现其德性的自由。

冯契认为，"有了自由的德性，就意识到我与天道为一，意识到我具有一种'足乎己无待于外'的真诚的充实感，我就在相对、有限之中体认到了绝对、无限的东西"[2]。这就是"德性的自证"。无论是从事理论工作抑或道德实践，只要从真诚出发，皆可在其心口如一、言行一致的活动中体认自己的德性。而随着文明的进步和社会分工的发展，对于更广泛的分别从事不同专业的人们来说，在其种种具有个性特色的创造性活动中，其德性的自证则表现为"以天合天"或"以德合道"的形式。对此，冯契将《庄子》中的"庖丁解牛""轮扁斫轮""梓庆削镶""痀偻丈人承蜩"等寓言，诠释为现代化语境中种种富于个性特色的创造性劳动。他认为这些寓言说明：

---

1 《人的自由和真善美》，《冯契文集》（3），第 252 页。
2 《认识世界和认识自己》，《冯契文集》（1），第 36 页。

劳动者经过持久的锻炼，熟能生巧，终于达到由技进于道的地步，技能成为德性，劳动成了艺术。在这种劳动中，主体"用志不分，乃凝于神"（《庄子·达生》），"以神遇而不以目视"（《庄子·养生主》），"得之于手而应于心"（《庄子·天道》）。也即是说，精神自具专一的意志、明觉的理性和满怀自得之情，于是能"以天合天"（《庄子·达生》）（以我之天合物之天，即以德合道），作品便成了主体精神的创造、自我性情的表现，创作者的才能便具有了自在而自为的品格，也就是说他的德性（才能或某种本质力量）在其个性化的创造性活动中达到自由的境界，他因"以天合天"而感到踌躇满志，当下体验到了绝对、永恒（不朽）的东西，这就是"自证"。[1]

我们知道，《庄子》中以"技进于道"或"以天合天"为寓意的寓言，最终皆指向对自然之"道"的领悟与遵循。冯契在其对中国古代哲学史的研究中，仅将此视为与道德上的自由相对的审美领域的自由[2]，而随着对德性概念与自由人格理想的理论自觉，他在智慧说哲学体系中又将这些寓言与现代化分工背景下不同职业的平民化自由人格的培养相联系，将之解读为符合自身天性并合乎自然之道的自觉的创造性劳动。这就不仅肯定了现代科学知识与技术对于德性培养的建构作用，更提出了新时代条件下使"技能成为德性"，即将现代多样化的创造性活动转化为德性的要求。可以说，智慧说虽特意探讨了哲学领域的转识成智、化理论为德性，但其中的德性论与智慧理论实际上仍是一种关于平民化的（具有多样性与个性特征的）自由德性如何可能的普遍性原理。[3]

---

1 《认识世界和认识自己》，《冯契文集》（1），第359—360页。

2 《中国古代哲学的逻辑发展》（上），《冯契文集》（4），第195—196页。

3 有论者认为，冯契"化理论为德性"理论的缺失就在于它仅仅是对从事哲学的人来说的。参见陈来：《冯契德性思想简论》，《华东师范大学学报》（哲学社会科学版），2006年第3期。

　　总之，在冯契的智慧说哲学体系中，德性作为一种广义的概念，涵括了人的诸种精神品质，具有在认识与实践的相互作用中不断完善、趋向自由及能够自证的特征。而建构知识的德性（理智德性），作为德性的一种亦涵括于其中。它具有与其他的德性相对的独立价值，但又必然参与到它们的培养过程之中。知识与德性这一相互建构的关系，既强调人的完整性（理性与非理性的统一）又突出了人的创造性、主体性与自由的个性。

三、智慧说与中国哲学史的研究范式

　　冯契将马克思主义的实践认识论与中国传统智慧学说——即探讨性与天道以及自由人格的学说——相融合，使知识与智慧、知识与德性，在广义认识论的哲学框架内获得了沟通与统一。实际上，在智慧说的创作完成之前，冯契已将实践唯物主义辩证法作为研究方法，运用于中国哲学史的书写中。虽然智慧说的完成在后，并对中国哲学史中的重要问题进行了哲学总结，但其哲学史研究其实亦蕴含和渗透着智慧说中的哲学观念与方法。智慧说集中体现了冯契对于如何认识性与天道和成就自由人格的看法，这一问题同样贯穿于他的哲学史书写中。我们以知识与德性的关系问题为切入点，可以透过智慧说对此问题的提炼与解决，反观其哲学史的书写方法与其哲学理念或哲学创作之间的关联，并从中了解其思想的一贯性与推进过程。

　　据前文所述，知识与德性的关系在智慧说中经由道或智慧而表现为凝道成德、显性弘道的互动过程，认识的辩证运动伴随着主体德性的生成。我们可以将此知识与德性相互生成与转化的过程总结为三个方面或三个环节：认识论上的在"认识世界的同时认识自己"——强调天道与德性皆为认识的对象并展现出二者的互动；本体论上的"化天性为德性"——揭示德性培养的内在依据与精神的能动性；价值论上的"化理论为德性"——以价值创造的主体表现出知识与德性的统一及德性的多样性。这三个环节作为智慧说的理论成果，皆是基于现代认识论——实践唯物主义辩证法——对传统哲学观念做出的批判性总结与概念化表达。这些环节亦作为哲学思想的"前见"贯穿于冯契对中国哲学史的书写中。

对于第一个方面，以对哲学史的梳理为基础，冯契在智慧说中指出，相对于西方哲学重在考察人与自然、我和世界的对立，"中国传统哲学的特点就在于天与人的交互作用、认识世界和认识自己的统一"[1]。而在写《中国古代哲学的逻辑发展》时，冯契已经认识到"中国传统哲学从人和自然的交互作用来探讨人的德性的形成过程"[2]这一富有民族特色的合理见解。他曾将哲学的根本问题即思维与存在的关系问题在中国传统哲学中的表现概括为四个方面的哲学争论，即天人之辩、名实之辩、心物（知行）之辩、理气（道器）之辩。[3]他将天人之辩与德性培养的问题联结起来，以"逻辑与历史统一"的认识论研究方法，揭示出不同哲学家在认识世界与认识自己的关系上所表现出的偏至之论与相对正确的总结。这亦表明智慧说基于实践辩证法提出的"天人的交互作用""在认识世界的同时认识自己"的观念，实际上作为这一认识论问题的结论渗透于他对中国哲学史的书写与评判之中。

譬如，冯契在哲学史中指出传统儒家不离开人与人之间的伦理关系讲"天人之际"体现了注重人道原则与理性原则的统一，并将荀子、王夫之等"唯物论者"对天人交互作用、人与自然动态统一的思想看作对古代哲学天人关系的总结，这些皆是他基于现代认识论（唯物辩证法）对传统价值体系所做出的正面肯定；而他对正统派儒学的天命论、宿命论、形而上学的天人合一论及忽视意志自由等问题的揭示，所体现的亦是基于

---

1 《认识世界和认识自己》，《冯契文集》（1），第 71 页。

2 《中国古代哲学的逻辑发展》（上），《冯契文集》（4），第 45 页。

3 《中国古代哲学的逻辑发展》（上），《冯契文集》（4），第 7—8 页。陈卫平教授指出，这是冯契第一次正式表达了他的"广义认识论"。参见陈卫平：《智慧说和中国传统哲学的智慧——论冯契的中国哲学史研究》，《学术月刊》，1996 年第 3 期。

现代历史观（唯物历史观）及现代性"自我"观念的觉醒而进行的对传统哲学负面思想的批判。[1]进而，中国近代哲学家针对这些传统思想之弊病所做出的"哲学革命"，诸如倡导进步的历史观、唯意志论、解放个性的"道德革命""新人"理想等，便合乎逻辑地成为冯契《中国近代哲学的革命进程》一书的主要书写内容，并作为哲学发展的高级阶段成为其回顾古代哲学史的理论参照。而他对近代哲学革命成果的肯定及其教训的总结，亦是站在智慧说的理论高度而给予的。就此而言，"哲学史两种"的书写皆体现了冯契自觉地"站在发展的高级阶段回顾历史"的方法论理念。[2]

冯契"化天性为德性"观念的提出，由对古代哲学史中的人性论或成人学说的提炼与转化而来。他否定抽象的人性论，根据辩证唯物主义将人性理解为在认识与实践的相互作用中自在而自为的发展过程。故而在对传统人性论的考察中，他否定了理性主义者以心为性和经验主义者"生之为性"的观点，同时亦批评了复性说与成性说。他赞成王安石讲的人的本质"始于天而成于人"，以及王夫之"性日生而日成"的观点，前者表明人的本性在天性中有其根据，后者虽缺乏实践的观念，但正确地将性理解为天与人、主观与客观相互作用的发展过程。同时，冯契高度认可道家崇尚自然之性的态度，认为德性的培养不应违背人的天性。[3]但在如何回复自然本性的问题上，他批评了道家所采取的"破"的、"无为"的认识论途径，并将之转化为积极进取的"化自在之物为为我之物"的价值创造过程，使主体德性的培养既符合自然天性又能够在具体的实践活动

1　参见李妮娜：《冯契论"自我"》，《华东师范大学学报》（哲学社会科学版），2017 年第 6 期。

2　《中国古代哲学的逻辑发展》（上），《冯契文集》（4），第 22 页。

3　冯契与道家在尊重人之自然本性上表现出相通性，在此意义上，贡华南教授将冯契称之为"新道家"。参见贡华南：《论"良知坎陷"与"转识成智"——兼论 20 世纪的新儒家与新道家》，《上海大学学报》（社会科学版），2005 年第 1 期。

中获得现实的自由。可以看出，在人性论问题上，冯契对古代哲学史的研究与其智慧说创建在马克思主义哲学视域下呈现出相互交融与统一的趋向。

冯契提出"化理论为德性"一开始只是为了强调在现实生活中要注意理论联系实际，而在智慧说中，他将之作为智慧的具体表现，以及造就平民化自由人格的核心途径，并在价值论中探讨了化理想为现实、理论转化为德性的具体环节，将知识、智慧与德性统一起来。冯契指出，将智慧即具有真理性的世界观与人生观通过实践转化为德性的问题，在中国传统哲学中以由"知道"进而"有德"的要求获得表达。并且，在科学尚未分化的条件下，中国古代哲学着重考察了智慧的问题，其特点就在于认为本体论（关于性与天道的理论）与智慧学说是统一的，要求在认识世界和认识自己的交互作用中转识成智和培养自由人格。我们从智慧说的理论视域，检视古代哲学由"道"而"德"的理论，虽然它体现出沟通"道"与"德"的努力，但依然有两方面的偏失。首先是缺乏辩证法与实践观念而造成的对天与人、知识与德性关系各有偏至的认识。对于这一点，冯契亦做出了总结，他说：

> 不论儒家、道家，还是后来的玄学、佛学、理学、心学，各家都认为性与天道的学说（本体学说）和智慧学说是统一的……不过，哲学家事实上总是有所偏。玄学重认识天道；禅宗重"明心见性"；宋明时期朱熹偏于"道问学"，强调"格物穷理"；王阳明偏于"尊德性"，以"致良知"为学问头脑。王夫之比较全面，他说："色声味之授我也以道，吾之受之也以性。吾授色声味也以性，色声味之受我也各以其道。"（《尚书引义·顾命》）就是说天和人、性和天道是通过感性活动这个桥梁来互相授受的，王夫之在这里把主客观的统一了解为不断交互作用的过程，这确是充满辩证法光辉的理论。不过，他讲的通过色

声味授、受的活动还不是实践，他的辩证法还缺乏实验科学的基础。历史上不同形态的辩证法往往各有所偏至，各有其历史局限性。[1]

一方面，智慧即关于性与天道的认识，在古代哲学史中未能一以贯之地贯彻自然与人、认识与实践的交互作用原理而转化为德性。另一方面，即使部分哲学家相对把握了"道"与"德"的辩证发展过程，并强调从真诚出发，在言行一致的道德实践中培养自由的德性，这种德性的自由亦仅限于冯契所指出的"伦理关系上的自由"，而忽视了知识与才能、人的理论思维与审美等能力的发展。从智慧转化为德性须经由理想与信念的具体环节来看，这种德性的自由亦因强调理性自觉而忽视了自愿原则（意志的自由选择），未能达到知情意的统一。

事实上，德性概念在古代哲学中乃属于伦理学的范畴，知识与德性的关系，由此成为知识与道德的关系。[2] 对于这一问题，冯契亦给予了相当程度的关注，并且，在知识与德性的关系问题上，冯契所总结出的"认识世界的同时认识自己""化天性为德性""化理论为德性"的理论，亦内在蕴含着对知识与道德的关系——即科学知识与狭义的德性即道德的关系——问

1　《认识世界和认识自己》，《冯契文集》（1），第235—236页。

2　知识与道德可以表现为五种关系，以下是一些论者的总结：（1）知识与道德统一论。这种观点认为，知识就是道德，道德就是知识，相反，无知或迷信则是与道德无缘的。古希腊哲人苏格拉底提出的"美德即知识"以及《中庸》提出的"尊德性而道问学"是这一观点的典型代表。（2）知识与道德排斥论。这种观点认为，知识与道德的进步是互相排斥的，两者互不相容，背向发展。如传统道家学派就持这种观点。（3）知识与善恶并进论。这种观点认为知识既促进道德进步，又导致道德败坏。（4）知识与道德无关论。科学知识和道德属于两个不同的领域，它们各有自己的研究对象与社会作用。因此，有的数学家认为知识、科学是"中立"的，与价值无关。（5）知识决定论与道德决定论。知识决定论认为，知识是道德发展的唯一基础，只有知识才能保证人们具有崇高的品德。所以，拥有知识的科学家是人之杰，是人类道德的最高典范。道德决定论与此相反，知识对道德不可能产生任何重大影响，反而为道德所决定，所以科学是多余的。参见陈万求、刘志军：《"尊德性而道问学"：传统儒学知识伦理论》，《湖南师范大学社会科学学报》，2008年第2期。

题的回答。在智慧说中，德性的建构以知识为基础，并在认识与实践的反复作用中趋向于完善。而善或道德品性作为德性的一种，其培养一方面自然要以自身的天性为基础，并在后天的道德实践中获得锻炼；另一方面亦须以科学知识为前提，并进而获得对性与天道的认识或形成科学的世界观与人生观，才能在理性自觉与意志自愿的道德实践中获得道德与伦理上的自由。

这一认识结果亦反映于冯契对哲学史上知识与道德关系的考察中。在此问题上，道家因对儒家伦理人的异化持"绝圣弃智"即仁智双遣的态度，故并不特别讨论。孔子开创了"仁且智"的人格理想的格局，知识与道德、认识论与伦理学的统一成为传统哲学的主要特征。冯契在哲学史书写中肯定这一理想在道德领域的积极意义，认为它表达了人道原则与理性原则的统一，以及道德知识对自觉的仁德之养成与具体的伦理实践所具有的重要作用。[1]冯契亦意识到传统儒家建立在"智者"之"知人"与"利仁"基础上的仁智统一学说，其"智"是从属于"仁"的，"德性之知"亦优先于"见闻之知"。也即是说，这种学说并没有给予科学知识独立的价值，更没有认识到理智或知性是完整的人格所不可或缺的德性。他对古代哲学史中强调"事功"的异端思想家的赞扬，便反映出他对"道问学"即科学知识及其现实应用的注重。而在近代哲学史书写中，冯契又明确提出，科学发展与政治变革是推动近代哲学变革的现实力量。事实上，知识与德性概念在近代科学与民主的旗帜下皆发生了内涵与价值地位上的转变。知识概念由"德性之知"转向现代科学实证知识，并在科学主义的时代思潮中表现出能够解释并决定一切道德心理与行为的统摄性；而德性的内涵亦在近代哲学"道德革命"的口号中，随着圣人理想的衰落与平民化的自由人格理想的树立，而由狭义的道德品质扩展为以个性自由为中心的多样化

---

1 《中国古代哲学的逻辑发展》（上），《冯契文集》（4），第75—76页。

的人格表现。以对不同时代精神的准确把握为前提，冯契在其"哲学史两种"的书写中既注重提炼古代思想的独特智慧，又着力描写近代哲学的价值变革。知识与道德的关系问题虽分散于其"哲学史两种"的书写中，但又因智慧说而得以前后贯通，而他的哲学史书写亦呈现为其自身哲学理念（虽尚未取得体系化的理论形态，但思想雏形显然已经形成）的具体展开。

智慧说哲学体系的建构，在融汇古今中西思想的基础上自觉地重建了实践基础上"仁"与"智"、"尊德性"与"道问学"、知识与德性的现代统一：它不仅将道德品质与伦理实践理解为有知识（不限于"德性之知"）参与的过程，亦将德性概念扩展为包含道德与理智在内的各种精神力量的统一。这种重建显然不同于现代新儒家的道德本体论或道德形上学建构。后者虽亦将科学知识理解为现代知识的主要内涵，并致力于建构知性主体以发展科学，但其将"仁"作为先验的道德本体，而将知性与科学知识视为本体流行之用，则依然旨在凸显道德对科学知识、价值理性对工具理性的优先性与决定性。由此所建构出的知识与道德的统一虽然异于传统儒家将认识论直接涵摄于伦理学之中所导致的对科学知识的消解，但实际上不仅难以摆脱抽象构造之讥，亦使科学知识依附于道德能力而丧失了其独立性，更因缺乏实践的视域而不可能将知识与道德真正沟通起来。

综之，对哲学史的考察与对智慧问题的关注相结合，很自然地使冯契自觉地寻求知识与智慧、知识与德性在新的历史条件下的统一。广义认识论沟通了知识与智慧，这一认识论上的延伸，亦是对知识与德性概念之内涵的双重扩展：既扩展了古代的"德性之知"与近代以来的实证知识概念，使对人及其德性培养的认识纳入知识范畴；又扩展了以道德为主导内容的传统德性观念，使之溢出了伦理学的范围，成为价值创造与德性培养相互促进，知情意、真善美全面发展的自由人格或自由个性。作为哲学家与哲学史家，冯契智慧说的哲学创作以其对哲学史上知识与德性问题的梳理与总结为基础，智慧说中的知识与德性互动统一的观念亦影响并反映了他的哲学史书写。这两方面的研究工作为我们提供了知识与德性关系的双重诠释，亦展现了他贯通哲学创作与哲学史书写的辩证法，即"哲学是哲学史的总结，哲学史是哲学的展开"[1] 这一治学之方。

---

1 《中国古代哲学的逻辑发展》(下),《冯契文集》(6), 第 371 页。

第七章　现代化视角下的回望
——《中国古代哲学的逻辑发展》的哲学史视域

哲学史作者有哲学观，也有哲学观点。哲学观决定哪些东西应该写进哲学史，哲学观点决定哲学史中的哪些东西是重要的；前者提供了环绕着视觉中心的晕，后者是作者的视线凝聚之处，两者共同构成了哲学史的视域。与现代中国哲学的发展类似，现代中国哲学史书写的发展也受到政治和文化领域的"古今中西"之争的制约。对时代精神的不同把握和对时代问题的不同诊断，通过哲学观和哲学观点的透镜，照亮了作者们各具"中心—边缘"的哲学史视域。

冯契先生在《中国古代哲学的逻辑发展》（以下简称《逻辑发展》）中为我们展现了一个特殊的哲学史视域。他本人对此亦有明确意识：

> 我的书只是一家之言，恐不宜于列为文科教材。而且我也并没有把它作为教材来写。有些应该给学生的知识我没有写，各章节篇幅很不整齐，……我将不以教材的形式来束缚自己，因为你知道，现在人们心目中的教材，是有个"模式"的。[1]

这段话未说明的是：除了做减法之外，相对于旧有模式，《逻辑发展》其实还做了大量的加法；而在加减之外，还有整体结构的调整与视觉中心的转

---

1 《致邓艾民·1981 年 5 月 24 日》，《冯契文集》（10），第 247 页。

移。本章即探讨富有个性的哲学史视域。作为将冯契思想研究引向历史纵深的一种尝试，本章还将注重如下两种关系。第一，从冯契本人的思想发展来说，本章将注重《逻辑发展》的打印稿与定稿[1]，《逻辑发展》与冯契在其他方面的工作，包括哲学创作和近代哲学史写作之间的内在关系。第二，就现代中国哲学史书写的发展而言，本章将注重《逻辑发展》与其他几本典范性的哲学史著作，与旧有模式——"斗争史"书写，以及与中国哲学史学界相关讨论的对话关系。

一

在《逻辑发展》开篇，冯契便表露了自己对时代精神的把握：

> 我们进行社会主义现代化建设和培养共产主义的新人，指导思想当然是科学的共产主义世界观，同时也必须继承中华民族的优秀传统，要善于把传统中的科学性、民主性的因素提取出来，加以发扬。[2]

《逻辑发展》中的哲学史视域，是在社会主义现代化的视角下呈现出来的。但什么是"社会主义现代化"，该著并未直接说明。这就需要诠释重建的工作来展开其内涵。20世纪70年代末至80年代初，在长期的压抑之后，冯契的哲学活动进入了一段高度活跃的时期。作为他晚年最早完成的著作，《逻辑发展》从授课到形成打印稿，再到定稿，经历了差不多5年的时间，在此期间，冯契实际上还同时进行着多方面的工作，我们需要从这些不同

---

1 冯契系统讲授中国古代哲学史的时间在1978年10月至1980年1月间，其授课记录形成了一个打印稿，是为《逻辑发展》的早期版本。其第一篇（包括绪论和先秦部分）正式定稿于1982年11月。参见鲍文欣：《思史互动——〈中国古代哲学的逻辑发展〉的思想历程》，《江南大学学报》（人文社会科学版），2020年第3期。华东师范大学哲学系晋荣东教授为我提供了打印稿，在此致谢！
2 《中国古代哲学的逻辑发展》（上），《冯契文集》（4），第1页。

的侧面来考察冯契对"社会主义现代化"的理解。

第一，在社会历史层面，冯契对"现代化"概念的运用存在一个发展的过程。在 20 世纪 70 年代末，他主要使用"四个现代化"（以下简称"四化"）的概念，例如在与上述《逻辑发展》引文相应的位置，其讲课记录稿便写为"使哲学为四个现代化作出贡献"[1]。"四化"主要涉及科学技术问题；哲学为"四化"服务，在当时的语境下预设了阶级斗争趋于缓和的时代判断，意味着减弱哲学的意识形态功能，而强调与科学相关的逻辑学和方法论问题。哲学史为"四化"服务，这在当时的中国哲学史讨论中基本是一个共识。[2]

从 20 世纪 80 年代初开始，在冯契的词汇中，"四化"逐渐被"社会主义现代化"取代。历史地看，在确立了"现代化"的基本方向后，中国共产党对于何谓"现代化"也经历了一个探索的过程。"四化"的目标在 60 年代早期即已提出，70 年代末邓小平重提这个口号，成为改革开放宣言的重要部分。此后，叶剑英指出，现代化事业并不以"四化"为限，还包括了民主法制、精神文明等方面。至十二大报告对新时期总任务的表述，除了以"四化"为主要内容的"物质文明"外，还把建设"高度的社会主义精神文明"和"高度的社会主义民主"列为论述重点。自此"社会主义现代化"的内涵基本稳定下来，并取代"四化"，成为对新时期总任务的完整表述。[3]冯契的用词变化与这一过程同步。在 1982 年他就已经把自己对"真、善、美"的论述与"社会主义精神文明"相挂钩，并指出"社会主义民主是促使科学（真）、道德（善）、艺术（美）得以全面发展的必要条件，

1　《逻辑发展》打印稿的"绪论"曾于 1979 年公开发表，其中沿用了"四个现代化"的说法。《关于中国哲学史研究的方法论问题》，《冯契文集》(11)，第 485 页。

2　参见乔清举：《当代中国哲学史学史》（下），上海古籍出版社，2014 年，第 466—468 页。

3　邓小平：《解放思想，实事求是，团结一致向前看》(1978 年)、叶剑英：《在庆祝中华人民共和国成立三十周年大会上的讲话》(1979 年)，中共中央文献研究室编：《三中全会以来重要文献选编》（上），人民出版社，1982 年，第 19、233—234 页；胡耀邦：《全面开创社会主义现代化建设的新局面》(1982 年)，中共中央文献研究室编：《十二大以来重要文献选编》（上），人民出版社，1986 年。

也是培养真善美统一的自觉人格的必要条件"[1]。在稍后的《对哲学工作的瞻望》一文中，冯契更是对十二大报告做了不同寻常的积极响应。该文以引述报告的"社会主义现代化"论述开篇，并用自己在20世纪50年代提出的哲学口号——"化理论为方法，化理论为德性"——来解读哲学对"精神文明"的作用。[2]虽然直到《中国近代哲学的革命进程》，冯契才把"社会主义现代化"称作一个"巨大的系统工程"[3]，但在80年代初，他对这一工程的复杂性就已经有了较为全面的认识，概括而言，其中与哲学相关的主要有三项：（1）科学文化，（2）培养"新人"，（3）作为两者之制度前提的社会主义民主。当他在《逻辑发展》定稿中论及"社会主义现代化"时，实际上包含了这种完整理解。相对于当时的哲学史讨论来说，这无疑是一种认识的深化。也可以看到，在这一时期，冯契对时代精神的自觉，表现出对改革共识的积极认同。[4]

第二，与古代哲学史类似，近代哲学史也早在冯契的写作规划之中。[5]在修改《逻辑发展》打印稿的同时，他对近代哲学史的思考也已逐渐重新展开。一些重要的提法，如"古今中西之争"、近代哲学论争的两大问题——历史观问题和主要围绕知行关系的认识论问题——渐次成形。[6]尤为

---

[1] 《论真、善、美的理想》，《冯契文集》(8)，第100页。

[2] "一是将马克思主义哲学与具体科学相结合，化理论为方法；二是用马克思主义世界观教育人、培养人，化理论为德性。"《对哲学工作的瞻望》，《冯契文集》(9)，第318页。

[3] 《中国近代哲学的革命进程》，《冯契文集》(7)，第648页。

[4] 不过，在共识之中又存在着歧义。一个例证是，冯契较早关注了"异化"问题，虽然并未直接参与80年代初的"人道主义和异化问题"讨论，但他在《逻辑思维的辩证法》已经把"异化"作为一个重要概念来使用。随着"清污"运动的展开，"异化"概念在某种程度上成为禁忌，但冯契在此后的著作中仍然坚持使用这一概念。在私下场合，他也曾表示与时风相异的态度。参见赵修义：《静于书房，胸怀天下》，《智慧的回望》，广西师范大学出版社，2015年，第277页。

[5] 《中国近代哲学的革命进程·后记》，《冯契文集》(7)，第654页。

[6] 参见《致邓艾民·1980年1月2日、1980年3月19日、1980年5月14日》，《冯契文集》(10)，第236、237、229—240页。

重要的是，在这一时期，他修正了"中国近代哲学的逻辑发展"的设想，把近代哲学史定位为一场有待继续的"哲学革命"。[1]这一创获马上反馈于《逻辑发展》的修改，因此"绪论"第二节才出现了这样的标题："从近代哲学革命回顾传统哲学"。不过，此时他虽然对近代哲学革命的主要线索（从进化论到辩证唯物主义）已有所认识，但对哲学革命的成就、缺陷及其进一步发展的方向尚缺乏理论概括，对"哲学革命"与"社会主义现代化"的关系也还缺少说明，因此，所谓"从发展哲学革命的高度来回顾历史"[2]，在理论概括上还没有确切的着落。

在此后的研究中，冯契把近代哲学革命的主要内容概括为历史观、认识论、逻辑学和方法论、人的自由和理想人格这四个问题。前两个问题在"心物之辩"上结合为一，通过"能动的革命的反映论"——近代哲学革命的最主要成果——做了较好的解决；对后两个问题的处理则存在着较多缺陷。因此，发展哲学革命的主要任务，就是继续推进后两者的研究。在这些论题被明确之后，"社会主义现代化"的内涵也得到了扩充：

> 历史已经翻开新的一页。时代的中心问题已经由"中国向何处去"的革命问题，转变为"如何使我国现代化"的建设问题。我们在改革、开放中建设有中国特色的社会主义，古今中西之争有了新的历史内容。如果说近代哲学要研究"革命的逻辑"，那么当代哲学便应研究"建设的逻辑"了。……那么，在新的历史条件下，如何进一步发展哲学革命？[3]

1 在《逻辑发展》打印稿中，冯契就已经借用恩格斯的说法，把先秦和近代称为两个"哲学革命又作了政治变革的先导"的时代。但与此同时，他仍把自己研究近代哲学的主要任务视为清理"中国近代哲学的逻辑发展"。他最终明确"哲学革命"这一提法应是在1982年5月的一次会议上，与之一同明确下来的，是这场哲学革命"还在继续中，目标是要达到中西哲学合流，因而为发展科学与培养新人提供理论指导"。《致董易·1977年11月26日》《致邓艾民·1982年6月12日》，《冯契文集》（10），第275、252页。
2 《中国古代哲学的逻辑发展》（上），《冯契文集》（4），第31页。
3 《中国近代哲学的革命进程》，《冯契文集》（7），第648页。

作为"建设"的"现代化"主要与"革命"对举。所谓从"革命"到"建设"的转变，大背景虽是近代以来从政治革命到建立共和国的历程，更具体的社会史含义则是新中国成立后两种现代化方案之间的转变：从以"革命的逻辑"为指导的激进共产主义实验，到以"建设的逻辑"为指导的"常规性的现代化"。[1]需要注意，在冯契的词汇中，"革命的逻辑"（或谓"革命哲学"）与"哲学革命"有重要的区别。一定时期内革命哲学的泛滥，乃是哲学革命走上歧途的表现；革命哲学的退隐，并不意味着哲学革命的终结甚或逆转，反而是为哲学家提出了进一步发展哲学革命的任务。

因此，"社会主义现代化"的哲学史含义，就是哲学革命进入了新阶段。冯契对于这一阶段的展望也可以分为三项：对（一）逻辑学、方法论和（二）自由理论进行总结；（三）作为前两者的必要前提，还须"开辟'同归而殊途、一致而百虑'的唯物辩证法的新阶段"[2]。这三项与前述社会历史视野下的"四化""新人"和"民主"存在着对应关系。就此而言，虽然《逻辑发展》中尚不存在对"发展哲学革命"的清晰概括，但上述三项的实质性思想内容已经含藏其中了。

第三，作为哲学家的冯契注重哲学应回答时代问题。这一"时代问题"是在广狭两义上被给出的。在广义上，面对现代思想中科学主义和人文主义的对峙，他"给自己规定了一个哲学的任务，就是要根据实践唯物主义辩证法来阐明由无知到知、由知识到智慧的辩证运动"[3]。在狭义上，他所面对的还是中国近代哲学革命的特殊不足，因此其哲学探索又表现为对哲学革命的自觉推进：

1　参见高瑞泉等：《20 世纪中国社会思潮研究》，经济科学出版社，2019 年，第 31—32 页。

2　《中国近代哲学的革命进程》，《冯契文集》(7)，第 649—653 页。

3　《〈智慧说三篇〉导论》，《冯契文集》(1)，第 13 页。

中国近代哲学革命在"既济"（完成）中包含有"未济"（未完成），因此作为"哲学史的总结"的"哲学"，迫切要求进一步加以发展。鉴于中国近代哲学革命的成果在逻辑方法和自由理论这两个方面没有得到很好的总结，我在50年代便考虑从这两者着手做一些研究，计划写两种著作：《逻辑思维的辩证法》和《人的自由和真善美》……[1]

对时代问题的双重理解，预示了此后智慧说"一体两翼"的结构。在上述引文中，《逻辑思维的辩证法》（以下简称《辩证法》）虽然以预告的形式被给出，但实际上早在修改《逻辑发展》打印稿的同时，冯契就已经讲授了一门称为"逻辑思维的辩证法"的课程，并整理出了《辩证法》的初稿。这一稿本的初衷虽然是阐述"化理论为方法"，但在具体论述中内容其实更为丰富，可以说"是整个《智慧说三篇》主题思想的初次系统论述"[2]，并实际上主导了《逻辑发展》的修改方向。基于哲学创作和哲学史写作之间的互动，不妨说"冯契将其哲学史研究的目标，指向了'广义认识论'的长时段论证和历史性展开"[3]。而结合"现代化"与"哲学革命"的关系来看，我们也不难推出，虽然同样未得到清晰的理论概括，但"社会主义现代化"在《逻辑发展》定稿中具备了实质性的哲学含义，它就是智慧说的主要内容：在基于实践的认识辩证运动中，化理论为方法和化理论为德性。总括来说，从社会主义现代化的视角回望古代哲学史，在冯契那里就表现为从政治、社会和科学现代化的要求，从发展近代哲学革命的要求，以及从发展智慧说体系的要求来回望古代哲学史。

1　《中国近代哲学的革命进程·后记》，《冯契文集》（7），第655页。
2　《逻辑思维的辩证法·初版整理后记》，《冯契文集》（2），第383—384页。
3　高瑞泉：《在历史深处通达智慧之道——略论冯契的哲学史研究与"智慧说"创作》，《华东师范大学学报》（哲学社会科学版），2017年第6期。

二

"社会主义现代化"的时代意识为《逻辑发展》照亮了一块特殊的哲学史视域：

> 我以为哲学史可以定义为：根源于人类社会实践主要围绕着思维和存在关系问题而展开的认识的辩证运动。[1]

"哪些东西应该写进哲学史"的回答包含两个部分，一是与哲学密切相关的环境以及两者的关系，二是哲学本身。两者构成了哲学史视域中的远景与近景。这里的远景类似于舞台艺术中的布景，不仅起到装饰的作用，还起到提示乃至解释的作用。就哲学史视域的远景而言，根据马克思主义的研究传统，冯契首先通过"社会实践"与"社会意识"之间"结构—功能"的转喻，来设想历史与哲学史的"整体—部分"关系。[2] 在新中国成立后相当长一段时间内流行的"斗争史"书写中，阶级斗争被视为社会实践中的根本因素，哲学史的唯一内容是唯物主义和唯心主义的斗争，此种斗争是阶级斗争的功能性反映。1957 年的"中国哲学史座谈会"[3] 曾就唯心主义的价值、哲学遗产的继承等问题进行过相对自由的讨论，但在此后的官方定论中，"哲学斗争是阶级斗争的反映的原理"仍被确立为不可触碰的红线。[4] 冯契未曾参加这次座谈会，但出席了此后不久举行的、作为座谈会之继续

1　《中国古代哲学的逻辑发展》（上），《冯契文集》（4），第 9 页。

2　"在转喻中，现象因为在部分与部分的关系形态中彼此有着关系而被毫无疑义地理解了，其依据是，人们能够促使诸多部分中的一个部分还原为某个方面的状态，或其他方面的功用。"[美]海登·怀特著，陈新译：《元史学》，译林出版社，2004 年，第 45 页。

3　1957 年哲学史讨论包括 1 月的"中国哲学史座谈会"和 5 月的"中国哲学史工作会议"，相关材料参见赵修义等编：《守道 1957》，上海人民出版社，2012 年。

4　关锋：《反对哲学史工作中的修正主义》，赵修义等编：《守道 1957》，第 487 页。

的"中国哲学史工作会议"。他在会议中发言的重点之一,即是在承认这一"原理"的基础上,指出这种反映需要一些环节,尤其是政治思想的中介,因此"单从阶级斗争来解决唯物与唯心问题是不够的"[1]。这一修正性的说法,在此前完成的《怎样认识世界》中就已经存在了。更为重要的是,《怎样认识世界》实际上已经根据毛泽东"三大社会实践"的论述,挑战了把社会实践缩减为阶级斗争的做法:

> 马克思列宁主义教导我们:革命的实践就是人们改造世界的活动。在这里面,最重要的是劳动生产,其次是劳动人民的阶级斗争和科学实验等。[2]

《逻辑发展》对哲学与社会实践之关系的论述主要仍然沿用了"斗争史"书写中的旧语言,与旧有的写作传统之间呈现明显的对话性。在这一部分,冯契对"中间环节"进行了扩充,明确了"政治思想斗争和科学反对迷信的斗争是推动哲学前进的两条腿"。在先秦和近代这两个革命时代,政治思想斗争制约着哲学斗争,哲学革命反过来成为政治革命的先导,但即使在这种情况下,也不应忽视科学发展对哲学的影响。而对于秦汉至鸦片战争的封建时期,冯契一方面拒斥了从地主阶级内部矛盾寻找哲学发展动力的路径,另一方面也拒斥了一度流行的"农民哲学"说,他认为在这一时期"推动哲学前进的,首先是科学和农业、手工业生产的发展",其次才是地主阶级内部的政治思想斗争。[3] 在 20 世纪 70 年代末 80 年代初的哲学史讨论中,用毛泽东的"三大社会实践"说来纠正单一的阶级分析已经是基本的共识;在此共识之下,对这三种社会实践究竟如何影响哲学发展,则开

---

1 《哲学研究》编辑部:《关于"中国哲学史工作会议"中讨论的一些问题》,《哲学研究》,1957 年第 3 期。参见晋荣东:《教条主义及其认识论根源》,赵修义等编:《守道 1957》。
2 《怎样认识世界》,《冯契文集》(9),第 174 页。
3 《中国古代哲学的逻辑发展》(上),《冯契文集》(4),第 3—6 页。

启了新的争论。[1] 冯契对两种时代类型的区分，提供了一种较为新颖的解决方案。同时，这一区分也暗含了一个时代判断：与封建时期类似，社会主义现代化时期也是社会政治革命之后的相对稳定的发展时期，在这一时期，推动哲学发展的同样应该主要是物质生产和科学的发展。

但是，在哲学与实践关系的整体理论框架上，冯契仍然认为"经济关系、阶级关系决定着哲学的发展"，在"经济关系"和"阶级关系"何者更为根本的问题上表现犹豫，反而从《怎样认识世界》的明确表述上退却了下来[2]，虽然在正文部分，他又对这一说法做了实质性的修正。[3] 理解这一现象，一方面需要我们注意，当时对"阶级斗争"问题的讨论尚存在一定的反复[4]，这或许使经历数次风波的冯契在下笔时保持了谨慎。另一方面，更为重要的是，在 20 世纪 70 年代中前期，"斗争史"书写曾进一步扭曲为"儒法斗争"书写；在这一特殊的语境中，"阶级斗争"理论由于仍能容纳相对具体的历史分析，反而是成为批判"儒法斗争"书写的理论资源。[5] 冯契曾回忆：

> 一九七五年我和其他同志一起编了个《中国哲学史讲话》，其中提出研究哲学不能以所谓"儒法斗争"为线索，而必须以阶级斗争为指导线索。这个观点当时遭到了罗思鼎头目的训斥，责问我们矛头是指向谁的。[6]

1　参见乔清举：《当代中国哲学史学史》（下），第 481—485 页。

2　《中国古代哲学的逻辑发展》（上），《冯契文集》（4），第 3 页。

3　"从总体上说，哲学作为精神生产和文化的一个部门，归根到底是由物质生产来推动的。在物质生产的基础上，又产生阶级斗争。"《中国古代哲学的逻辑发展》（中），《冯契文集》（5），第 11 页。

4　参见丁冠之：《哲学基本问题及其对中国哲学史研究的意义》，《中国哲学史研究》，1982 年第 4 期。

5　参见谷方：《关于中国哲学史研究中的阶级分析问题》，中国社会科学院哲学研究所中国哲学史研究室编：《中国哲学史方法论讨论集》，中国社会科学出版社，1980 年。

6　《充分发挥学会的战斗作用》，《冯契文集》（11），第 465 页。

笔者未能搜集到冯契编写的《中国哲学史讲话》，但在 1979 年出版的《中国哲学史纲要》中他表达了类似的观点："儒法斗争"虽然名义上采用了阶级分析的方法，但本质上则是用超阶级概念代替了阶级概念，是"形而上学猖獗"的表现，应以阶级斗争理论予以拨乱反正。[1] 使用"阶级斗争"反对"儒法斗争"是当时哲学史学者普遍采取的策略[2]，显示了时代反思进展的阶段性，不能将之简单归为"左"的思想的残留。分析地看，《逻辑发展》定稿对"中间环节"的扩展，延续了 1957 年未完成的讨论；而对"阶级关系"基础性地位的部分保留，则显示了 20 世纪 70 年代末的语境。及至 80 年代中后期，主要是在对近代哲学革命之缺陷的反思中，在明确表述（而非思想实质）的层面，冯契对"阶级斗争为纲"的批判态度才凸显出来。[3] 与之相应，在具有晚年定论性质的《认识世界和认识自己》中，他对"社会实践"的表述又回到了《怎样认识世界》的立场，把劳动生产放在了基础性的地位。

更为重要的是，在确认了劳动生产在社会实践中的基础地位后，冯契还进一步扩展了"实践"的内涵：

> 要强调一点，人的实践在本质上是要求自由的活动。[4]

"自由"包括支配自然和成为自由个性。劳动生产不仅是对象性的控制自然

1　上海师范大学政治教育系中国哲学史组编著：《中国哲学史纲要》，上海人民出版社，1979 年，第 2—6 页。"编者的话"说明，该书曾由冯契、丁祯彦、曾乐山等先生通稿；因此应能反映冯契的部分观点。

2　参见任继愈：《批判"影射史学"，恢复哲学史的本来面目》，《哲学研究》，1978 年第 3 期。

3　《中国近代哲学的革命进程》，《冯契文集》（7），第 646—647 页。

4　《认识世界和认识自己》，《冯契文集》（1），第 57—60 页。

的活动，同时还是主体生成、其能力和德性得到发展的过程。实践是包含着理解的行动。这种理解可以分析为两个部分，第一，理解为行动提供工具性的方法论指导和合法性辩护，第二，理解为行动提供理想，并在行动过程中确认主体自身的价值。哲学历史文本的重要性在于集中表达了这些理解。在前者的意义上，历史与哲学史构成了"结构—功能"的转喻，就后者而言，历史与哲学史构成了"表现—精神"的提喻，亦即哲学史作为历史的部分，成为这一整体的"品质象征"，而无法被还原为整体中的其他部分。[1] 在《逻辑发展》中，冯契虽然对实践的双重维度在理论上未做明确说明，但从他对"自由"问题的重视来看，实际上又包含了此种理解。因此，所谓"围绕着思维和存在的关系"，在冯契那里的一项含义，是在如何从历史整体中划定哲学史领域的问题上采取了转喻和提喻相混合的策略。从现代哲学史写作发展的角度看，提喻往往和文化上的民族主义主张联系在一起。如冯友兰把哲学比作民族的"心"，他希望哲学史能起到"巫阳之下招"的作用[2]；港台新儒家对提喻策略进行了更具独断论色彩的运用，把民族文化中的"精神"实体化为"继续不断的一活的客观的精神生命"[3]。冯契通过提喻策略纠正了教条化的马克思主义中的进步论和还原论偏见，使传统智慧成为可资利用的源头活水；但他把自由最终定向于"自由人的联合体"，并维持了转喻和提喻之间的张力，则显示了马克思主义的基本立场。

三

就哲学史视域的近景，亦即哲学史应包含哪些哲学内容，这些内容应

---

1 ［美］海登·怀特著，陈新译：《元史学》，第46页。
2 冯友兰：《中国哲学史》（上），《三松堂全集》（2），第254页；冯友兰：《中国哲学史》（下），《三松堂全集》（3），第3—4页。
3 参见牟宗三等：《中国文化与世界》，《唐君毅全集》（9），九州出版社，2016年，第9页。

以何种方式被组织而言，冯契的哲学观尤其表现出对"斗争史"书写的突破。日丹诺夫在"西欧哲学史"讨论会上提出了一个哲学史定义：

> 科学的哲学史，是科学的唯物主义世界观及其规律底胚胎、发生与发展的历史。唯物主义既然是从与唯心主义派别斗争中发生和发展起来的，那么，哲学史也就是唯物主义与唯心主义斗争的历史。[1]

日丹诺夫的哲学史定义在新中国成立后的中国哲学史界产生了深远的影响，这在学界已是共识。需要注意的是，日丹诺夫定义并非单独发挥作用的，在背后为其提供支撑的是苏联教科书体系中的正统哲学观。这一体系以辩证唯物主义和历史唯物主义的两分为主要框架，其中又可划分为唯物论、认识论、辩证法和历史观这四大"板块"，其理论特征主要是把马克思主义哲学理解为一种自然本体论。[2]"斗争"指如何设计哲学史发展中"唯物—唯心"对峙的情节，这决定了哪些思想人物应被作为某个阵营的一部分而写入哲学史；板块论的作用则是设定哲学史所应涉及的哲学论题（哲学史的对象范围）。早在 20 世纪 30 年代，几本有代表性的苏联哲学教科书就已经引进国内，其中不仅确立了板块论的基本框架，且都程度不一地包含了"哲学的党派性""两条路线的斗争"等内容。[3]在此影响下，在引进日丹诺夫定义之前，中国马克思主义者的中国哲学史书写实际上就已经采取了这套术语系统和基本理论框架。[4]日丹诺夫讲话在当时中国的可理解性建立在教科书体系的基础之上，并进一步以简洁和极端的表述把"斗争史"框架

1　［苏］日丹诺夫著，立三译：《苏联哲学问题》，华东新华书店，1948 年，第 4—5 页。

2　参见高清海：《哲学与主体自我意识》，吉林大学出版社，1988 年，第 42—51 页。

3　1932 年以后，三本"当时被视为最正统的马克思主义哲学教科书"陆续在中国翻译出版。它们是《辩证法唯物论教程》（西洛科夫等著，李达等译）、《新哲学大纲》（米丁等著，艾思奇等译）、《辩证唯物论与历史唯物论》（米丁等著，沈志远译）。参见黄楠森等主编：《马克思主义哲学史》（6），北京出版社，1989 年，第 248 页。

4　参见《中国哲学史纲要》，《赵纪彬文集》（1），河南人民出版社，1985 年，第 26—27 页。

"法典化"（借用侯外庐的术语）了。

1957年哲学史讨论在学术上的中心议题，是日丹诺夫定义对中国哲学史的适用性。就哲学史的对象范围而言，这些讨论主要可以分为三项子议题：第一，应用"辩证法—形而上学"斗争对"唯物—唯心"斗争予以补充。第二，应将不体现"唯物—唯心"斗争的社会观、历史观、伦理学、美学问题等纳入哲学史。[1]第三，中西哲学的中心论题不同，西方哲学重求知，注重系统的知识和求知识的方法，中国哲学重（道德和修养）实践，注重提供行动的指南；这决定了"唯物—唯心"斗争在中西方哲学的表现不同，此种斗争在中国哲学中主要表现在其所提供的行动指南是否合乎客观实际和是否正确。其实质要求是把中国传统中的（道德和修养）实践问题纳入哲学史范围。[2]

在当时的理论条件下，这些挑战虽然力图展现中国传统思想的特殊性，并取得了一定的成绩，但在根本上仍运行于教科书体系的本体论哲学框架之内。就第一个议题而言，日丹诺夫同样认为"在哲学史中就应当包括辩证法产生的历史"[3]，只是未在哲学史定义中表现这一点，这或许是因为，在"辩证唯物论"的基本框架下，谈及"唯物论"时包含"辩证法"是不言而喻的。[4]更重要的是，讨论者们所理解的"辩证法"，也主要是在自然本体论意义上的"客观辩证法"，和日丹诺夫的分歧其实甚微。第二个议题预设了"辩证唯物论"和"历史唯物论"的两分，以及"辩证唯物论"中"唯物论""辩证法""认识论"的三分。在日丹诺夫定义下，自然观和认识论因为体现"唯物—唯心"的斗争而成为哲学史书写的重点，这方面中国传统思想的资源较为匮乏；而在"历史唯物论"出现之前，在

1　任继愈：《中国哲学史的对象和范围》，赵修义等编：《守道1957》。

2　汪毅：《一个问题，一点意见》，赵修义等编：《守道1957》，第97—98页。

3　［苏］日丹诺夫著，立三译：《苏联哲学问题》，第10页。

4　石峻：《论有关"中国哲学史"的对象和范围的讨论及其目前存在的一些问题》，赵修义等编：《守道1957》，第105页。

社会历史观领域不存在"唯物—唯心"的斗争，因而也就不能成为哲学史的合法对象，而传统思想在这方面的资源恰好非常丰富。这一要求的实质是在历史唯物论的理论框架、问题范围之内安置中国传统思想中的相关问题，最终是在目的论史观中的"先进—落后"尺度内达成了某种妥协。在第三个议题上，汪毅的观点在当时遭到了大量的批评，被认为是"梁启超、梁漱溟思想的再版"，有否认"唯物—唯心"这一基本对立的嫌疑。[1]需要注意的是，这一观点的基础是把认识论中的"求知"理解为纯粹对象性的、实证性的认知活动，因而在当时虽然有注重哲学民族特性的争鸣意义，但客观上则仍然起到了巩固自然本体论框架下的认识论观念的作用。从此后的书写实践来看，在哲学史对象范围问题上对日丹诺夫定义的挑战，实际上是加固而非消解了日丹诺夫定义赖以成立的哲学观，并最终实现了"唯物论、认识论、辩证法、历史观"这"四大块"结构在中国哲学史书写的贯彻，贯穿其中的，是"唯物—唯心"斗争和妥协性的"先进—落后"斗争。在具体哲学论题上，唯物论和（客观）辩证法主要处理自然观（本体论和宇宙论）问题，天人关系是自然观的附庸；认识论的讨论范围主要在感性和知性层面，同时也包括传统形式逻辑意义上的逻辑学；历史观则容纳了历史观、政治理论、伦理学和人性论等论题。

　　冯契自陈，在"把认识论当作哲学体系的出发点"的意义上，他始终是一个认识论主义者。[2]在他看来，哲学的根本问题是思维与存在的关系问题，此种关系包括三项："一、自然界即物质世界，二、主观精神即人的头脑，三、自然界在人脑中的反映形式即概念、范畴、规律等。"[3]用列宁的术语来说，这三项即是客观辩证法、认识论和逻辑学，而这三者"不必要三

1　赵修义等编：《守道1957》，第28、252页。

2　《智慧的探索——冯契教授访谈录》，《冯契文集》（9），第457页。

3　《中国古代哲学的逻辑发展》（上），《冯契文集》（4），第8页。

个词：它们是同一个东西"[1]。把认识论当作哲学体系的出发点，即是以认识论为哲学的中心问题，并从认识论的视角来考察客观辩证法和逻辑学。同时，冯契所说的"认识论"是基于实践的"广义认识论"，其特点是在"主观精神"这一项中不仅关注作为认知功能之集合的主体，还关注作为知情意之整体的、具有本体论意义的自由人格的生成。在20世纪80年代的哲学语境下，这些主张突出了实践中"人"的因素，与西方哲学领域的李泽厚和马克思主义哲学原理领域的高清海等人相呼应，共同形成了当时的主体性思潮。[2]

广义认识论在两个方向上展开，一是由"感性—理性""绝对—相对""客观规律—主观能动性"等对立范畴构成的发展环节，其在哲学史书写中的主要作用是设定哲学史的辩证发展情节，并决定哪些哲学家应该被作为某一"环节"而被写入哲学史。回到历史语境中看，"斗争史"书写在兴起的过程中以冯友兰等"正统派"哲学史作者为论敌，着力于开发与"正统"相对立的"异端"传统，以实现哲学上的"翻身"，这说明"斗争史"原本是一种叛逆者的文化。[3] 在"斗争史"书写的发展过程中，唯物主义者和先进思想家的名单随之扩张。[4] 随着"异端翻为正统"，

---

1 ［苏］列宁：《黑格尔辩证法（逻辑学）的纲要》，《哲学笔记》，人民出版社，1956年，第357页。

2 参见高瑞泉等：《转折时期的精神转折——"新时期"以来中国社会思潮及其走向》，上海古籍出版社，2008年，第55—56页。

3 "劳动人民翻身，历史上受迫害的先进思想家也应该翻身，否则太不公平。"赵纪彬：《关于中国哲学史上三个特征、三种方法、四个阶段、两条规律的分析》，《困知录》（上），中华书局，1982年，第98页。

4 《中国思想通史》的学术价值还在于，外庐先生等发掘并解析了一批以往被研究者忽视的思想家，如嵇康、吕才、刘知几、刘禹锡、柳宗元、王安石、黄震、马端临、王艮、何心隐、方以智等。其中有些人物虽然早已为人熟知，但并不是被视为思想家而列于史册。外庐先生用'异端'一词指称上述某些思想家。他所说'异端'是指追求理性觉醒、独立思考、有创新价值的思想，与维护神学与专制的'正宗'思想相对。"张岂之：《中国思想通史（一）·再版说明》，《侯外庐著作与思想研究》（9），长春出版社，2016年，第2页。

这一名单趋于臃肿庞杂，"斗争史"也隐然成为一种变相的正统论。冯契亦曾嘉许侯外庐等人挖掘异端传统的功绩[1]，但强调能够被纳入哲学史范围的，是"确实起过重大影响的哲学体系"[2]，实际上是用"环节"的标准取代了"唯物"的标准，从而将一些并无真正的哲学创获或是文献不足征的人物剔出哲学史。举例而言，与任继愈主编的《中国哲学史》相较，在魏晋南北朝时期，《逻辑发展》不收或仅简略提及杨泉、戴逵、何承天、何峻等人，这实际上起到了类似于当年胡适所曾发挥的"截断众流"的作用。[3]

广义认识论的第二个展开方向是由"感性""知性""理性""自由"四个问题构成的认识发展、主体生成过程[4]，其作用是划定和组织哲学史所应涉及的哲学论题。不过，虽然冯契在《逻辑发展》中提出了广义认识论的构想，但系统性的阐述在"智慧说三篇"，尤其是更为成熟的《认识世界和认识自己》《人的自由和真善美》中才给出。因此，我们需要结合冯契在相关著作中完整表达的哲学观，来还原《逻辑发展》中完整的哲学史视域。简要而言，在承认作为"自在之物"的自然的前提下，基于实践的认识辩证发展过程，内在地联系于世界展开和主体生成的过程。在"感性"阶段，世界表现为各种感性性质（颜色、声音、运动等）的杂多；认识的成果是感性经验；主体表现为感觉的被动和能动功能集合或"直观之

1　"《中国思想通史》证明了：中国哲学史有一个反对正统思想的异端的传统，那是一个富于实事求是精神的唯物主义的传统，是真正可宝贵的思想遗产。"《中国近代哲学的革命进程》，《冯契文集》(7)，第575页。
2　《中国古代哲学的逻辑发展》（上），《冯契文集》(4)，第26页。
3　20世纪70年代末，任继愈对任意扩大唯物主义和先进思想家的做法也进行了反思。参见《任继愈文集》(2)，国家图书馆出版社，2014年，第603页。
4　"我从哲学史研究中作出概括，以为认识论的主要问题有四个，即：感觉能否给予客观实在？理论思维能否把握普遍有效的规律性知识？逻辑思维能否把握具体真理（首先是世界统一原理和发展原理）？理想人格或自由人格如何培养？"《〈智慧说三篇〉导论》，《冯契文集》(1)，第37页。

我"，所谓能动的功能包括认知和情意，这些能动因素实际上贯彻认识过程始终。在"知性"阶段，世界表现为分门别类的科学领域；认识的成果是知识经验；主体表现为遵循着形式逻辑的、作为对所思的判断和能思之自证的"统觉"，亦即功能性的认知主体。在"理性"阶段，世界表现为一个具有统一原理和发展原理，或谓"天道"的整体，认识对象意义上的"人道"（包括社会发展和个体发育）是天道的一部分；认识的成果是对性与天道的认识，或曰"具体真理"；主体表现为（以形式逻辑为基础）遵循着辩证逻辑的认知主体。在"自由"问题上，当真理性的认识与人的自由发展联系在一起时，真理就转化为"智慧"。与智慧相关的主体不仅是认知主体，同时还获得了本体的意义。一方面，它指主体经由实践而复归于自然，达到"天人合一"，这需要理性的直觉、辩证的综合和德性的自证。另一方面，它指主体在认识和改造世界的过程中获得了依据现实可能性来创造价值、实现理想的主宰性，这些理想又可能分为三个方面：与"真"相关的人生理想（包括社会理想和个人理想），与"善"相关的道德理想和与"美"相关的审美理想。冯契强调，中国古代哲学虽然在"感性""知性"问题上亦有所涉及，但真正的胜场则在"理性"和"自由"领域。

这一哲学观使得《逻辑发展》所关注的哲学论题及其组织方式与"斗争史"书写大相径庭，此处以任继愈主编的《中国哲学史》为例，比较说明其同异。首先，自然观问题是两者共同关注的对象。不过，冯契明确了，从唯物论和辩证法的角度考察自然观，即是在统一原理和发展原理的层面上理解世界。其次，在认识论问题上，"斗争史"书写的一个基本悖谬，是认为传统哲学的认识论局限于感性和知性问题，在逻辑学问题上局限于形式逻辑；这就无法解释古代哲学中的"自然"何以是在统一原理和发展原理的高度上被呈现的。冯契明确了古代认识论中的理性维度，开创性地提出古代哲学中存在着丰富的辩证逻辑思想，并把与辩证逻辑相联系的古代科学方法纳入哲学史考察的范围。最后，在"自由"问题上，《逻辑发展》尤其显示出其特色。

第一，在自然本体论的框架下，自然成为纯粹的客体，"天人关系"主要考察的是主体在认知和控制自然层面上的能动性，"天人合一"被视为毫无价值的"神秘主义"。冯契重新肯定了经由实践中介的"天人合一"的价值，这使得传统思想中关于理性直觉、辩证综合和德性自证的思想摆脱了实证论偏见的束缚，成为哲学史的合法对象。第二，《中国哲学史》把"人性论"问题置于"社会历史观"的范畴内加以重视，主要的分判标准是"性善—性恶"，实际上是在知性层面讨论人的自然属性与社会属性的关系。[1]《逻辑发展》同样把"人性论"作为一个重点问题，其分判标准则是"复性—成性"，所讨论的是天性与德性的关系，聚焦于自由人格的生成。因此《逻辑发展》中对传统的人格教育、修养方法进行了大量讨论，相对于旧模式来说是一种扩展。第三，"斗争史"书写对伦理学、美学问题关注甚少，《逻辑发展》把这两个问题纳入道德理想和审美理想的范畴内加以讨论，是一种创见。当然，冯契并非试图在哲学史中包含完整的伦理学史和美学史，而是有着高度的选择性：在伦理学中注重自觉与自愿的关系，在美学中注重自然美和人格美的关系，其中贯彻了对天人、性与天道、理想与现实之关系的关注。第四，冯契重视传统思想对理想人格的描述，并把古代哲学家身上所表现的高尚人格视为今天仍可学习的典范。前者在《中国哲学史》中基本缺席。就后者而言，由于关注哲学产生的社会根源和阶级根源，对哲学家生平经历的记叙成为《中国哲学史》的常规内容，但在此种记叙中，哲学家只是阶级关系的人格化，不具备能够影响人和激励人的典范意义。第五，"社会历史观"，分析地说，历史

1　"人性善恶问题的实质是：人生来是否具有统治阶级要求的那些道德品质？"任继愈主编：《中国哲学史》(1)，人民出版社，2003年，第160页。

观和政治观，是《中国哲学史》的重点对象之一[1]，一些思想人物（如司马迁、鲍敬言和刘知几等）甚至仅仅因为其历史观和政治观而被纳入哲学史。冯契认为社会历史观讨论的根本问题是"心物之辩"和"群己之辩"，其实也包含了历史观和政治观两个部分。[2]《逻辑发展》对古代社会历史观关注相对较少，原因或许在于，在冯契看来，只有到近代哲学中，与认识论上的心物、群己之辩相结合后，社会历史观才真正成为哲学论题。而在古代，社会历史观缺少与认识论的此种联系，因而大多是"关于哲学的"（如先秦的"古今、礼法"之争），而非"哲学的"。此外，在扩展了认识论界定之后，中国哲学史的内容在冯契那里已经大为丰富了，不再需要从社会历史观中寻找此种丰富性。不过，他在这个问题上的设想此后仍有所变化。《逻辑发展》对社会历史观相对有限的关注，集中于荀子—王夫之一系关于历史自身规律性的思想，主要是将其放置在作为认识对象的"人道"范畴内。而在《人的自由和真善美》中，他意识到"人生理想"中包含了"社会理想"[3]，因此，古代思想中的"小国寡民""仁政""至德之世"等内容便具有了理想的意义，应该放在"自由"范畴内加以讨论。可以猜测，如果冯契有机会带着这一观点修订《逻辑发展》，"古今、礼法之争"中的诸多内容都将由"关于哲学的"转化为"哲学的"，从而使社会历史观的部分更为丰厚。

四

在哲学史视域内部，作者们的注意力也并非均匀分布，其视线总是聚

---

1 "反剥削反压迫的斗争是历史前进的骨架；反剥削、反压迫的思想是古代民主思想的灵魂。"任继愈主编：《中国哲学史》(1)，第73页。
2 《中国近代哲学的革命进程》，《冯契文集》(7)，第626页。
3 《人的自由和真善美》，《冯契文集》(3)，第138—144页。

焦于那些他们认为重要的或正确的东西，因而存在着中心与边缘，其结构由他们各自的哲学观点所决定。在现代中国的语境中，哲学史作者的哲学观点，受到"古今中西"之争中各自所领会的时代任务的制约。因此"社会主义现代化"的时代任务意识，也就决定了《逻辑发展》所关注的中心问题。

如上所述在社会历史层面，冯契所关注的时代问题主要有三项——"科学""民主"和"新人"，对应于其所关注的哲学问题，即"方法""理论"和"自由人格"。这些关切反映于哲学史书写，形成了冯契哲学史视域中的三个中心。根据"化理论为方法，化理论为德性"的原则，这三项之间具有内在联系，但又能分而述之。

在科学问题上，现代中国哲学史书写本就存在着一条重视科学与哲学之联系的传统。胡适《中国哲学史大纲·卷上》以逻辑和方法问题为中心展开；《中国哲学史大纲·卷中》(讲义本)"迷信与科学"章论述了道士的"求长生不死"与医药学、儒教的"天人感应"与天文学的关系，尤其能够体现他对古代科学传统的关注。[1]但胡适所理解的逻辑主要是形式逻辑，其方法观则实质上偏重于经验归纳法[2]，以这样眼光看待历史，扭曲了古代哲学史的面貌，也使得古代科学传统必定是贫乏的。中国哲学史的另一位早期代表性作者——冯友兰——早在20世纪20年代初就曾经问"中国为什么没有科学"，其回答则是东西文化的价值观差异。[3]这一思路延及哲学史写作，根据其"同情之理解"的态度，30年代写成的《中国哲学史》的中心内容便是人生哲学，对于科学涉及甚少。冯契在《逻辑发展》中对"某

1　胡适著，肖伊绯整理：《中国哲学史大纲·卷上、卷中》，广西师范大学出版社，2013年，第290—306页。

2　《中国近代哲学的革命进程》，《冯契文集》(7)，第359页。

3　"西方是外向的，东方是内向的；西方强调我们有什么，东方强调我们是什么。"冯友兰：《为什么中国没有科学》，《三松堂全集》(11)，第53页。

些哲学史家"的批评，显然针对冯友兰而发[1]；但中国古代科学不发达，甚至没有科学，实则是胡适、冯友兰乃至当时知识界的一种共同迷思[2]。

中国马克思主义者对胡适、冯友兰等"资产阶级哲学家"多有批判，其中又以对胡适的批判为甚；但在哲学史写作中，仅就注重哲学与科学之间的历史联系而言，则实际上部分继承了胡适的视野。在马克思主义研究传统中，哲学与科学主要在两个框架内产生联系。第一，在历史唯物论的框架下，即便以"以阶级斗争为纲"为前提，生产发展也是哲学史考察所必须提及的社会史基础，而提及生产发展就必须提及科学技术的发展；第二，在辩证唯物论的框架下，古代科学或是在世界观方面体现了唯物主义的原理，或是在方法论方面体现了辩证法的原理。日丹诺夫在其哲学史讲话中亦强调哲学史"不能不注意与自然科学成就的联系"[3]。虽然在 1957 年的哲学史讨论中，对古代是否存在发达的科学、科学发展与哲学发展的关系等问题仍然存在争议，但这一时期几本有影响力的哲学史著作，大多承认古代科学的高度发展，并都强调古代哲学与科学之间的关联。[4]

---

1 "在 30 年代，某些哲学史家就提出这样的看法：中国以往的哲学家，其兴趣为伦理的而非逻辑的……据这些哲学史家说，中国哲学的这一弱点，是同中国文化的弱点分不开的：中国传统文化在政治、道德、文学、艺术方面确有突出成就，唯独在科学上缺乏贡献，因此影响到哲学，使得认识论、逻辑学和自然观成了中国哲学的薄弱环节。"《中国古代哲学的逻辑发展》（上），《冯契文集》（4），第 35 页。

2 例如任鸿隽就曾试图解释中国没有科学的原因（《说中国无科学之原因》，《科学》，1915年第 1 卷第 1 期），其预设的前提自然是中国无科学。20 世纪 30 年代，竺可桢曾对古代科学和近代实验科学做出正确的区分："中国古代对于天文学、地理学、数学和生物学统有相当的贡献，但是近代的实验科学，中国是没有的。"（《中国实验科学不发达的原因》，《国学半月刊》，1935 年第 7 卷第 4 期）

3 ［苏］日丹诺夫著，立三译：《苏联哲学问题》，第 21 页。

4 较为典型的表述是："中国历史上从很早就有过许多科学技术方面伟大的发明和创造，随着历史发展又有不断的进步。各时代的自然科学上的发明和创造，对于中国唯物主义的发展是有过重大影响的。自然科学家应该感谢唯物主义哲学家，而哲学家则更应该感谢自然科学家。"侯外庐主编：《中国哲学简史》（上），中国青年出版社，1963 年，第 10—11 页。

因此，冯契对古代哲学与科学之联系的重视，并非凭空而起的创见，而是继承了一个自有中国哲学史学科以来就存在着的现代传统。在具体内容上，举要而言：先秦逻辑学、王充思想与汉代科学的联系，是胡适所开发、被马克思主义学者所大力继承的议题；任继愈曾对《内经》中的辩证法思想进行过较详细的阐释[1]，冯友兰亦曾以《内经》为主要材料，专节讨论"阴阳五行家思想对于中国哲学和科学发展的影响"[2]；侯外庐等人曾研究张衡、沈括的哲学思想[3]。《逻辑发展》延续了对这些内容的关注。

继承之中又存在着发展。其一，由于接触到了李约瑟的《中国科学技术史》，冯契对中国古代科学的估价，较之前人有了更为充分的史实基础。进一步看，李约瑟对冯契的影响是多方面的，不局限于史实证据。冯契对李约瑟的引述，最早见于1980年，内容大致和《逻辑发展》绪论中的相同，包括两个要点：第一，明代以前，中国科学技术一直处于世界领先地位；第二，相较于希腊人和印度人较早发展了形式逻辑和机械原子论，中国人则发展了辩证逻辑和有机宇宙的哲学。可见冯契对李约瑟的阅读，与《逻辑发展》打印稿的形成，在时间上有所重叠。但是，很难确切评估李约瑟对打印稿的影响。打印稿中已经出现了对辩证逻辑的讨论，并把《内经》、贾思勰、沈括等部分古代科学方法的内容纳入哲学史的研究范围，这些思路都各有来自，倒不一定出于李约瑟。不过，李约瑟的确帮助冯契更为明确地提出了他在此后反复提及的

1　《中国古代医学和哲学的关系——从〈黄帝内经〉来看中国古代医学的科学成就》，《任继愈文集》(2)，第473—496页。该文的一个简化版本参见任继愈主编：《中国哲学史》(2)，第31—37页。

2　冯友兰：《中国哲学史新编》(1)，人民出版社，1964年，第468—471页。

3　侯外庐主编：《中国哲学简史》(上)，第162—164、276—278页。冯契曾赞扬过侯外庐对古代哲学中的科学性因素的发掘。《中国近代哲学的革命进程》，《冯契文集》(7)，第575页。

问题：

> 中国古代有那么多科学发现和创造，是用什么逻辑、什么方法搞出来的？这确是一个令人惊奇、需要我们认真研究的重大问题。[1]

冯契此后将其总结为"李约瑟难题"的第一部分。在确立了这一问题意识后，《逻辑发展》定稿也发生了相应的改观。较为明显的例证是，打印稿中论及《月令》《内经》的小节定为"阴阳五行学说的发展"，而到定稿中，除了保留这一标题外，还添加了一个副标题："辩证逻辑的比较法运用于具体科学"。由此来看，"李约瑟难题"的引入，其作用并非促使冯契提出古代辩证逻辑或是古代科学方法的问题，而是明确了两者之间的联系。当然，我们还需要考虑到冯契在20世纪50年代就已提出"化理论为方法"的口号，《逻辑思维的辩证法》也对辩证逻辑与辩证方法进行了大量的讨论。从这个角度看，"李约瑟难题"对冯契的影响又可以表述为：为"化理论为方法"在哲学和哲学史中的运用搭建了桥梁。

还需要注意的是，完整的"李约瑟难题"包括两个部分，《逻辑发展》定稿只提出了前半部分，后半部分——"为什么近代科学只能由欧洲（而不是中国或印度）的传统中孕育出来？"[2]——则尚未明确地提出。不过，从《逻辑发展》定稿下册的具体内容来看，冯契实际上已经试图回答后一个问题[3]，而这部分内容在《逻辑发展》打印稿中尚不存在。可以推测，这一部分的问题意识更明显地受到了李约瑟的启发。

其二，在"斗争史"中"辩证法—形而上学"的框架下，挖掘古代哲

1　《要研究中国古代的辩证逻辑》，《冯契文集》(9)，第303—305页。

2　《〈中国古代科学方法研究〉序》，《冯契文集》(8)，第465页。

3　《中国古代哲学的逻辑发展》(下)，《冯契文集》(6)，第368—369页。

学中的"朴素"辩证法因素是中国哲学史书写的常规内容，但这些著作不涉及主观辩证法（辩证逻辑）。在很长一段时间内，哲学史作者们对古代逻辑的理解都局限于传统形式逻辑的范围之内，基本未超出胡适的眼界。冯契提出中国古代存在着丰富的辩证逻辑思想，无论是在哲学史还是在逻辑史领域，都是一种创见。对于冯契的古代辩证逻辑研究，前贤已有不少梳理，此处不拟重复。[1] 这里要补充的是，对于"古代存在辩证逻辑"这一命题，关键性的论证在于"自发—自觉"的相对性。恩格斯曾指出："古希腊的哲学家都是天生的自发的辩证论者，他们中最博学的人物亚里士多德就已经研究了辩证思维的最主要的形式。"[2] 中国马克思主义者大都根据这一论述，把辩证法的发展区分为古希腊自发辩证法、黑格尔辩证法、唯物辩证法三个阶段。[3] 由此而来的推论是，由于古希腊哲学家只是"自发"地辩证地思考，未对辩证思维本身进行反思，因此古希腊不存在辩证逻辑。中国古代哲学史的状况与之类似。但是，恩格斯的表述看来支持两种矛盾的观点：前半句固然说到古希腊哲学家是"自发的"辩证论者；但后半句则说亚里士多德已经"研究了辩证思维的最主要的形式"，由此似乎可以推出在亚里士多德那里已经对辩证逻辑有所自觉。

　　回到德文原文来看，恩格斯此处所使用的"自发的"是 naturwüchsig。以《德意志意识形态》为例，naturwüchsig 用于描述"自然形成的资本""自然形成的关系""自然成长起来的城市""自然产生的生产工具"等，它们分别与"活动资本""金钱的关系""现代化大工业城市""由文明创造

1　参见彭漪涟：《冯契辩证逻辑思想研究》，华东师范大学出版社，1999 年。更精简的梳理参见晋荣东：《论冯契的中国古代逻辑研究》，《华东师范大学学报》（哲学社会科学版），2016 年第 3 期。

2　《反杜林论》，《马克思恩格斯选集》（3），人民出版社，1972 年，第 59 页。

3　参见《艾思奇全书》（6），人民出版社，2006 年，第 396—405 页。

的生产工具"等相对。[1] 由此来看，naturwüchsig 意指从自然中生长起来的，并且更接近自然的、更原始的和更少受人的意志支配的，可以说是与"文明"相对。

我们今天所熟悉的"自发—自觉"之间的对立主要来源于列宁。需要注意，马克思和恩格斯主要是在历史学的语境中谈论"自发性"，而列宁所处的语境则是政治论战。在这一语境下，"自发—自觉"具有明确的政治含义："自发"指无产阶级无组织的抗争运动，这种运动只能形成工联主义的意识；"自觉"也并非泛泛而言的对自身有所觉，而是指"阶级自觉"，即对一种特定真理——马克思主义——的掌握以及社会民主党领导下工人运动的特定形态。与这对概念联系更为紧密的是马克思和恩格斯对"自在阶级"和"自为阶级"的区分，而不是历史学语境中的"自然"和"文明"的区分。因此，虽然列宁也一般性地说"'自发的成分'实质上正是自觉性的萌芽状态"[2]，但他在无产阶级的"自发"和社会民主党的"自觉"之间实则划定了十分明确的界线。[3] 这一界线是非此即彼的政治选择的界线。如果脱离这个语境，抽象地谈论"自发—自觉"的非此即彼，便会在理论上造成诸多费解之处。因此，在前述引文中，恩格斯或许是指辩证思维在人性自然中有所根据，以及古希腊辩证论的原始和粗糙（"朴素"）；但这并不必然蕴涵着古希腊哲学家的辩证思维是不自觉的和缺少反思的。只有在脱离语境的、对"自发—自觉"之对立的抽象理解中，这一论述才呈现为一

---

1 《德意志意识形态》，《马克思恩格斯全集》(3)，人民出版社，1960年，第63、68、68、73页。

2 《怎么办？》，《列宁全集》(5)，人民出版社，1959年，第342页。

3 "可见，社会主义意识是一种从外面灌输（von Aussen Hineingetragenes）到无产阶级的阶级斗争中去的东西，而并不是从这个斗争中自发（urwüchsig）产生出来的东西。"《怎么办？》，《列宁全集》(5)，第351页。urwüchsig 和 naturwüchsig 构词方式相同；ur 前缀一般指时间和逻辑上的起始之处，缺少了 natur 前缀所具有的外在自然的含义，因此 urwüchsig 较之 naturwüchsig 更为抽象。本节的德文语义问题，得到上海社会科学院中国马克思主义研究所谢晓川博士的帮助，在此致谢！

种矛盾。

"斗争史"书写中对古代辩证逻辑的忽视，暗含了对"自发—自觉"之理解的列宁主义前提：所有不曾掌握现代辩证唯物主义的辩证思维都是"自发"的。冯契在《逻辑思维的辩证法》中对这对概念的追溯，保留了列宁主义的印记。[1]但他更主要地是把这对概念放置在广义认识论的框架内，从而把从自发到自觉的发展理解为一个过程，这必然导致自发与自觉的相对化。因此，他在保持上述对立的前提下，又实际上松动了这一对立：

> 当然，自发和自觉也是相对的。相对于唯物辩证法来说，古代的辩证法是自发的，但是既然当时的哲学家和科学家已经揭示出辩证逻辑的某些原理、方法，当然也就有一定程度上的自觉。

需要注意的是，冯契在提出这一论证时，同样引用了恩格斯的上述论述，但只引用了后半句，而隐去了对自己的论证不利的前半句，有断章取义之嫌。[2]而在客观效果上，这恰好规避了列宁主义中对"自发"的僵化理解，反而可能更接近了恩格斯的原意。

最后可以问的是：科学方法在何种意义上能够是哲学史的合法对象？方法是逻辑的应用，是哲学与科学的"交接点"[3]，此种交接点是否应成为哲学史书写中的常规内容？从《逻辑发展》的总体思路来看，纳入哲学史的应是可以构成哲学史发展"环节"的哲学观点，很难说贾思勰、沈括等人的科学方法思想构成了何种环节，因此他们作为哲学史对象的资格其实颇为可疑。但也恰恰是这些与主要的理论原则不尽相符的冗余，最能显示冯

1　"如工人阶级当它还是自在的阶级的时候，它所进行的斗争是自发的斗争；当它成为自为的阶级的时候，有了马克思主义指导，斗争就自觉了。"《逻辑思维的辩证法》，《冯契文集》（2），第124页。

2　《逻辑思维的辩证法》，《冯契文集》（2），第164页。

3　《中国古代哲学的逻辑发展》（下），《冯契文集》（6），第80页。

契视线的凝聚之处。

五

根据毛泽东在《新民主主义论》中的论述，寻找传统哲学中"民主性的精华"是新中国成立后中国哲学史书写的一项常规任务。冯契亦重视把这些"民主性的因素提取出来"[1]。但这种"精华"究竟存在于何处，应该如何"提取"，则关联于作者各自的民主观。在阶级斗争的框架内，任继愈主编《中国哲学史》把古代民主的灵魂定位为政治上的"反剥削"和"反压迫"，因而从老子的"小国寡民"开始，古代思想中就存在着一条民主传统。冯契则对古代政治民主传统的估价较低，认为直到黄宗羲的《明夷待访录》，中国才有了"第一部系统地阐发民主主义思想的著作"[2]。他对古代民主精华的阐发，较少地聚焦于古代哲学家的具体观点中存在着哪些政治民主的因素或"萌芽"，而是着眼于哲学观点之间的关系。换言之，与"科学"和"新人"问题不同，冯契在哲学史书写中对"民主"问题的关注，较少地直接体现于对某些书写对象的侧重，而是体现于哲学史的整体情节。《逻辑发展》阐明了，除了受到"关于哲学"的因素影响之外，哲学史在长程发展中还表现为各个认识环节的展开，此种展开由哲学家之间的论辩所实现和推动：哲学史的长程发展，亦即真理的发展，因此就表现为一场大型的论辩过程。早在20世纪50年代，冯契就将"一致而百虑"放在认识发展的"基本规律"的高度上予以重视。[3]可以引申说，政治民主作为一种

---

1 《中国古代哲学的逻辑发展》(上)，《冯契文集》(4)，第1页。
2 《中国古代哲学的逻辑发展》(下)，《冯契文集》(6)，第290页。
3 "通过意见的矛盾斗争（包括观点的矛盾斗争），人们在思维过程中不断地发现问题和解决问题，不断地纠正错误和辨明真理，不断地用知代替无知。这是我们所说的认识发展的第二个基本规律。"冯契：《辩证唯物主义讲授记录稿》(1956—1957年)，转引自晋荣东：《"一致而百虑"与论辩合理性的扩展——对冯契的一个观点的梳理、重构与引申》，《天津社会科学》，2017年第5期。

制度设计，即是基于对这一规律的自觉[1]；因此"民主"关联于"理论"，这里的理论是指哲学的系统理论，它总是需要通过"一致而百虑"的论辩过程来获得。我们知道，政治民主制度在整个人类历史中都是极其稀有和脆弱的；但是，从冯契所展示的哲学史情节来看，它在人类认识发展史中的基础又极其深厚和坚固。所谓对民主因素的"提取"，即是把哲学史中的这一规律性揭示出来。因此《逻辑发展》中虽然罕言民主，在整体上却显示着民主精神；而"斗争史"书写虽重视对古代民主因素的发掘，但往往难掩其整体上的独断论气息。

六

与智慧内在联系的"自由人格"问题，历来是冯契研究中的重中之重。这里主要把"自由"问题作为《逻辑发展》的第三个视觉中心，并结合现代中国哲学史书写传统和冯契自身的思想发展，提出几点观察。

第一，冯契讨论道德自由的一对重要范畴是"自觉"和"自愿"，在《逻辑发展》中，这对范畴成为他追溯传统伦理思想时的主要线索，并成为评判传统伦理思想得失的主要依据——传统伦理思想的主要缺陷是自愿原则的薄弱。不过，冯契对"自觉"一词的使用存在互相联系的不同层次。"自觉—自愿"运用于伦理学领域，这时的"自觉"指"对道德规范的明察"和"以明觉的心理状态遵循规范行事"。[2]前文所讨论的辩证法的"自发"与"自觉"，主要是在狭义认识论，亦即认识主体的认知能动性的意义上谈的，"自觉"之"觉"指"主体对所与的判断和对能思的自证"[3]。此外，冯契还在与"自在—自为"相同的意义上谈"自发—自觉"，这个意义上的"自觉"用于描述整全主体的自由状态，在冯契的术语系统中，可

---

1 参见蔡志栋：《论理论为政道》，《天津社会科学》，2017年第6期。

2 《人的自由和真善美》，《冯契文集》（3），第174页。

3 《认识世界和认识自己》，《冯契文集》（1），第232页。

以说是一个本体论概念。[1]

通过追溯冯契对"自觉"的使用，我们可以勾勒出其思想发展的部分轨迹。在苏联教科书体系中，"自觉"的三重含义是合一的——自觉指对历史规律的有意识的认识，其中最重要的是关于阶级斗争的认识。具备此种认识的认识主体，把所认识的对象直接转化为自我认同，就获得了"阶级自觉"，成为一个自同于历史规律和阶级属性的"主体"。成为这样的主体，在伦理学上就表现为自觉地依照历史规律和阶级利益的要求行事。[2]在20世纪50年代的著作中，冯契基本也在同等意义上使用"自觉"一词。[3]这或许说明教科书体系中的"阶级自觉"，是此后冯契广义认识论的灵感来源之一，因而"自觉人格"这一词汇带有从旧体系中脱胎而来的印记。但是，《逻辑思维的辩证法》对"自觉人格"的理解出现了重要突破："人的自觉，也就是人性的自觉"，而人性是丰富的，在共性的一面，阶级关系在其中虽占主导地位，但还存在其他社会关系，除了共性之外，人还具有个性；人格是知、情、意的统一体。[4]当他在20世纪80年代初使用"新人"这个曾经被染上宿命论和集体主义色彩的概念时[5]，已经包含了上述理解，与此后

1　"马克思主义改造了黑格尔的术语，认为精神主体要经历由自发（自在）到自觉（自为）的过程，这个过程是和人通过实践和认识的反复活动、化自在之物为为我之物的过程相一致的。"《人的自由和真善美》，《冯契文集》（3），第6页。

2　"人要能够自觉地参加于历史必然性底发展过程，只有当他正确地认识了这种发展底法则、这种必然性底法则的时候。个人的人所加于社会的反作用之实现程度，是随他个人的行动跟一定的阶级和政党底行动的联系程度而定的；这些阶级间的斗争，把历史推向前进"。[苏]米丁等著，沈志远译：《辩证唯物论与历史唯物论》（下），商务印书馆，1936年，第14页。

3　"当一个人毫无自私自利之心，而成为完全自觉的集体意识的代表者的时候，在他的身上，就有了社会义务与权利、道德责任与幸福的奇妙的统一。"《谈谈革命的乐观主义精神》，《冯契文集》（9），第134页。

4　《逻辑思维的辩证法》，《冯契文集》（2），第137—142页。

5　参见王汎森：《从新民到新人》，王汎森等：《中国近代思想史的转型时代》，联经出版事业股份有限公司，2007年。

他更常用的"平民化的自由人格"同义。[1] 在这样的理论架构下，就不可能仅仅从"自觉原则"的角度理解道德行为，因此《逻辑发展》中才出现了"自觉—自愿"的对举。换言之，在"自觉"的本体论含义和伦理学含义之间出现了分裂：自觉人格在伦理行为上是自觉与自愿的统一。或许是因为这个说法过于拗口，此后冯契主要使用"自由人格"或"理想人格"，而较少用"自觉人格"。

此外，《逻辑思维的辩证法》中专设"由自发到自觉"一章，其中既包括"自觉人格"问题，又包括"辩证思维由自发到自觉"。冯契试图在两者之间建立一种因果关系：

> 正是通过一方面概括科学的成就，另一方面由于通过实现理想的"我"而自觉性提高了，因此辩证思维就由自发发展到自觉。[2]

这一说法试图从主体生成的角度解释逻辑思维的发展，与"认识论中心"的致思路径有微妙差异。更重要的是，此时他仍然认为"我"（意指自觉人格、理想人格）与辩证思维之间的关系是平滑的，尚没有区分"理性"层面作为辩证思维之功能集合的"我"，和"自由"层面的具有本体论意义的"我"。这就在理论上没有完全杜绝使"我"自同于某种"大全"的可能性，仍然保留了教科书体系的痕迹。作为智慧说体系的初撰，《逻辑思维的辩证法》在"自发—自觉"问题上安排的篇幅相对局促。至《认识世界和认识自己》《人的自由和真善美》写成，智慧说体系完全舒展开来之后，其中的层次也就分明起来。《认识世界和认识自

---

1 "所以，近代哲学家讲的理想人格，再也不是那种'无我'、'无欲'、'忘情'的圣人，而是平民化的自由人格——它是平凡的，又是追求自由的、有独立的人格和个性的，虽难免有这样那样的缺点，但都是要求个性解放，要求有自己的真性情的'新人'。"《认识世界和认识自己》，《冯契文集》(1)，第303—304页。
2 《逻辑思维的辩证法》，《冯契文集》(2)，第167页。

己》化用佛学"转识成智"之说，指明从认识到智慧存在着非连续性的飞跃，尤其重要的是此种"飞跃"需要"德性的自证"，这就使得认识主体和自由本体得到了明确的区分。由此，"自觉"三种含义的界线也趋于明晰。

第二，"自愿"是意志的品格，包括两个方面，一是选择的自主性，二是行动的一贯性。[1] 冯契的一项重要时代诊断，是"独断论"与"虚无主义"相伴而生，两者共同造成了政治社会生活中"其上申韩，其下佛老"的局面，甚至虚无主义就是"变相的独断论"[2]，它们是同一种时代病的两个症候。独断论过于强调自觉原则，虚无主义则指自愿原则的缺失，使价值规范本身虚无化，"自觉"其实成为"他觉"，从而造成了自我的分裂。两者共同养成了被鲁迅斥为"做戏的虚无党"的虚伪人格。在现代社会中，"多元主义的共识或（这取决于强调什么）多元的异见，不但适合而且有利于良好的政体"[3]，社会共识和社会团结以意见的多元为前提，而意见的多元化则要求真诚、负责的参与者。因此，为了"使社会发展成为能够自我调节、自我完善的富有活力的机体"[4]，在伦理学层面强调自愿原则就成为一项重要的时代任务。从这样的视角回望古代哲学史，发掘、表彰古代自愿原则的表现，就成为《逻辑发展》的重点之一。

在现代中国哲学史书写传统中，冯友兰从"境界"论的角度，对人生问题表达了类似的关切。《新原道》作为《中国哲学史》的"补编"[5]，把中国哲学史描述为向着全面理解"极高明而道中庸"的"天地境界"而进步

---

1 《人的自由和真善美》，《冯契文集》（3），第 174 页。

2 《中国近代哲学的革命进程》，《冯契文集》（7），第 625 页。

3 ［美］乔万尼·萨托利著，冯克利、阎克文译：《民主新论》，上海人民出版社，2015 年，第 150 页。

4 《中国近代哲学的革命进程》，《冯契文集》（7），第 649 页。

5 冯友兰虽声称《新原道》是《中国哲学史》的"补编"，但两者的性质其实存在较大差异。赵纪彬指出了这一点："《新原道》和《中国哲学史》根本上不是同类的著作。"赵纪彬：《中国哲学的"主流"和"逆转"》，《困知录》（下），第 98 页。

的目的论过程。[1] 冯友兰的境界论受到了当时马克思主义者的批评，认为其"在精神上麻醉被压迫者，而松懈其斗志"[2]。冯契在肯定其强调理性精神和自觉原则的同时，亦赞同了马克思主义者的上述批评，但根本的着眼点并非"动—静"之别，而在于冯友兰对自愿原则的忽视；在这个意义上，当时的马克思主义者其实有类似缺陷。[3] 此外，胡适的《中国哲学史大纲·卷上》虽然侧重于逻辑学和方法论问题，但从其整体的哲学史、思想史视野来看，实际上存在着一条同时追求科学和自由的主线，在其背后的则是中国近代以来追求个性解放的思潮。从重视人生问题的角度看，可以说冯契继承了冯友兰的问题意识；而从精神实质上来说，《逻辑发展》又可被视为这一思潮在20世纪80年代哲学史书写中的延续，这也是"继续哲学革命"的题中之义。

在具体的哲学史对象上，冯契褒扬了先秦儒家结合自觉与自愿的传统。[4] 在宋明儒学中，他重视从张载到王夫之的气学一系和陆王心学一系，与冯友兰对理学的关注明显相异。他指明禅宗思想中存在着自愿原则，与胡适有同调之处。[5] 尤可注意的是，诸如嵇康、范缜、柳宗元等思想人物，本就因为其"唯物主义"倾向而在"斗争史"书写中获得了好评；而《逻辑发展》在论及他们在自然观、历史观等方面主张的同时，还额外表彰了他们意志坚贞的人格表现或是在人格培养上结合自觉与自愿的合理方案，显示了其视角的独特之处。

第三，广义认识论的第四个问题是"理想人格如何培养"，相对于前

---

1 冯友兰：《新原道》，《三松堂全集》(5)。

2 杜国庠：《玄虚不是人生的道路》，王仁宇编：《民国学者论冯友兰》，人民出版社，2019年，第666页。

3 《中国近代哲学的革命进程》，《冯契文集》(7)，第609—613、646—647页。

4 "先秦儒家在强调理性自觉原则的同时，也指出了道德行为要出于自愿（出于内心的自然要求、意志的自主选择），而且从孔子经孟子到荀子，宿命论倾向逐步得到了克服。"《中国古代哲学的逻辑发展》(中)，《冯契文集》(5)，第29—30页。

5 参见胡适：《中国的文艺复兴》，外语教学与研究出版社，2001年，第210页。

三个问题而言，"培养"更具实践意味。冯契对"培养"的使用较为宽泛，从群己关系来说，包含了"集体帮助"和"个人主观努力"。前者又被称为"教育"，其含义也十分宽泛，在内容上包括德育、美育、智育、政治思想教育，在机构上包括学校教育、社会教育和家庭教育等，差不多是认为所有社会关系都具有教育功能[1]，类似于杜威的社会环境具有教育功能的观点。[2]冯契的"教育"观念显然以儒家"教化"思想为背景，与当代儒家政治哲学的某些主张有契合之处。[3]同时，它也与马克思主义中人的社会性和先锋队理论有密切联系。在现代中国政治思想中，教育关系与政治关系之间存在着重要的类比。"教育是政治行为的一个目标，同样，它也是一种政治风格"，最终促成的是一种"训导型国家结构"。[4]其本质可以说是现代国家的社会动员要求与传统教化思想的结合。冯契对教育的理解部分处于"教育—政治"的类比框架之内，因此其教育思想一头联系着理想人格，另一头则联系着理想社会。不过，他的着眼点并非国家的动员能力，而是社会的"凝聚力"或谓社会团结。现代中国并不缺乏高标的理想、强大的宣传和广泛的监督，但高度的社会动员并不自动导致稳固的社会团结，有时反而起到销蚀后者的作用。

因此，在冯契那里，"什么是培养理想人格的良好环境"和"如何培养社会凝聚力"这两个问题具有统一性，对此他的回答都是："发展爱和信任的关系"。在传统来源上，一方面，"爱和信任"关联于"仁"这

---

1 《人的自由和真善美》，《冯契文集》（3），第 251—252 页。

2 "个体不可避免地要参与一些和他本身有关系的人们的生活；通过这些人，社会环境以不知不觉的、不带有任何既定目的的方式产生了教育性或构造性的影响"。［美］杜威著，俞吾金译：《民主与教育》，《杜威全集》（9），华东师范大学出版社，2012 年，第 17 页。

3 "所有的个体都能通过他们彼此之间的人际关系以及与周遭环境的关系，来发展他们德性的能力，最终实现成圣成贤的目标。"［美］安靖如著，韩华译：《当代儒家政治哲学》，江西人民出版社，2015 年，第 3 页。

4 ［美］费约翰著，李霞等译：《唤醒中国》，生活·读书·新知三联书店，2004 年，第 30 页。

一儒家的最高德目，同时冯契在道德品质和伦理关系之间做了区分，明确了"爱和信任"指主体间的伦理关系[1]；另一方面，它又关联于墨家的"兼爱"观念。他把儒家的"仁爱"和墨家的"兼爱"统称为"人道原则"。[2] 在理论内涵上，"爱"和"信任"虽统一于人道原则，但又存在一定的区别。冯契从康德"人是目的"的角度理解"爱"，因此"爱"首先指理性地肯定每个人的尊严；其次，他指出"利人"不等于"爱人"，指明了"爱"的情感维度。[3] 在"信任"问题上，冯契虽主张"相互信任"，但具体要求基本是针对老师的。首先，老师应该信任学生的主观能动性，其次，老师应"充满爱心和忠诚"，使自己值得被信任。[4] 冯契认为，只有在这种环境下，才能培养"真实的性格"。"真实的性格要求坚定性、一贯性，并具有独特性"，强调是理想人格中意志自主的一面。[5] 只有由这些真实性格所组成的共同体，才真正具有稳固的凝聚力。那么，如何发展这种爱和信任的关系呢？"一句话，就是要发展社会主义民主。"[6]

以这样的视野回望哲学史，儒家教育传统中"爱和信任"的因素就受到了重视。孔子、孟子、王阳明等儒家人物因此受到褒扬。冯契尤其对孔子给予了高度评价：

> 现在当我们读到《论语》中师友切磋与共同"言志"的那些章节，
> 还能深切感受到当日弦歌诵读声中的那种生动情景，这确实是有利于

---

1 "我们讲'仁人义士'，'仁人'有仁爱的品德，'义士'有正义的品德；有这种品德，并不等于说他们在社会上处在爱和信任的关系、公正和正义的关系中，显然社会伦理关系和个人道德品质不是一回事。"《人的自由和真善美》，《冯契文集》(3)，第187页。

2 《人的自由和真善美》，《冯契文集》(3)，第85页。

3 《人的自由和真善美》，《冯契文集》(3)，第163—164页。

4 《人的自由和真善美》，《冯契文集》(3)，第251页。

5 《人的自由和真善美》，《冯契文集》(3)，第251—255页。

6 《逻辑思维的辩证法》，《冯契文集》(2)，第146页。

人的真实性格的培养的。[1]

在冯契此后的思想发展中，儒家的大同理想也在这个方向上得到了肯定：

> 儒家所描绘的理想社会，不是佛教的西方极乐世界，不是基督教的天国，而是人世间的充满爱和信任的社会。它在此岸而不在彼岸，是可以借人力来实现的。事实上，人们在家庭中、朋友、师生之间，都可以体验到爱和信任的关系，所以儒家的大同理想是切近人生经验的，并不像天国那样虚无缥缈。[2]

在现代中国哲学史书写传统中，虽然儒家思想的正统地位被动摇，但其教育传统则通常得到好评。而着重发掘传统师生关系中利于人格培养的、情理交融的氛围，并指明其重要的现代意义，则是冯契的一种特识。此外，前文已述，冯契对古代政治民主传统的估价较低；而从他对"爱和信任"与"社会主义民主"之间建立的联系来看，他实际上认为政治民主在古代的真正"萌芽"应该在传统师生关系中去找寻。他对"民主"和"自由人格"的两种关注在此处互相重合。

可以讨论的是，从交往行动的角度看，师生之间是不对称的主体关系。童世骏从儒家的"絜矩之道"出发，提出了一种"不对称主体之间的平等交往何以可能"的解决方案：在彼此不对称的两个主体之间，再设置一个第三者，如"上"者想象更"上"者，"下"者想象更"下"者，从而达到"设身处地"的效果。[3]这也为师生之间"爱和信任"何以可能提供了一种思路。不过，在冯契那里，更根本的问题或许是：师生关系是否是政治关

1　《中国古代哲学的逻辑发展》（上），《冯契文集》（4），第 79 页。

2　《儒家的理想和近代中国的自由学说》，《冯契文集》（8），第 341 页。

3　童世骏：《不对称主体之间的平等交往何以可能》，《学术月刊》，2020 年第 1 期。

系唯一良好的模型？从认识论上的"群己之辩"来看，在冯契那里，政治关系的另一个模型是对称主体之间的论辩。而侧重于"情"的师生关系与侧重于"理"的论辩关系之间如何沟通转化，仍有一段理论空白需要填补。此外，就现代社会而言，共同体中的"信任"（trust）需要以市场经济条件中的"信用"（credit）为基础，同时又通向价值层面的"信念"（belief）和超越层面的"信仰"（faith）。[1] 因此，从观念史的角度出发，"爱和信任"的话题尚有继续拓展的广阔空间。

1　高瑞泉：《重建"信德"：从"信"的观念史出发的考察》，《学术月刊》，2017 年第 7 期。

下　编

第八章　冯契晚年对中国科学思想史研究的关注和贡献

　　冯契先生是当代著名的哲学家和哲学史家，他在中国哲学史以及认识论和逻辑学研究方面成就卓著并自成学派，已经得到了学术界的一致公认。然而人们还不太了解的是，冯先生在他的晚年对中国科学思想史的研究也非常关注，并且在这一领域也做出了许多重要的贡献。笔者自1983年从复旦大学哲学系研究生毕业以后，一直在华东师范大学政教系、哲学系、哲学研究所及古籍研究所工作，在长达10余年的时间里亲身受教于冯先生在中国科学思想史研究方面的指导和勉励，故愿意对冯先生在这方面的工作和成就略做论述，以全面展示冯先生的学术风采。

一

　　冯先生对中国科学思想史研究的关注，最早是从关注中国古代哲学与自然科学的联系开始的。早在20世纪70年代末和80年代初，随着思想界和哲学界的拨乱反正，哲学史界也出现了一股思想解放的热潮，其核心是试图跳出原来教条主义和极左思潮的束缚，重新审视哲学史研究的基础和取向。其中有一个重要的动向，就是摒弃原来那种认为哲学思维就是来源于阶级斗争的片面观点，要求对历史上哲学思维发展与自然科学发展之间的关系做详细的考察。这个新动向的代表人物，在北京是张岱年先生和任继愈先生，在上海则就是冯契先生。张岱年先生不顾年事已高且身体不好，亲自撰写并发表了《中国古代唯物主义的发展与自然科学的联系》[1]一文。任继愈先生也明确认为："人类认识世界、认识社会、认识思维发展的规律，必然要求把各个时代的哲学与自然科学的关系弄清楚……哲学与自然科学的关系的研究已提上日程。"[2] 冯契先生历来把政治思想和科学发展视为哲学思维的两个基本根据，认为："政治思想斗争和科学反对迷信的斗争是推动哲学前进的两条腿，这两条腿立在同一个基础上，统一于社会实践。对此，我们不能偏废。"[3] 为了使这条原来偏废的哲学与自然科学联系的"腿"能够正常起来，冯契先生以他年近 70 岁的高龄，做了两项重要的工作。一项是亲自撰写并发表了《论中国古代的科学方法》[4]一文，另一项则是在华东师范大学 1984 年招收中国哲学史专业的研究生时，新增了一个"中国古代哲学与自然科学"的研究方向。

我因为在复旦大学哲学系就读中国哲学史专业的研究生期间，就选择"中国古代哲学与自然科学"作为我学位论文的主攻方向，所以 1983 年毕业时在冯先生的安排下分配到了华东师范大学政教系工作。当时系里给我的任务之一，就是协助冯先生在指导"中国古代哲学与自然科学"研究方向的研究生时，做一些辅助性的教学工作。为了让这一研究方向的研究生们有一个良好的中国古代科技发展方面的知识基础，系里还专门请了上海的一些著名科技史专家来给他们讲课。例如请了当时在上海人民出版社任职的胡道静先生来讲中国农学史，请了上海中医学院（现为上海中医药大学）的傅维康教授来讲中国医学史，请了时任华东师范大学校长的袁运开教授来讲中国物理学史。我则负责跟这些科技史专家们联络沟通，安排并确定讲课时间地点等等，做一些上通下达的具体工作。因为当时胡道静先

---

1 《哲学研究》编辑部编：《中国哲学史文集》，吉林人民出版社，1979 年。

2 李申：《中国古代哲学与自然科学·任继愈序》，中国社会科学出版社，1989 年，第 2 页。

3 《中国古代哲学的逻辑发展》（上），《冯契文集》（4），第 3 页。

4 冯契：《论中国古代的科学方法》，《哲学研究》，1984 年第 2 期。

生的身体状况不是很好，我就带着这些学生们去胡老的四平路家中听他授课。这些专家们的讲课内容都非常生动，得到了前来听课的学生和青年教师的一致好评，还吸引了好多外系的学生们前来听讲。这样一种研究方向和培养方式持续了有好几年的时间，其中既有硕士研究生，也有博士研究生，这就为以后进一步开展"中国古代哲学与自然科学"的研究，进一步开展中国科学思想史的研究，提供了人才方面的储存和准备。其中有一些研究生后来都有了很好的发展，例如李似珍后来成了华东师范大学哲学系的教授，吾敬东后来成了上海师范大学的教授等等。

二

冯契先生深知，要真正深入地弄清中国古代哲学与自然科学的关系，单靠中国哲学史这一家之力是远远不够的，必须联合科技史、思想史、科学哲学等各方面的力量才有可能达成这个目标。1987年秋天在华东师范大学举行的首届中国科学思想史研讨会，就是在这一思路的指导下召开的。

首届中国科学思想史研讨会是在中国科技史学会的支持下，由中国科学院自然科学史研究所、华东师范大学哲学系（所）、自然辩证法暨自然科学史研究所、西北大学中国思想文化研究所联合发起，由华东师范大学哲学系（所）负责承办。会议于1987年10月21—24日在华东师范大学开了4天，有来自全国科技史界、哲学史界、思想史界及自然辩证法研究领域等各个方面的专家学者共58人出席了会议。这次会议因为是第一次以中国科学思想史为主题的学术会议，所以主要讨论了中国科学思想史研究的一些基础性问题：（1）关于中国科学思想史研究的意义、目的和方法；（2）关于中国科学思想史研究的对象、内涵和范畴；（3）关于中国科学思想史与科技史、哲学史、思想史之间的相互关系。[1]我作为这次会议筹备

1　参见周瀚光：《中国科学思想史研讨会综述》，《中国哲学史研究》，1988年第2期。

工作的具体负责人，曾在开会前把会议的有关信息向远在英国的李约瑟博士做了通报，没想到很快就得到了他的回信，并在信中表示对会议的举行"深受鼓舞"。这次会议的举行有两个很重要的意义，一是第一次在国内学术界举起了中国科学思想史研究的旗号，二是多学科的专家学者坐在一起对话交流，为以后中国科学思想史研究的深入开展奠定了合作的基础。可以说，这次会议基本上达到了冯先生预期的目标。

在这个会议以后的近三年时间里，上海的学术界又发起了两次有关中国科学思想史研究的学术会议，一次是于 1989 年秋天举行的道家道教与科学技术研讨会，再一次是于 1990 年春天举行的传统思想与科学技术研讨会。这两次会议冯先生都亲自出席了，并且在会上做了主题报告，提出了他对于中国科学思想史研究的一些深刻思想。

道家道教与科学技术研讨会是一个上海学术界的研讨会议，由上海科学思想研究会发起并主办，于 1989 年 11 月 9 日在上海教育学院（现已并入华东师范大学）举行。上海市哲学学会会长冯契先生、上海市科技史学会理事长胡道静先生、上海市道教协会副会长潘雨廷先生、华东师范大学校长袁运开先生、上海社科院宗教研究所所长陈耀庭先生出席了会议并在会上做了主题报告。冯先生报告的主题是"道法自然"的思想对科技发展的作用和影响。他认为在道家看来，道即是自然界的秩序，因此人们一方面要尊重自然，另一方面又可以通过科技的发展去达到与自然合一。从历史上看，"道法自然"的思想确实对科技发展有积极的作用，例如庄子"技进于道"的思想，张衡宇宙论天文学的思想，王充"天道无为"的思想，嵇康"自然之和"的声律思想等等，就都源于"道法自然"的思想。舍弃了其中的糟粕之后，"道法自然"思想在今天仍然可以发扬。[1]冯先生的这个报告，对于哲学史界、科技史界和道教史界的与会代表都带来了很好的

---

1 参见周瀚光：《"道家道教与科学技术研讨会"综述》，《哲学研究》，1990 年第 1 期。

启发。而这次会议的举行，则表明上海学术界较早地就开始了对道家道教与科学技术关系的研究。

传统思想与科学技术研讨会则是一个全国性的规模较大的学术会议，于 1990 年 4 月 24—27 日在华东师范大学举行。会议由华东师范大学古籍研究所和上海科学思想研究会主办，联合了清华大学、中国科技大学、内蒙古师范大学、复旦大学、华东化工学院（现为华东理工大学）、上海师范大学、上海社会科学院以及中国科技史学会、中国天文学会、江南文化书院等 15 个高校、科研机构和学术团体共同发起，有来自全国 15 个省、区、市的近百名代表出席了会议，汇集了当时学术界研究中国科学思想史的绝大部分知名学者。中国科协主席钱学森先生、中国哲学史学会理事长张岱年先生、南京大学名誉校长匡亚明先生等都给会议发来了贺信。冯契先生出席了会议，并在会上做了题为"'究天人之际'与'通古今之变'"的主题报告，从天人关系和古今关系两个方面，阐述了中国传统思想对科技发展的深远影响。[1] 这次会议共收到学术论文 80 余篇，主要论及了六个方面的问题：（1）儒道佛、《周易》及诸子百家与科学技术的发展；（2）传统思想对天文、数学、农学、医学等各学科发展的作用和影响；（3）中国传统的自然观、科技价值观和科学方法论；（4）传统科学思想与西方科学的交流和融合；（5）传统思想在当代科技发展中的价值；（6）传统思想与科学技术的其他有关问题。会议开得非常成功，在哲学史、科技史、思想史等各个领域都产生了很大的影响。[2]

以上这三次会议的召开，我都是会务工作的具体负责人。在会议的筹备和举行过程中，我比其他人更多地受到了冯先生的直接指导和教诲。可

1　冯先生的这个报告，后来经笔者整理，发表在会议的论文集《中国科学思想史论》（袁运开、周瀚光主编，浙江教育出版社，1992 年）一书中，并收入《智慧的探索》（冯契著，华东师范大学出版社，1994 年）一书中。

2　参见周瀚光：《"传统思想与科学技术研讨会"综述》，袁运开、周瀚光主编：《中国科学思想史论》，浙江教育出版社，1992 年，第 307—309 页。

以说，这三次学术会议奠定了上海作为全国学术界研究中国科学思想史重镇的地位，也为以后在上海组织撰写和出版国内第一部全面系统的《中国科学思想史》(三卷本)，打下了坚实的学术基础。

三

在研究中国古代哲学与自然科学关系的过程中，冯先生始终认为，科学方法应该是这两者之间的一个重要结合点和切入点，而这又正是中国科学思想史的一个极其重要的组成部分。为此，他花了很长的一段时间来思考和关注这个问题。

最早引起冯先生注意和重视的，是当代科学家爱因斯坦（Albert Einstein）在论及西方科学方法论传统并与中国古代进行对比时说的一段话。爱因斯坦在给他的友人斯威策的一封信中说：

> 西方科学的发展是以两个伟大的成就为基础，那就是：希腊哲学家发明形式逻辑体系（在欧几里得几何学中），以及通过系统的实验发现有可能找出因果关系（在文艺复兴时期）。在我看来，中国的贤哲没有走上这两步，那是用不着惊奇的。[1]

冯先生同意爱因斯坦的这个观点，但他并没有就此而止。他在《中国古代哲学的逻辑发展》一书的"绪论"中引述了爱因斯坦的那封信之后，非常严肃而郑重地指出：

> 这是一个外国的伟大科学家提出来的问题。中国古代有那么多科学发现和创造，是用什么逻辑、什么方法搞出来的？这确也是一个令

---

1 ［美］爱因斯坦著，许良英、范岱年编译：《爱因斯坦文集》(1)，商务印书馆，1976年，第574页。

人惊奇、需要我们认真研究的重大问题。[1]

冯先生不仅提出了这个问题，而且试图通过自己的研究来回答这个问题。就在《中国古代哲学的逻辑发展》这部书出版后不到半年的时间里，冯先生又撰写和发表了《论中国古代的科学方法》一文，对这个"重大问题"提出了他自己的基本观点。他认为中国古代存在着两个各具特色的逻辑方法传统，一个是以《墨经》为代表的形式逻辑传统，再一个是以《荀子》和《易传》为代表的辩证逻辑传统，而这两个传统都对历史上科学的发展起到了深刻的影响。同时，他对中国后来为什么没能发展出近代实验科学方法这个问题，从社会原因、理学影响以及逻辑思维特点等几个方面，提出了自己的一些看法。

在冯先生晚年的相当长一段时间里，中国古代科学方法这个问题，可以说一直萦绕在他的心头。大约在 1990 年下半年的时候，有一天我忽然接到冯先生的电话，让我去他的家里一次。原来是他在《自然辩证法通讯》杂志上，看到了当代数学家吴文俊先生写的一篇关于中国古代数学方法的文章，特意推荐给我阅读。吴文俊先生在他的文章里对中国传统的数学方法论模式做了非常精辟的概括，认为"我国的传统数学有它自己的体系与形式，有着它自身的发展途径与独到的思想体系，不能以西方数学的模式生搬硬套"，"从问题而不是从公理出发，以解决问题而不是以推理论证为主旨，这与西方以欧几里得几何为代表的所谓演绎体系旨趣迥异，途径亦殊"。[2] 冯先生很赞赏吴先生的这个观点，他知道我对中国古代哲学与数学的关系以及数学方法论特别感兴趣，所以希望我能对这个问题做一点深入的探讨。

也正是在这个时候，北京的《科技日报》准备新辟一个专栏，用连载

1　《中国古代哲学的逻辑发展》（上），《冯契文集》（4），第 36 页。

2　吴文俊：《关于研究数学在中国的历史与现状》，《自然辩证法通讯》，1990 年第 4 期。

的形式专题讨论中国古代的科学方法，希望我能够担任这个专栏的作者。这样，就逼得我在那段时间里不得不集中精力做这方面的研究，并最终形成了一本 10 来万字的小册子，书名就叫"中国古代科学方法研究"[1]。书中首先列出中国古代科学家和哲学家所创立的 36 则具体的科学方法，然后归纳出中国古代科学方法的六大特点，最后概括出中国古代科学方法的基本模式以及这一基本模式对当代科技发展的启示和价值。书稿写成后，我把它送呈冯先生审阅指正，并希望冯先生能为此书写一个序言。

冯先生非常认真地阅读了我的书稿，并对我书稿"引言"中的一个提法做了重大的修改。在"引言"的原稿中，我一开头就引述了冯先生在《中国古代哲学的逻辑发展》一书中提出的问题：中国古代有那么多科学发现和创造，它们究竟是用什么样的方法做出来的？我把这个问题称为"冯契问题"，并引冯先生的原话，称其"确是一个令人惊奇、需要我们认真研究的重大问题"。但是冯先生用红笔划掉了"冯契问题"这四个字，并对我说，还是不要称"冯契问题"为好。我当时的理解，觉得这是冯先生的低调和谦虚，生怕别人误解为要与"李约瑟问题"相提并论。所以在后来的修订稿中，我把这个问题的提出，改成由一位科学家（爱因斯坦）、一位科学史家（李约瑟）和一位哲学家（冯契）共同酝酿，由冯先生最后合成。

至于冯先生以其 76 岁的高龄亲自为我的这部书稿作序，更令我感动不已。在"序"中，冯先生毫不吝啬对一个青年学者的期许和鼓励："本书从科学与哲学相结合、微观分析与宏观把握相结合、历史的解释与现实的评述相结合来探讨中国古代科学方法这一重要课题，提出了新颖的有价值的见解。""在一个荒芜领域中作了开发工作，已取得可喜的成绩。"但更多的，则是体现了老一辈学者对青年后学的希望："相信他一定会在现有的成

绩的基础上继续前进，作出更多的新的贡献。"[1]这些话，对于我以后不断进行中国科学思想史的探索和研究，一直是一个难忘的激励。

四

冯先生晚年对中国科学思想史研究的最后指导和贡献，是担任《中国科学思想史》（上、中、下）一书的顾问。该书由袁运开先生和我担任主编，组织了一支由20多位专家学者组成的编委和作者队伍，前后共花了5年时间完成撰稿，又花了5年时间才全部出版。[2]全书共分3卷，150多万字，出版后即得到了学术界的广泛好评，被誉为"国内外学术界所见到的最系统、最完整的关于中国科学思想史研究的力作"。李约瑟在世时，我曾把此书的写作提纲寄给他征求意见，而他在回信中则把此书的写作称为"我们这个时代最令人兴奋的进展之一"。该书还曾获得第十三届中国图书奖、第五届安徽图书奖一等奖、第六届上海哲学社会科学优秀成果二等奖以及第十届全国优秀科技图书奖等奖项。现已有很多高校的科技史专业或其他专业，把该书列为研究生的必读书或参考书。遗憾的是，此书出版时冯先生已经作古，李约瑟先生也已经作古，四位顾问中的另两位顾问钱临照先生和胡道静先生现在也都已经作古了。但是冯先生关于中国科学思想史的一些深刻思想和精彩观点，已经深深地融化进了该书的字里行间。冯先生在天有灵，看到他所关注和重视的中国科学思想史研究不断深入并不断取得新的成果，他一定会感到非常欣慰的。

冯先生离开我们已经有20年时间了，2015年则是冯先生的100周年诞辰。近来整理以前的一些私人信件，找到一封当年冯先生写给我的手札。信写于1991年11月，内容是通知我关于中央电视台前来采访的事情。信

1　《〈中国古代科学方法研究〉序》，《冯契文集》（8），第466—467页。

2　袁运开、周瀚光主编：《中国科学思想史》（上、中、下），安徽科学技术出版社，2000年。

的全文如下：

周瀚光同志：

昨日中央电视台有位叫周恒源的人从南京打电话来，他们要摄制一部有关《周易》的电视片，大约一周后来上海。要请你讲讲"《周易》的思维模式"，请你先准备一下，写好一、二千字的讲稿，以便他们来录像录音。他们要我讲"《周易》与中国哲学"。还问潘先生如何。我不知潘先生出院否？一周或十天后他们会来联系。"序"过几天给你。

冯 契

1991.11.3

信中所提到的潘先生，即为华东师范大学古籍研究所的潘雨廷先生，现在也已经作古了。所说的"序"，即为冯先生为我的《中国古代科学方法研究》一书所写的序言。

抚今追昔，不胜唏嘘。谨以此文纪念冯先生100周年诞辰。

第九章　冯契的中国古代逻辑研究

早在 20 世纪 70 年代末 80 年代初讲授《中国古代哲学的逻辑发展》与《逻辑思维的辩证法》的时候，冯契就对中国古代逻辑及其相关问题进行了深入研究。不过，他的相关理论贡献迄今尚未引起学界尤其是中国逻辑史学界的足够重视。[1] 鉴于此，本章拟结合最近 30 余年的中国逻辑史研究，对冯契的中国古代逻辑研究做一简要述评，以就教于时贤。

一、中国古代有逻辑

中国古代逻辑研究面临的首要问题是中国古代究竟有没有逻辑——无论是较为零散的逻辑思想还是相对系统的逻辑理论，或者说，中国古代是否已经对概念、判断、推理等思维形式及其规律规则进行了反思。如果不能证成中国古代有逻辑，那么皮之不存，毛将焉附，也就不可能有近代以降对于中国古代逻辑的研究。自 20 世纪初以来，随着"名辩逻辑化"——运用传统逻辑（以及逻辑的其他分支）的术语、理论和方法梳理名辩话语的主要内容，勘定其理论本质，评判其历史地位——逐渐成为名辩研究的范式方法，到 20 世纪 60 年代初，章士钊、杜国庠、赵纪彬、沈有鼎、詹剑峰、谭戒甫、汪奠基等已先后初步证成中国古代有逻辑。这种逻辑以名辩之学为具体

1　笔者在撰文之初曾以"冯契"为篇名检索"中国知网"的各类文献，查得结果 300 余条，其中以冯契对中国古代、近代逻辑与方法论思想的研究为主题的研究成果，尚不足 10 篇。

形态，以传统形式逻辑为主要内容，与古希腊逻辑、印度因明并称世界三大逻辑传统。[1] 不过，对于中国古代有逻辑的质疑并未因此而完全消失。[2]

1979 年，汪奠基的《中国逻辑思想史》正式出版，这是第一部关于中国逻辑的通史性著作。在他看来，唯希腊的逻辑史观，即"认为逻辑思想在世界上只有希腊才能诞生；只有'西欧'精神才能发挥逻辑理论的认识"，是一种非科学的、非历史的荒谬说法。"有的人直截利用这种错误看法来否认中国逻辑思想的独立发展，也有的人直截了当地认为中国历史上只有在明末《名理探》译成之后，才开始有了逻辑这门学问。这是对中国逻辑史的对象问题，作出主观主义的错误论断，并否认中国逻辑史的存在。"[3] 受到汪氏的影响，作为中国古代逻辑研究在 20 世纪 80 年代最具代表性的成果，五卷本《中国逻辑史》亦认为"从古代逻辑思想发生的历史条件看，对中国逻辑史的虚无主义观点，在理论上是讲不通的，当然也经不起事实的反驳"[4]。

1978 年，冯契开始为研究生讲授《中国古代哲学的逻辑发展》，在中国古代逻辑之有无问题上阐述了与汪奠基类似的立场。他不止一次提及 20 世纪 30 年代曾流行这样一种看法，即"中国哲学重人生而轻自然，长于伦理而忽视逻辑"，以至于"认识论、逻辑学和自然观成了中国哲学的薄弱环节"。[5] 对于这一至今"还有一定影响"的看法，冯契从两个方面予以了回

1　关于"名辩逻辑化"在中国近现代的兴起与发展及其成绩与问题，可参见晋荣东：《中国近现代名辩学研究》，上海古籍出版社，2015 年。

2　例如，陈汉生（C. Hansen）就认为："严格地说，古代中国有语义理论（semantic theory）但没有逻辑。西方史学家混淆了逻辑和语言理论，用'逻辑学家'这一术语来描述那些中国人称之为'名家'的哲学家。"参见 C. Hansen: "Logic in China", in Edward Craig (ed.): *Routledge Encyclopedia of Philosophy*, CD-ROM, version 1.0, London and New York: Routledge, 1998。亦可参见程仲棠：《"中国古代逻辑学"解构》，中国社会科学出版社，2009 年。

3　汪奠基：《中国逻辑思想史》，上海人民出版社，1979 年，第 3、11 页。

4　李匡武主编：《中国逻辑史》（先秦卷），甘肃人民出版社，1989 年，第 6 页。

5　《中国古代哲学的逻辑发展》（上），《冯契文集》（4），第 35 页。亦可参见《逻辑思维的辩证法》，《冯契文集》（2），第 3 页。

应：第一，如果把逻辑等同于形式逻辑，那么上述看法并非毫无道理，因为中国哲学重视伦理学是公认的事实，而且对形式逻辑的研究在《墨经》之后的确长期受到冷落，所取得的成就不如欧洲，甚至不如印度。第二，如果认为辩证逻辑也是逻辑的一个合法分支，那么"说中国哲学重视伦理是对的，说不重视逻辑则不对"[1]。冯契之所以有此判断，在很大程度上受到了李约瑟的影响。他基本同意后者的如下论点，即"当希腊人和印度人很早就仔细地考虑形式逻辑的时候，中国人则一直倾向于发展辩证逻辑"[2]。综观这两点回应，冯契对中国古代逻辑之有无问题无疑给予了肯定的回答。

当然，中国古代逻辑之有并非是一蹴而就的。作为逻辑研究的对象，人类的逻辑思维具体展开为一个由自发到自觉、由较少自觉到较多自觉的发展过程，而作为对思维形式及其规律规则的反思，逻辑学（包括形式逻辑与辩证逻辑）也展开为一个由简单到丰富、由雏形到完备的发展过程。按冯契之见，墨子在先秦首先提出了"类""故""理"这三个范畴，"察类""明故""出言谈之道"等已具有某种对思维形式进行反思的意义。随着百家争鸣的展开和科学的发展，战国时期出现了名辩思潮，名家尤其注重考察逻辑问题。惠施、公孙龙等所开展的坚白、同异之辩，其实质就是对"类"范畴的考察，涉及同和异、个别和一般的关系，均是对于思维形式的讨论。后期墨家则围绕名实、坚白、同异诸问题与名家以及其他各家展开争论，第一次把"类""故""理"联系起来，明确将其作为思维形式的基本范畴加以论述，至此相对系统的形式逻辑理论得以建立。[3]

冯契对中国古代有逻辑的证成并不止于简单宣称中国古代逻辑之有，更为重要的工作是对中国古代逻辑的基本特点与理论成就的概括和总结。

---

1 《逻辑思维的辩证法》，《冯契文集》（2），第3页。
2 ［英］李约瑟著，《中国科学技术史》翻译小组译：《中国科学技术史》（3），第337页。亦可参见《中国古代哲学的逻辑发展》（上），《冯契文集》（4），第36—37页；《逻辑思维的辩证法》，《冯契文集》（2），第4页。
3 《中国古代哲学的逻辑发展》（上），《冯契文集》（4），第265页。

尤其值得注意的是，他在证成中援引了逻辑有形式逻辑与辩证逻辑之分。辩证逻辑是否为逻辑的合法分支，涉及逻辑观的问题。如果不能阐明辩证逻辑的合法性，势必危及对中国古代有逻辑的证成。

二、逻辑思维的基本矛盾与逻辑多元论

在逻辑观上，20 世纪 80 年代的中国逻辑史学者普遍主张多元论。五卷本《中国逻辑史》就指出，列入逻辑科学范围的除了在当时为国内外公认的传统逻辑和数理逻辑，还包括语言逻辑、辩证逻辑等分支。[1] 有论著则提到数理逻辑还包括集合论、递归论、证明论、模型论以及模态逻辑、多值逻辑、认知逻辑、时态逻辑、模糊逻辑等。[2] 不过，这些论著均承认对辩证逻辑的性质与对象还存在不同理解，越来越多的人认为它属于哲学而非逻辑。[3] 坦率地说，无论是质疑、否认还是赞成辩证逻辑是逻辑，上述学者都没有给予各自的立场以充分的证成，而冯契援引逻辑思维基本矛盾这一工具对逻辑多元论、辩证逻辑的合法性进行了自觉论证。

逻辑是对思维的反思，即对概念、判断、推理等思维形式及其规律规则的研究，为此就必须准确把握逻辑思维的基本矛盾；而要准确把握逻辑思维的基本矛盾，就必须弄清楚逻辑思维的本质特点与根本任务。针对这一问题，冯契多次援引列宁的一段论述予以说明，即思维和存在的关系涉及三项："（1）自然界；（2）人的认识＝人脑（就是同一个自然界的最高产物）；（3）自然界在人的认识中的反映形式，这种形式就是概念、规律、范畴等等。人不能完全地把握＝反映＝描绘整个自然界、它的'直接的总

---

1 参见李匡武主编：《中国逻辑史》（先秦卷），第 1 页。亦可参见周文英、李元庆、何应灿、孙中原等人向 1980 年召开的中国逻辑史第一次学术讨论会提交的论文，载《中国逻辑史研究——中国逻辑史第一次学术讨论会文集》，中国社会科学出版社，1982 年。

2 参见周云之、刘培育：《先秦逻辑史》，中国社会科学出版社，1984 年，第 7 页。

3 参见周云之、刘培育：《先秦逻辑史》，第 7 页；李匡武主编：《中国逻辑史》（先秦卷），第 1 页；杨沛荪主编：《中国逻辑思想史教程》，甘肃人民出版社，1988 年，第 1 页。

体'，人只能通过创立抽象、概念、规律、科学的世界图景等等永远地接近于这一点。"[1] 按彭漪涟的解读，列宁的这一论述揭示了逻辑思维的本质特点就在于它是自然界在人脑中的反映，是借助概念、范畴等思维形式来把握客观世界及其规律。但是，人的逻辑思维究竟能不能运用概念、范畴等思维形式来把握客观世界及其规律？逻辑思维能否完成这一任务？[2] 针对这些问题，冯契认为：

> 人们用概念、范畴来把握现实世界时，包含着这样的矛盾：思维形式是静止的，但我们要求用这种形式来把握事物的运动、变化和发展；这些思维形式是抽象的、把事物割裂开来把握的，是不完全的，但我们要求用这些形式来把握具体事物的整体；这些思维形式是有限的，但我们要求用有限的概念来把握无限的绝对的认识（而这正是一切科学的要求）。……这种运动和静止、抽象和具体、有限和无限的矛盾只有在无限的前进运动中才能得到解决，就是说，这个思维的矛盾运动表现为无止境的发展过程。[3]

正是从对逻辑思维基本矛盾及其解决的这一认识出发，冯契得出了逻辑多元论的结论。

在他看来，存在着两种逻辑：

> 人们通过概念、判断、推理等思维形式来把握客观世界。概念用语言来表达。为了交流思想和如实反映对象，"词"必须有确定含义，

1　《哲学笔记》，《列宁全集》(55)，人民出版社，1990年，第153页。亦可参见《中国古代哲学的逻辑发展》(上)，《冯契文集》(4)，第8页；《逻辑思维的辩证法》，《冯契文集》(2)，第5页。

2　参见彭漪涟：《冯契辩证逻辑思想研究》，第53页。

3　《逻辑思维的辩证法》，《冯契文集》(2)，第7—8页。

概念必须和客观对象有对应关系。从这个意义上说，概念有其相对静止状态，逻辑思维必须遵守同一律。对思维的相对静止状态进行"反思"，撇开内容把思维形式抽象出来进行考察，就有形式逻辑的科学。但为了把握客观世界的变化法则，概念又必须是经过琢磨的、灵活的、能动的、在对立中统一的。对思维的辩证运动进行"反思"，密切结合认识的辩证法和客观现实的辩证法来考察思维形式的辩证法，这就有辩证逻辑的科学。[1]

这里有两点值得注意：其一，形式逻辑与辩证逻辑的存在有其客观必然性，二者均以逻辑思维的基本矛盾为内在根据；其二，就逻辑思维基本矛盾的解决而言，这两种逻辑相互补充，不能彼此替代。因此，着眼于逻辑思维的基本矛盾，就既不能否认辩证逻辑，也不能贬低形式逻辑，二者均是逻辑科学的合法分支。[2]

需要指出的，冯契这里所说的"形式逻辑"，并不仅仅是指传统形式逻辑或者说普通逻辑，还包括形式逻辑的现代化，即拥有众多分支的数理逻辑。尽管黑格尔曾说 19 世纪的形式逻辑"像用碎片拼成图画的儿戏"，理应受到"蔑视""嘲笑"，但冯契认为 20 世纪"现代数理逻辑有了很大的发展，形式逻辑成了一个严密的系统，本身是一个有机整体，不是碎片拼成的图画，决不是儿戏"[3]。当然，辩证逻辑同样也经历了一个从无到有、从初级到高级、从片面到全面的发展。至此不难发现，冯契有关存在着两种逻辑的论说，其实质正是对中国逻辑史学者所主张的逻辑多元论的证成。

1　《研究辩证逻辑的途径与方法》，《冯契文集》（8），第 19 页。

2　按彭漪涟之见，冯契对辩证逻辑合法性的证成其实包含着正反两方面的论证。所谓正面的论证，即着眼于逻辑思维的基本矛盾及其解决来证成辩证逻辑的必然性与必要性；所谓反面的论证，指的是如果否定辩证逻辑，一不能说明中国古代科学技术在缺少形式逻辑的指导下何以能够取得巨大的成就，二是必然否定逻辑思维能够把握具体真理。更为详细的讨论参见彭漪涟：《冯契辩证逻辑思想研究》，第 4—5 页。

3　《逻辑思维的辩证法》，《冯契文集》（2），第 184 页。

　　既然形式逻辑与辩证逻辑都是逻辑的合法分支，那么这是否意味着中国古代也有两种逻辑？是否意味着中国古代逻辑研究应该坚持形式逻辑与辩证逻辑并重？虽然多元论在逻辑观上占据主导地位，但面对如何理解中国古代逻辑研究的对象，主流的观点却是形式逻辑一元论。五卷本《中国逻辑史》就明确写道："以'中国逻辑史'命名的本书，只能以形式逻辑思想在中国的发生、发展的历史为其研究对象，本书所指的'逻辑'，也仅限于传统逻辑或数理逻辑的形式逻辑。"[1] 当然，也有部分学者坚持中国古代逻辑既有形式逻辑的内容，也有对辩证思维形式的研究。例如，汪奠基就认为"所谓逻辑史，根本就不只是什么形式逻辑史的问题，而是必须包括形式逻辑及其方法与辩证思维认识，或古代有关辩证法历史发展的逻辑思想对象在内的问题"[2]。

　　在中国古代逻辑是否也是多元的问题上，冯契明确主张中国古代既有形式逻辑也有辩证逻辑。温公颐在论及《先秦逻辑史》的叙述对象时曾提到他与冯契在这一问题上的立场差异：

　　　　我个人的意见，中国逻辑史应以普通逻辑即形式逻辑的范围为主，至于辩证逻辑和数理逻辑不在本稿的范围之内。中国除了普通逻辑以外，有没有辩证逻辑和数理逻辑，我没有研究，冯契同志有这方面的看法，我在这个问题上，与李老（即李匡武）的见解基本一致，辩证思想是有的，而辩证逻辑恐怕很难说得上。[3]

这里，温、冯二人的区别不在于中国古代是否有辩证思维，而在于中国古代是否对辩证思维进行了自觉反思。冯契认为中国古代在逻辑研究方面一

1　李匡武主编：《中国逻辑史》（先秦卷），第 1 页。

2　汪奠基：《中国逻辑思想史》，第 12 页。

3　《〈先秦逻辑史〉编写中的几个问题》，《温公颐文集》，山西高校联合出版社，1996 年，第 261 页。

直倾向于发展辩证逻辑，而温公颐则认为中国古代"恐怕很难说得上"有对辩证思维的反思。显然，要更完整地把握冯契对中国古代逻辑多元论的理解，更有说服力地消除类似温氏对中国古代有辩证逻辑的质疑，就必须进一步考察冯契究竟是如何理解中国古代逻辑的基本特点，如何看待中国古代逻辑的主要贡献。

三、中国古代逻辑的基本特点与主要贡献

关于中国古代逻辑的基本特点与主要贡献，受到李约瑟的影响，冯契给出的总体判断是："和西方相比，中国传统哲学在逻辑思维方面的特点，是较早地发展了朴素的辩证逻辑，而形式逻辑一直较受冷落。"[1]

中国古代形式逻辑的理论成就集中体现在《墨经》之中。按冯契之见，《大取》篇第一次把"类""故""理"联系起来加以考察，明确提出了"辞以故生，以理长，以类行"，即"类""故""理"三个范畴是逻辑思维所必具的学说。《墨经》强调以"彼"称彼，以"此"称此，名和实要有一一对应关系；它反对"两可"之说，认为对于矛盾命题不能"两可"，也不能"两不可"，两个矛盾命题不能"俱当"：这些都已经触及了形式逻辑的基本思维规律——同一律、排中律和矛盾律。因此，尽管《墨经》在论式刻画方面还流于简略，谈不上周密，甚至个别论题还近乎诡辩，但冯契认为，"从整体上看，《墨经》的形式逻辑体系完全可以与古希腊的逻辑和印度的因明相媲美"[2]。不过，随着墨家在先秦之后逐渐衰微，其形式逻辑就再也没有得到发展。唐代的玄奘把印度因明引入中国，但在汉族地区很快就被人们遗忘了。明代末叶的徐光启翻译《几何原本》，也没有对中国思想文化产生重大影响。有鉴于此，冯契赞成李约瑟的判断，即形式逻辑的"幼芽没

---

1 《〈智慧说三篇〉导论》，《冯契文集》(1)，第25页。亦可参见《智慧的民族特征》，《冯契文集》(8)，第414页。

2 《中国古代哲学的逻辑发展》(上)，《冯契文集》(4)，第225页。

有得到发展是中国文化的特征之一"[1]。

　　虽然认为《墨经》的形式逻辑体系并不逊色于古希腊逻辑与印度因明，但由于认定形式逻辑在中国古代长期受到冷落而未能得到持续发展，冯契并未像 20 世纪 80 年代中国逻辑史学者所采取的普遍做法那样，以传统形式逻辑的理论框架来发掘、整理与排列中国古代的相关文本，进而重构出所谓中国古代逻辑（传统形式逻辑）的主要内容。[2] 相反，他把更多的精力放在对中国古代辩证逻辑的研究上。前文曾提及当时也有部分学者认为中国古代逻辑既有形式逻辑也有辩证逻辑，如孙中原的《中国逻辑史·先秦》一书就声称"在取材方面，主张形式逻辑和辩证逻辑并重"[3]。不过从具体内容上看，孙氏此书以及同时代其他类似的著作其实都没有对中国古代辩证逻辑的历史发展与理论成就给予全面梳理与系统总结。而冯契早在 20 世纪 80 年代初就撰写了一系列研究中国古代辩证逻辑的论文，如《中国古代辩证逻辑的诞生》《论王夫之的辩证逻辑思想》《论中国古代的科学方法和逻辑范畴》等，在中国逻辑史研究领域第一次清晰地勾勒出中国古代辩证逻辑诞生与发展的历史线索及其理论成就。[4]

　　据冯契的解读，《老子》"反者道之动"的命题，已经提出了辩证逻辑

1　［英］李约瑟著，《中国科学技术史》翻译小组译：《中国科学技术史》（3），第 202 页。

2　参见周云之：《试论先秦名辩逻辑在理论上的主要贡献》，《社会科学战线》，1988 年第 3 期。此后周氏更为自觉地对中国古代逻辑展开了横向的、共时态的研究，希望借此"来研究、介绍中国古代在名辩逻辑理论方面所取得的丰硕成果，这样就可以使我们能从总体上了解到我国古代名辩逻辑的主要理论贡献，从而更加确认中国古代名辩逻辑在世界逻辑思想发展史上的贡献和地位，确认中国古代的名辩逻辑是世界三大逻辑的源流之一"。参见周云之：《先秦名辩逻辑指要·自序》，四川教育出版社，1993 年，第 2 页。这一做法所导致的牵强比附、过度诠释等问题，在 20 世纪 90 年代引发了对于"名辩逻辑化"的激烈批判。关于这方面的情况，参见晋荣东《中国近现代名辩学研究》第五章第二节的相关讨论。

3　孙中原：《中国逻辑史·先秦·前言》，中国人民大学出版社，1987 年，第 1 页。

4　下文对中国古代辩证逻辑诞生与发展之历史线索与理论成就的介绍，参见《智慧的民族特征》，《冯契文集》（8），第 415—417 页。

的否定原理和"正言若反"的表述方式，到了荀子和《易传》那里，辩证逻辑则已初具雏形。荀子明确指出，名、辞、辩说都是同一之中包含差异，都具有矛盾，所以一方面不能偷换概念，要遵守形式逻辑的同一律，另一方面概念又必须灵活、生动；思维形式本身应该是动与静的统一。在冯契看来，荀子不仅指出辩证法是普通逻辑思维所固有的，而且提出逻辑思维贵有"辩合""符验"的观点，这实际上已经阐述了辩证逻辑方法论的基本原理——分析与综合的统一、理论与事实的统一。荀子强调"以道观尽"和"解蔽"，是在讲从道的观点全面地看问题，对各种谬误观点进行分析批判；而"以一行万"，则是要求个别与一般、归纳与演绎的统一。稍后于荀子，《易传》提出"一阴一阳之谓道""乾坤成列，而易立乎其中"，明确表述了概念范畴的对立统一原理。不止于此，《易传》还考察了"类"范畴（卦象）的辩证逻辑意义，认为每一类包含着矛盾，是同和异的统一，而且类又是变化发展的，要求思维从全面联系的观点出发，比较各类事物之间的同异，把握所考察的类的矛盾运动。

在先秦初具雏形的辩证逻辑在秦汉以后得到了持续的发展。冯契认为，魏晋时期的哲学家在考察"体""用"这对范畴时，已经提出了"体用不二"的思想，即实体以自身为原因，运动是实体的作用和表现。唐代的刘禹锡、柳宗元则进一步指出物质自己运动的原因在于其本身的矛盾。刘禹锡首先从辩证法的意义上使用了"矛盾"这一概念，说"倚伏之矛盾也，其理甚明"。"体用不二"和"矛盾倚伏"都具有重要的方法论意义。宋代的张载肯定"变化之理存乎辞"，认为运用对立统一的范畴（象）和论断（辞）足以拟议变化之道，从而深化了对于"两"和"一"、"分"和"合"的考察。

明清之际，王夫之对中国古代辩证逻辑进行了比较全面的总结和发展。依冯契之见，王氏不仅反对"抟聚而合一之"即片面强调综合，而且反对"分析而各一之"即片面强调分析，主张分析和综合相结合，用概念的对立统一来表达道。他提出"克念"的思想，认为：概念的运动是前后相续、彼此相涵的过程，故既不可执着概念而使之成为僵死的，也不可将其运动看作刹那生灭，不留痕迹的；概念的辩证本性也表现在判断、推理的矛盾运动中。此外，王夫之提出"比类相观"和"象数相倚"，把比较各类事物同异的方法和从数量关系来把握各类事物的方法相统一。他所提出的"由用以得体"的思想，则进一步发展了魏晋以来的"体用不二"的观点。

　　相较于 20 世纪 80 年代中国逻辑史学者在中国古代辩证逻辑研究方面的表现，冯契的上述工作堪称发前人所未发，为研究中国古代辩证逻辑创下筚路蓝缕之功。彭漪涟对此予以了高度的肯定，"要从卷帙浩繁的古代哲学和科学典籍中勾画出这样线索清晰、脉络分明、释义准确、评判公允的轮廓，是一件多么困难、艰巨而又有重大学术价值的工作，更何况这是一件前无古人的学术垦荒式的工作"[1]。如今 30 余年的时间过去了，在中国古代逻辑研究领域，无论是质疑、否认还是赞成中国古代有逻辑，形式逻辑一元论仍然占有主导地位，鲜有学者论及中国古代的辩证逻辑，更遑论有超过冯契的研究成果问世。

四、从历史研究到理论创新

　　研究中国古代逻辑的意义何在？ 20 世纪 80 年代的中国逻辑史学者普遍认为，这种研究有助于了解中国古代逻辑的成就和贡献，有助于充实传统逻辑的教学内容，可以为发展现代逻辑科学提供有益的历史借鉴，有助于推动中国哲学史等其他相关学科的发展。[2]就古代逻辑研究与当代逻辑科学发展之间的关系看，上述看法所说的"历史借鉴"，主要是指逻辑科学

1　彭漪涟：《冯契辩证逻辑思想研究》，第 20 页。

2　参见杨沛苏主编：《中国逻辑思想史教程》，第 20—24 页。亦可参见周云之、刘培育：《先秦逻辑史》，第 320—322 页；李匡武主编：《中国逻辑史》(先秦卷)，第 24—26 页。

在中国发展的历史规律，包括顺利的根据与受挫的原因。显然，这种理解并未涉及如何从历史研究走向理论创新，即如何通过对中国古代逻辑中有价值的思想的创造性诠释来推动逻辑科学本身在当代的发展。从总体上看，20世纪80年代的中国逻辑史学者尚未对此形成明确的意识，在具体研究中也未做出什么有价值的工作。

关于中国古代逻辑研究对当代逻辑科学发展的意义问题，冯契具有高度的自觉。他不止一次地强调历史研究与理论创新的统一，认为"研究中国古代的辩证逻辑，也将会帮助我们发展马克思主义的辩证逻辑。我们要实现中国哲学和西方哲学的合流、马克思主义哲学和中国传统相结合，就必须研究中国古代朴素的辩证逻辑，这也是马克思主义哲学唯物辩证法的生长点之一"[1]。冯契不仅是这样说的，也是这样做的。他对后期墨家"三物"论说的创造性诠释就为我们提供了一个如何从历史研究走向理论创新的宝贵范例。

所谓"三物"论说，即《大取》篇所说的"夫辞以故生，以理长，以类行者也。立辞而不明于其所生，妄也。今人非道无所行，唯有强股肱，而不明于道，其困也，可立而待也。夫辞以类行者也，立辞而不明于其类，则必困矣"。20世纪80年代的中国逻辑史学者对这段文字主要有两种理解。其一认为"三物"论说的本质是对推理形式的刻画，即提出了一种类似亚里士多德的三段论式、印度因明的三支论式的所谓"三物论式"。其中，"辞"相当于结论（宗），"故"相当于小前提（因），"理"相当于大前提（喻体），而"类"在三段论式中无对应之物，相当于三支论式的喻依。[2] 其二认为这一论说是对逻辑学基本原理的阐明。如沈有鼎就认为

---

1 《逻辑思维的辩证法》，《冯契文集》(2)，第4页。亦可参见《研究辩证逻辑的途径与方法》，《冯契文集》(8)，第24—25页。

2 参见周云之、刘培育：《先秦逻辑史》，第156页；周云之：《后期墨家已经提出了相当于三段论的推理形式——论"故"、"理"、"类"与"三物论式"》，《哲学研究》，1989年第4期。

"'辞以故生，以理长，以类行'十个字替逻辑学原理作了经典性的总括"，即"'故'、'理'、'类'乃是'立辞'应该具备而不可缺少的三个因素"。[1]五卷本《中国逻辑史》亦认为"故是立辞的理由和根据，理是立辞的准则，类则是故与理得以提出的根据"，"三物"论说构成了"《墨辩》逻辑的基石"。[2]

　　冯契对"三物"论说的理解与沈有鼎类似，认为它表述了某种逻辑学的普遍原理，"明确地提出了'类'、'故'、'理'三个范畴是逻辑思维所必具的学说"[3]。简言之，"故"是指提出一个论断要有根据、理由，"理"是说要遵循逻辑规律和规则，"类"指的是要按照客观的种属包含关系来进行推理。任何一个逻辑推论都是"三物必具"，即一定包含有"类""故""理"三个逻辑范畴。[4] 不过，相异于沈有鼎，冯契对"三物"论说进行了更为具体的诠释。在他看来，《墨经》对"类"范畴的论说实际上具体展开为对同和异、个别和一般、部分和整体、质和量等的考察。后期墨家不仅对多种同异进行了分析，而且着重考察了"类同"与"不类"、"体同"与"不体"；按类属关系将名分为达名、类名和私名，并根据种属包含关系批判了"白马非马"；提出了"异类不比"的原则，赋予"类"以"法"（标准、法式）的含义。所谓"效"已揭示了演绎推理从一般到个别的本质，而"推"所代表的归谬式类比推论，虽然是从个别到个别，其实却以"类"概念为中介，"以类取"而又"以类予"，体现了归纳与演绎的统一。在对"故"范畴的考察中，《墨经》把根据或条件区分为"小故"（必要而不充足的条件）和"大故"（充足而必要的条件）；针对"理"范畴，则不仅探讨了许多推理形式，而且接触到了逻辑思维的基本规律。尽管后期墨家主要

1　沈有鼎：《墨经的逻辑学》，中国社会科学出版社，1980年，第41—42页。

2　参见李匡武主编：《中国逻辑史》（先秦卷），第225页。

3　《中国古代哲学的逻辑发展》（上），《冯契文集》（4），第214页。

4　参见《逻辑思维的辩证法》，《冯契文集》（2），第255页。

还是从形式逻辑的角度来考察"类""故""理"等范畴，不过在冯契看来，《墨经》的某些论述其实已经突破了形式逻辑的界限，如用"异"来定义"同"，提出"同异交得"的思想，已经揭示出即便是在最普通的逻辑思维中也包含有辩证法的因素。[1]

至此不难发现，在具体诠释中，冯契既没有将"三物"论说简单归结为对某种推理形式的刻画，也没有将其视作仅仅是对"类""故""理"三个范畴的论说，而是揭示了后期墨家通过"三物"论说已经对一系列的逻辑范畴进行了初步考察。这些范畴大致可以分为三组：关于"类"的范畴，如同和异、个别和一般、部分和整体、质和量等；关于"故"的范畴，如根据、条件等；关于"理"的范畴，如规律等。更为重要的是，他认为后期墨家将主要的逻辑范畴分为三组与恩格斯对范畴所做的概括基本上是一致的。在《自然辩证法》中，恩格斯先根据康德、黑格尔对判断的分类概括出了个别、特殊、普遍等一组范畴，然后将黑格尔"本质论"中的范畴概括为同一和差异、必然性和偶然性，以及原因和结果三个主要的对立。[2] 这里，个别和一般、同一和差异实际上就是关于"类"的范畴，原因和结果是关于"故"的范畴，必然性和偶然性则是关于"理"的范畴。

按冯契之见，"古人既然已提出'类'、'故'、'理'的范畴，说明古人也已经具体而微地把握了逻辑范畴的体系。一个初生的婴儿已经具有成人的雏形，甚至一个胚胎也应该承认它完整地具备了一切发展要素的萌芽"[3]。正是注意到中西哲学均在不同程度上把逻辑范畴分为三组，他以马克思主义的辩证逻辑为基础，吸收中西哲学史上关于逻辑范畴研究的积极成果，尝试用"三物"论说所提出的"类""故""理"作为骨架来建构辩证思维的

1　参见《中国古代哲学的逻辑发展》(上)，《冯契文集》(4)，第223—224页。

2　参见《自然辩证法》，《马克思恩格斯选集》(4)，人民出版社，1995年，第321页。

3　《逻辑思维的辩证法》，《冯契文集》(2)，第254页。

逻辑范畴体系。

着眼于客观辩证法、认识论和逻辑的统一，冯契认为辩证逻辑的范畴是现实存在的本质联系方式、认识运动的基本环节和逻辑思维的普遍形式的统一，其体系应当以"类"（包括同一和差异，单一、特殊和一般，质和量，类和关系等）、"故"（包括相互作用和因果关系，根据和条件，实体和作用，质料、内容和形式，动力因和目的因等）、"理"（包括现实、可能和规律，必然、偶然和或然，目的、手段和规则，必然、当然和自由等）的次序来安排。从范畴体系的整体来说，这不是一个封闭的体系，范畴的数目会增加，范畴的内涵会深化，范畴之间的联系会越来越丰富，但对立统一、矛盾发展原理是其核心。从认识论来说，察类、明故、达理，是认识发展的必经环节。察类就是知其然，明故是知其所以然，达理则是知其必然（与当然）。由"然"到"所以然"，再到"必然"和"当然"，是一个认识深化扩展的进程。正是通过这些范畴的辩证推移并进行思辨的综合，使得人们的认识越来越全面、越来越深刻地揭示具体真理，把握性与天道，亦即运用逻辑思维从相对中把握绝对、从有限中揭示无限，而有限和无限的矛盾运动便表现为无止境的前进发展过程。[1]

冯契在创造性诠释"三物"论说时所表现出的理论深度，无疑远远超出了同时代的中国逻辑史学者所达到的水平。他提出的以"类""故""理"为骨架的逻辑范畴体系是"逻辑范畴发展史上的一个新突破和新进展。这无论对于哲学、逻辑学还是对于其他一切具体科学关于范畴和范畴体系的研究与建构来说，都是具有重要的方法论启示和理论意义的"[2]。相较于同时代的中国马克思主义哲学家所提出的种种唯物辩证法的范畴体系，冯契的

1　参见《逻辑思维的辩证法》，《冯契文集》(2)，第254—255页；《〈智慧说三篇〉导论》，《冯契文集》(1)，第40—42页。对冯契的逻辑范畴体系更为深入的研究，可参见彭漪涟：《冯契辩证逻辑思想研究》，第220—256页。

2　彭漪涟：《对智慧探索历程的逻辑概括——论冯契建构的逻辑范畴体系》，《华东师范大学学报》(哲学社会科学版)，1999年第2期。

体系也是独树一帜，体现了中、西、马的融合[1]，为我们留下了一个从历史研究走向理论创新的宝贵范例。

五、方法论的自觉

冯契的代表性著作是"智慧说三篇"与"哲学史两种"，并没有出版过大写的"中国逻辑史"专著，很可能算不上是一位通常意义上的中国逻辑史学家。他之所以能在中国古代逻辑的发掘、梳理与创造性诠释方面取得一系列的成就，在很大程度上得益于他对方法论问题的自觉。这种自觉择其要者主要表现在以下四个方面：

第一，坚持客观辩证法、认识论和逻辑的统一。

20世纪80年代主流的中国古代逻辑研究十分强调研究对象的"纯化"，认为"最重要的是要把中国逻辑史和中国哲学史的研究区别开来"[2]。这种做法无疑存在两方面的问题：一是以形式逻辑遮蔽辩证逻辑，窄化中国古代逻辑的实际内容；二是难以结合中国哲学的历史发展来深刻把握中国古代逻辑得以形成与发展的制约因素，从而不利于对其基本特点与主要贡献的概括与总结。相异于主流的研究，冯契强调："我们的基本观点是：辩证法、认识论和逻辑学是统一的，应当从三者的统一来考察逻辑。"[3]这就是说，逻辑学应当被视为既是认识史的总结，也是客观现实辩证运动的反映。着眼于前者，逻辑研究必须掌握人类认识史的资料，既包括作为总体的人类逻辑思维发展史（体现在哲学史、科学史、逻辑史之中），也包括作

---

1 参见童世骏：《现代性的哲学思考》，杨国荣主编：《现代化进程中的中国人文学科》（哲学卷），上海人民出版社，2005年，第346—348页。

2 李匡武主编：《中国逻辑史》（先秦卷），第1页。有学者甚至把"不讲中国辩证法史，不讲中国认识论史，不讲中国辩证逻辑史，它所阐述的逻辑，不是与辩证法、认识论统一的逻辑"视作一部中国逻辑史教材之所以是一部好教材的理由。参见诸葛殿同：《读〈中国逻辑思想史教程〉有感》，《哲学动态》，1989年第3期。

3 《逻辑思维的辩证法》，《冯契文集》（2），第4页。

为个体的人的逻辑思维发展史（首先是从婴儿到成人的智力发展史）；就后者来说，必须掌握现代科学提供的各种思想资料。

正是由于把客观辩证法、认识论和逻辑的统一作为一条方法论原则，冯契始终把中国古代逻辑置于中国哲学历史发展的脉络中来加以考察。在他看来，先秦哲学主要讨论的问题是天人之辩、名实之辩，而"名实关系问题也是逻辑学问题"[1]。这些争辩在荀子那里得到了比较正确、比较全面的总结，可以说完成了一个圆圈；秦汉以后关于有无、理气、形神、心物关系等问题所展开的争论，在王夫之那里得到了比较正确、比较全面的总结，又完成了一个圆圈。而"每当哲学发展完成一个圆圈，达到总结阶段，思维进入辩证法领域，这时便可能有哲学家、逻辑学家对辩证思维的形式进行考察，提出辩证逻辑的一些原理"[2]。正是坚持联系中国哲学史来考察中国逻辑史，联系中国古代的哲学论争来考察中国古代对于思维形式的考察，冯契有效克服了前述那种要求"纯化"研究对象的做法所存在的问题，对中国古代逻辑的基本特点与主要贡献给予了更为准确与全面的概括和总结。

第二，开展中西逻辑的科学比较。

作为长期以来中国古代逻辑研究的范式方法，"名辩逻辑化"最初源于孙诒让、梁启超在墨辩研究中提出并实践的"以欧西新理比附中国旧学"，通过墨辩与逻辑的比较研究来证成墨辩即墨家逻辑。五卷本《中国逻辑史》也强调比较是基本的方法[3]，但并未论及究竟该如何进行中西逻辑的比较。正是由于对此缺乏深刻认识，近现代的中国逻辑史论著在中西比较时都不同程度地存在着重认同、弱求异的情况，而在"耻于步武后尘"而"以为斯皆古先所尝有"的心态影响下，更使得比较研究出现牵强附会、过度诠

1 《中国古代哲学的逻辑发展》（上），《冯契文集》（4），第214页。
2 《中国古代哲学的逻辑发展》（上），《冯契文集》（4），第37页。
3 参见李匡武主编：《中国逻辑史》（先秦卷），第8页。

释等问题。[1]

在论及哲学史研究的方法论时，冯契指出：

> 科学的比较法有两个方面或两个环节：一是把不同的过程、领域或不同的阶段进行比较（类比），比较它们在本质上的相同之点和相异之点；二是对事物、过程本身内部矛盾的双方进行比较（对比）。只有对过程本身进行矛盾分析、对比，才能在不同过程之间进行类比，而对不同过程进行类比，又帮助我们去深入揭露所考察的过程的矛盾。[2]

显然，缺少了对比即对各个比较项本身进行矛盾分析，很难达到对各个比较项的本质的同和异的把握，难免流于表面的类比。可以说，中西逻辑的比较研究之所以会出现重认同、弱求异的情况，出现牵强附会、无类比附的问题，在很大程度上就是因为仅仅注意到了二者之间的类比，而忽视了对它们进行矛盾分析（对比），未能考察它们各自得以产生和发展的具体历史文化环境及其对二者的影响。

正是有鉴于科学的比较是类比和对比的统一，冯契在中西逻辑比较时明确主张求同明异并重，在揭示中国古代逻辑相异于西方逻辑的特点时，更把前者还原到它所处的具体的历史文化背景之中，从语言文字、自然观、哲学论争、科学技术、经济生产等多个角度对催生和制约其发生、发展的各种因素进行考察，令人信服地得出了中国古代一直倾向于发展辩证逻辑而长期冷落形式逻辑这一结论。可以说，冯契以其自身的研究实践具体展

---

1 关于中西逻辑比较研究存在的诸多问题，可以参见曾祥云：《中国近代比较逻辑研究的贡献、局限与启迪》，《福建论坛》（文史哲版），1992 年第 6 期；曾祥云：《20 世纪中国逻辑史研究的反思——拒斥"名辩逻辑"》，《江海学刊》，2000 年第 6 期。也可参见崔清田：《墨家辩学研究的回顾与思考》，《南开学报》（哲学社会科学版），1995 年第 1 期；俞瑾：《中国逻辑史研究之误区》及《续篇》，《逻辑与语言论稿》，江苏教育出版社，1999 年。
2 《中国古代哲学的逻辑发展》（上），《冯契文集》（4），第 16—17 页。

示了科学的比较法对于中国古代逻辑研究的方法论意义。[1]

第三，逻辑理论与逻辑实践双重推进。

对于中国古代逻辑研究，汪奠基主张既要重视"讲逻辑"的名辩之学，也要注重体现在各种认识与辩论活动中的"用逻辑"的客观材料。[2] 受此影响，五卷本《中国逻辑史》虽区分了逻辑思想与逻辑应用，也认为当一个逻辑应用的例子是为了说明某个逻辑思想时，应该对其加以研究。[3] 不过，与所谓"纯化"研究对象相联系，20世纪80年代的中国逻辑史学者对于中国古代的逻辑实践鲜有深入研究。

着眼于逻辑是认识史的总结，冯契要求联系哲学史、科学史等领域的材料来考察中国古代逻辑，把逻辑理论与逻辑实践的双重推进视为方法论的基本原则之一。在他看来，相对于哲学家、逻辑学家提出的逻辑原理，科学家运用这些原理作为方法就是一种逻辑实践。"方法无非就是逻辑范畴和规律的运用。"[4] 冯契不仅考察了墨家和荀子如何分别从不同的逻辑角度来理解"类""故""理"等范畴，而且揭示了他们所提出的方法如何分别被运用于不同的科学领域。鉴于中国古代科学主要从辩证逻辑那里取得方法论指导，他又联系中国古代对"类""故""理"等范畴的不断深入的探索，系统梳理了中国古代科学方法的历史发展。先秦主要考察了"类"范畴，"比

1　崔清田主张用"历史分析与文化诠释"的方法来克服近代以来中国古代逻辑研究中所谓"据西释中"存在的问题，认为对不同逻辑体系和传统的历史分析与文化诠释，是比较逻辑研究能够正确进行的必要前提。参见崔清田：《墨家逻辑与亚里士多德逻辑比较研究——兼论逻辑与文化》，人民出版社，2004年；晋荣东：《历史分析与文化诠释——一种名辩研究的新方法》，杨国荣主编：《思想与文化》第17辑，华东师范大学出版社，2015年。在我看来，这一做法正体现了科学的比较是类比与对比的统一。而要对中国古代逻辑本身进行矛盾分析（对比），就需要将其还原到它所处的具体的历史文化背景之中，从不同角度对催生和制约其发展的历史文化背景进行考察，为此就有必要运用不同方法对中国古代逻辑展开多学科的综合研究。

2　参见汪奠基：《中国逻辑思想史》，第49页。

3　参见李匡武主编：《中国逻辑史》（先秦卷），第3—4页。

4　《逻辑思维的辩证法》，《冯契文集》(2)，第322页。

类"运用于科学，音律、历法等侧重运数，医学、农学等着重取象。汉代以后对"故"的探索达到了新的水平，"体用不二"运用于科学分类，强调质与用、性与能的统一；刘禹锡、柳宗元进一步提出了"矛盾倚伏"的思想。唐宋以后对"理"范畴的探索更加深入、全面，沈括重视通过矛盾分析并运用归纳与演绎、一般与个别相结合来"原其理"；王夫之对比类、求故、明理都提出了新的见解，要求"比类相观""象数相倚""由用以得体""乐观其反""善会其通"等；黄宗羲讲"理势统一"，已经触及历史方法与逻辑方法的统一。[1]

逻辑理论与逻辑实践的双重推进，拓展了中国古代逻辑研究的内容，深化了对于中国古代逻辑与科学方法之间关系的理解，也成了冯契的中国古代逻辑研究相异于同时代其他同类研究成果的显著特征之一，为后继者的进一步探索指明了方向，奠定了基础。

第四，站在逻辑发展的高级阶段回顾历史。

研究中国古代逻辑的目的之一就是对中国古代的逻辑遗产给予批判的总结，而要进行批判总结，就必须站在逻辑发展的高级阶段来回顾历史。在论及一般的哲学史研究方法论时，冯契引用马克思的一句话指出："人体解剖对于猴体解剖是一把钥匙。反过来说，低等动物身上表露的高等动物的征兆，只有在高等动物本身已被认识之后才能理解。"[2] 这就是说，只有从发展的高级阶段来回顾，才能理解低级阶段的历史地位。对于中国古代逻辑而言，也应该站在逻辑发展的高级阶段，用近现代乃至当代的各种逻辑理论和方法来对其进行分析、评判和总结，吸取其中的理论思维教训，继承和发扬其中的优秀遗产。

一方面，"古代朴素的辩证逻辑只是辩证逻辑的一个雏形，站在现代辩

---

1 这方面更为详细的论述，可以参见《论中国古代的科学方法和逻辑范畴》，《冯契文集》（8），第164—185页。

2 《〈政治经济学批判〉导言》，《马克思恩格斯选集》（2），人民出版社，1995年，第23页。

证逻辑的高级阶段来回顾历史，就有助于我们去正确地说明和解剖这个雏形"[1]。这里说的虽然是辩证逻辑，其实也适用于形式逻辑。按冯契之见，中国古代逻辑的基本特点是重视辩证逻辑而冷落形式逻辑。站在逻辑发展的高级阶段看，善于辩证思维对于古代科学的发展的确起了极大的推动作用，但冷落形式逻辑则妨碍了中国在明清之际制订出近代实验科学的方法。同时，由于中国古代辩证逻辑尚未取得严密的科学形态，缺乏自觉性，容易因主观地运用而导致荒唐的见解。另一方面，通过对古代逻辑进行批判总结，也有助于逻辑科学的当代发展。而这之所以可能，是因为处于高级阶段的逻辑科学的萌芽已经具体而微地存在于作为胚胎、雏形的古代逻辑之中。在冯契看来，中国古代对"类""故""理"范畴的考察，可以说就已经具体而微地把握了逻辑范畴的体系。"萌芽状态的要素逐步展开，婴儿发育为成人，这包含有质的变化。然而发展的高级阶段又仿佛向出发点复归，在一定意义上说，'类'、'故'、'理'的范畴，可能仍然将充当今天自觉的辩证逻辑的范畴体系的骨干。"[2]

不难看出，站在逻辑发展的高级阶段回顾历史，通过对中国古代逻辑中有价值的思想的创造性诠释来推动逻辑科学本身在当代的发展，其实也就是要求在中国古代逻辑研究中坚持历史研究与理论创新的统一。也正是因此，冯契没有止步于对中国古代逻辑的研究，而是通过艰难的探索把逻辑学、伦理学与认识论熔于一炉，建构了智慧说的哲学体系，最终成为20世纪下半叶为数不多的建立了自己独特哲学体系的中国哲学家之一。

六、结　语

行文至此，本章已充分展示冯契对中国古代逻辑的发掘、梳理与创造性诠释，以及他对方法论问题的自觉反思。鉴于最近30余年的中国逻辑史

---

1 《逻辑思维的辩证法》，《冯契文集》(2)，第 119—120 页。
2 《论中国古代的科学方法和逻辑范畴》，《冯契文集》(8)，第 185 页。

研究存在的问题以及该领域对冯契的忽视，进一步深化中国古代逻辑的研究显然已经不能再回避冯契的工作。当然，充分肯定冯契相关研究成果的意义，并不意味着对其研究中的不足或盲点视而不见。

例如，冯契立足逻辑思维的基本矛盾来证成逻辑多元论，其实质是从主客体关系来理解逻辑的对象与性质。20 世纪 70 年代以来，与主体间对话、论辩或认知密切相关的对话逻辑、论辩理论以及多主体的认知逻辑、动态认知逻辑等方兴未艾，立足于逻辑思维的基本矛盾、局限于主客体关系的框架，是否还能为这些新的逻辑分支提供合法性证成？逻辑是否只有形式逻辑和辩证逻辑两大类型？这些问题都值得进一步的探讨。

又如，在中西逻辑比较中，冯契主要侧重于从宏观上阐明中国古代长期冷落形式逻辑而一直倾向于发展辩证逻辑；而在微观层面上，囿于逻辑史观上的形式逻辑一元论，20 世纪 80 年代以来中国逻辑史学界更多地只是揭示了中西在传统形式逻辑上的同异。就此而言，深入开展中西辩证逻辑的比较研究仍然是一项有待推进的课题。

再如，冯契所理解的逻辑实践主要指古代科学家将某种逻辑原理作为方法加以自觉运用，尚未涉及中国古代在日常会话、政治决策、科学认知与哲学论辩等领域中对于推理论证的广泛使用。在这方面，鲍海定（Jean-Paul Reding）、何莫邪（Christoph Harbsmeier）等海外汉学家已先行一步，对先秦时期广泛使用却又未得到自觉研究的诸多推理论证形式进行了分析与重建。[1] 鉴于此，有必要扩展对于中国古代逻辑实践的研究，以便更为全面地贯彻"逻辑理论与逻辑实践双重推进"的方法论原则。

最后，冯契所实践的"站在逻辑发展的高级阶段回顾历史"，主要是利

1　参见 Jean-Paul Reding: "Analogical Reasoning in Early Chinese Philosophy", *Etudes Asiatiques*, 40/1 (1986), pp. 40–56; Joseph Needham: *Science and Civilisation in China*, Cambridge, UK: Cambridge University Press, 1998, Vol. 7, Part 1: Language and Logic by Christoph Harbsmeier, pp. 261–286。

用辩证逻辑来发掘、梳理和诠释中国古代逻辑，进而推动辩证逻辑本身的发展。能否利用某些新的逻辑分支对中国古代逻辑进行批判总结，以回应传统形式逻辑及其现代发展面临的一些问题——如过分强调逻辑的工具价值而忽视其社会文化功能，逻辑的规范性与推理论证实践的脱节，逻辑与认识论的分离，等等——这些都是值得尝试的事情。

总之，对冯契中国古代逻辑研究中的这些不足或盲点的克服，有赖于中国古代逻辑研究的进一步深化，不过这已超出了本章的论述范围而是另外几篇论文的主题了。[1]

1　本章曾宣读于"世界性的百家争鸣与中国哲学自信——纪念冯契先生百年诞辰国际学术研讨会"（2015 年 11 月 2—3 日，上海，华东师范大学）。南京大学张建军教授曾提醒有必要区分"中国古代逻辑"中的"逻辑"一词的两种含义，即较为零散的逻辑思想与相对系统的逻辑理论，在此谨致谢忱。

第十章　冯契的中国佛学研究

——从魏晋南北朝至隋唐时代

　　冯契先生，一生致力于中国哲学史的研究，成就斐然。其中对于中国佛学的研究，仅仅是其哲学理论系统中的部分内容，因而到目前为止，相对于其"智慧说三篇"来说，学界的关注依旧有限。但需要说明的是，这并不代表他不重视佛学问题的研究和探讨。恰恰相反，据高振农先生回忆，冯先生曾在不同场合多次阐明佛学对于中国哲学的重要性，且鼓励他积极从事佛学研究，终于成为以后高先生一生的学术追求。[1] 不仅如此，冯先生自己对佛学也下过很深功夫，尤其是在中国佛学方面，并在《中国古代哲学的逻辑发展》一书里得到了比较全面的反映与表达。此外，在其他若干论述中也有表现。比如，在其智慧说的主干《认识世界和认识自己》中所主张的基于社会实践的人类认识活动经过由"无知"至"知"（识），由"知识"至"智慧"的两次飞跃，实际是从唯识学"转识成智"之说中得到重要启发而实现的，虽然此说与唯识的原义并不

1　1961年，冯契先生在担任上海社会科学院哲学研究所副所长期间，积极支持和鼓励所里的高振农去南京，追随吕澂学习佛学。他说："佛学在中国哲学史上占有十分重要的地位，不懂得佛学，就写不好中国哲学史，派你去学习佛学，就是希望你将来能在中国哲学史研究中有所成就。"这次赴南京学习确立了高振农先生一生的佛学研究方向。参见《佛学有缘》，《近现代中国佛教论——高振农佛学文集》，中国社会科学出版社，2002年，第2页。

一致。[1]

在此，仅根据《中国古代哲学的逻辑发展》中之论述，结合其他相关的文字材料略做讨论，管中窥豹，以见其佛学思想之一斑。

一

印度佛学东渐，传入中原之后，在很长时间里，始终存在着如何中国化的问题。从汉朝的《牟子理惑论》[2]，中经《颜氏家训》，到隋唐之大成，乃至于宋明之后的"三教同源说"[3]，无不对这一问题发表过各种见解与论述，丰赡华美，不一而足。然本章讨论之重点，将放在魏晋南北朝至隋唐时代。这不独由于佛教初传，需要通过"格义"等方式加以推广，更重要的是，这一时期将佛教教义与本土哲学的主要理论互为比观，从而开始建立中国人能够接受的思想学说，以至孕育出隋唐二朝佛学发展的高峰。这也是冯先生重点关注之所在。

1　二者的区别在于，对"转识成智"之"识"与"智"所赋予的意思并不相同。唯识学之"识"，是指眼、耳、鼻、舌、身、意、末那等前七识，即人们认知外界与自己的能力（或称"功能""作用"），并将其认知的结果储存于第八识——阿赖耶识中。冯先生之"知"，是指人类在认识世界与自身过程中所获得的经验知识。后面的"智"，虽均指智慧，但对智慧的理解，二者却又迥不相侔。在唯识学看来，所谓转识成智，是将八种识转化为四种清净智慧——转前五识为成所作智、第六意识为妙观察智、第七末那识为平等性智、第八阿赖耶识为大圆镜智，才能达到觉悟的境地，以及认识外界与自身的真理。冯先生之转识成智，是指"由无知到知、由知识到智慧的辩证运动"。《〈智慧说三篇〉导论》，《冯契文集》（1），第37页。

2　《牟子理惑论》，中国最早的佛教论书。全书正文三十七章，作者自设宾、主，采用对话的形式展开论说。问者对佛教提出种种疑问和责难，牟子引用儒、道和诸子百家之书给以解释，或辩驳。该书从两个侧面反映了那时候的中国人对佛教的认识，是了解和研究中国佛教形成和发展的一部重要文献。

3　三教同源说，最早由南朝梁武帝萧衍正式提出。他在《舍道事佛文》中说："道有九十六种，唯佛一道，是为正道，其余九十五种，名为邪道。"又说，佛祖如来和老子、孔子是师徒关系，儒、道两教来源于佛教。以后，又通过高僧及士大夫的宣传、弘扬，至宋、明时期，发展到一个高峰。三教同源说一面贬低儒、道，一面又以佛教包容它们。实际上，该说是对儒、道、释三家在长期的发展过程中相互融合的一种总结。

对于佛学的玄学化，在道安（312—385）、支遁（约314—366）、鸠摩罗什（Kumārajīva，344—413）、僧肇（384—414）、慧远（334—416）、竺道生（355—434）等一系列著名人物中，冯先生在《中国古代哲学的逻辑发展》中仅取僧肇、竺道生两人的思想作为代表来进行研究，是有其考虑的。

僧肇，是鸠摩罗什之高足，号称"解空第一"，完全继承了罗什的思想理论体系，并为我们留下了最具哲学意味的巨著之一——《肇论》。尽管在当今中国大学里的哲学教材中还能看到《肇论》思想的若干片段，但读者对其陌生是不容置疑的。仅从此意义上说，冯先生的研究自有其现实意义，毕竟僧肇是中国哲学史上最不该被遗忘的重要宗教哲学家之一。

在中观学派（Mādyamaka）的思想理论中，僧肇最突出的成就无疑是"空"（śūnya）[1]。在一般人的印象中，"空"就是没有，等于无，或零。事实上，"空"确切的含义，既不是零，也不是什么都没有，而是指不可描述的实在。中道（madhyamā-mārga）是不能用语言分别、不能用概念推理的一种最高存在，也就是非有非无、亦有亦无、非非有非非无。这一点冯先生把握得非常准确，并引证《不真空论》开头的一段话，说：

> 夫至虚无生者，盖是般若玄鉴之妙趣，有物之宗极者也。自非圣明特达，何能契神于有无之间哉？[2]

僧肇将"至虚无生"，即绝对的虚无寂灭，看作"般若玄鉴之妙趣"，即智慧直觉的神秘境界。冯先生以为，作者"是把绝对的虚静认作是智慧所

---

1 空，是古代印度大乘中观学派（或称之为"空宗"）最重要的思想理论，甚至有"十八空""二十空"之谓，分别参见《大般若经》卷三，《大正藏》(5)，第13页中；《摩诃般若经》卷一，《大正藏》(8)，第219页下。到了中国，更有发展，据民间传说流行的《志公和尚万空歌》，可谓已达极限。

2 （东晋）僧肇：《肇论·不真空论》，《大正藏》(45)，第152页上。

要掌握的内容"。因此，在僧肇看来，"真正的圣明就在于体会'非有非无'"[1]，即"空"的原理。如此理解，是完全契合中观学派关于"空"的含义的，也就是所谓"智、法同俱一空，无复异空"之说。换言之，所谓"空"既是世界万物的本质存在，同时，又是修行者证悟佛道的最高境界。

不过，也需要注意到，虽然僧肇认为从根本上说只有"空"，但对具体事物而言，来源于人们分别心之"假有"却依然存在，绝不能视而不见。否则，同样也会产生误解，以为佛教只是无视客观事物的虚无主义说教而已。

接着，冯先生沿着僧肇的思路，对当时一些形形色色的不正确的观点进行批评和纠正。关于这些思想的研究，冯先生仅选取了"六家七宗"中的"心无""即色""本无"三家，作为主要的讨论的对象，这也是《般若无知论》一文所采用的做法，抓住问题的关键，而不在乎数量之多寡。

心无宗，以支愍度为代表。针对其"内止其心，不空外色"的特点，僧肇是这样评说的："心无者，无心于万物，万物未尝无。此得在于神静，失在于物虚。"[2] 意思是说，持心无论者虽做到了不执着于万物，应当肯定，但又不承认万物之"自虚"，而认为其实在，却又是错误的了。般若学的精髓在于，认为世界上的万事万物尽管表面上看起来千变万化，本质上是虚妄不实，是"假有"，亦即是"空"。所以，僧肇认为，心无宗之"得"在"神静"——净心养神，有益；而"失"在于"物虚"，没有看到万物"假有"背后本身"虚"或"空"的真相，还有着进一步修正之必要。

"即色而空"，乃即色宗的主要特征。这个流行于晋宋之际的佛学派别，由高僧支道林所创立。他以为万物所缘起的现象是空。僧肇认为，这也是不彻底的，因为仅"明色不自色，故虽色而非色也"[3]。前句中的第一个

1　《中国古代哲学的逻辑发展》(中)，《冯契文集》(5)，第 208 页。

2 3　(东晋)僧肇：《肇论·不真空论》，《大正藏》(45)，第 152 页上。

"色"指的是事物的现象，或称之为"有"，第二个"色"是指事物的本质，或称之为"无"。整句的意思是说，该宗虽明白事物的现象不等于本质的道理，但是，他们又不明白事物的存在不过是"假名"而已，并非真实，亦即"色而非色"。这种观点同样为僧肇所不取。

"以'无'为宗"[1]，差不多可以说是《般若经》(*Mahāprajñāpāramitā-sūtra*) 之别名。因而，当时信仰者众，并以大名鼎鼎的道安为首，在"六家七宗"里，名列第一。虽然如此，僧肇亦不满意。他对本无宗的评价是"情尚于无多，触言以宾无。故非有，有即无；非无，无亦无"[2]。意思是指，该宗之人过分地钟情于"无"，一说话就提到"无"，所以讲"非有""有"都说"无"，讲"非无""无"还是说"无"。为此，他进一步指出，佛陀建立"空"的理论宗旨是，强调"非有"并不是真有，"非无"也不是真无。因此，没有必要非得说"非有"是没有之"有"，"非无"是没有无之"无"。这是因为从佛教中道观的立场说，"好无之谈"与"崇有"之说一样都违背了大乘佛教"离有、无两边"之精神，是不符合般若思想的本义的。

冯先生认为，僧肇批评心无、即色、本无三家之说，极力宣扬所谓"非有非无"的"中道"，实际上，不过是"借'缘起'说来论证'诸法性空'，属于大乘空宗的形而上学的思辨。世界上一切事物都'待缘而后有'，都是有条件地相对地存在着，所以不是'常有'，也不是湛然不动之'无'。这样用'缘起'来说明'非有非无'，立'不真空'义，就是僧肇所谓'即万物之自虚，不假虚而虚物也'"[3]。这样的判断与僧肇的"有无"关系问题的观点是相一致的。但是，冯先生未做进一步的分析，并给予适当的评价，只是点到为止而已，略有遗憾。

---

1 （明）德清：《肇论略注》卷五，《卍新续藏经》(54)，第353页上。

2 （东晋）僧肇：《肇论·不真空论》，《大正藏》(45)，第152页上。

3 《中国古代哲学的逻辑发展》(中)，《冯契文集》(5)，第211页。

二

如果说冯先生对僧肇的理解是重在其继承性的话，那么，对于竺道生来说，则是看中了他的创新意识与表达。竺道生也是罗什的得意门生。他虽参与了大、小品《般若经》之翻译，但其所作所为，却与僧肇大异其趣。换句话说，他走的思维路线与空宗之目标并不一致，而是青睐于《涅槃经》(*Mahāparinirvāna-sūtra*)，尤其在中观学派极力避免提到的"佛性"(Buddha Nature)问题上大加发挥 [1]，并因此被公认为"孤明先发"而饮誉后世。竺道生这么做不外乎两个原因：

一是"空"的理论经龙树(Nāgārjuna)、提婆(Deva)的精密研究和深入挖掘，已非常成熟，鲜有继续发展的空间，加上僧肇结合中国古代的思想理论做了相当程度的发挥，对于竺道生来说，已经不存在进一步拓展的余地。

二是竺道生本人的性情使然。他是一位不囿于师说，乃至于经说的天才式人物，擅长自出机杼，自然不会仅仅满足于对空宗学说进行修修补补式的作为。

进一步追问，他为什么能做到这样呢？冯先生认为，是因为"竺道生吸取了王弼关于'得象忘言，得意忘象'的思想，针对当时一般佛教徒拘守佛经字句的流弊，敢于打破流行的佛教教义的束缚，提出自己的见解" [2]。同时，引证《高僧传》的资料以为说："夫象以尽意，得意则忘象。言以诠理，入理则言息。自经典东流，译人重阻，多守滞文，鲜见圆义。若忘筌

1　印度中观学派的创始人是龙树，其核心思想理论主要体现在《中论》一书中。由于龙树建立中观学所运用的方式方法，是"随立随扫"，重在扫荡名相、概念，阐述"缘起性空"的学说，而鲜有建立，实际也无法建立；因而，在《中论》中提及"佛性"仅一次，参见［印度］龙树：《中论·观四谛品》，《大正藏》(30)，第34页上。

2　《中国古代哲学的逻辑发展》(中)，《冯契文集》(5)，第217页。

取鱼，始可与言道矣。"[1] 正是运用"忘筌取鱼"式的方法，竺道生能够顺着《泥洹经》义的逻辑思路的发展，在一片唯经是从的沉闷气氛中，大胆地提出"一阐提人，皆得成佛"的先见之明。

原来，《泥洹经》是多卷本《大般涅槃经》的节译本，乃东晋法显（334—420）所翻。经中说到，一切众生悉有佛性，均能成佛，除"一阐提迦"（icchantika）。因为"一阐提"是断尽善根的极恶之人，这样的人是不能成佛的。然而，竺道生仔细研究之后，认为既然一阐提人属于"含识"之类[2]，也应该有佛性，也能成佛。因而，他在《法华经疏·见宝塔品》中明确指出："一切众生，莫不是佛，亦皆泥洹（涅槃）。"他的这种说法与中土传统思想理论中孟子"人人皆可以为尧舜"[3]、荀子"涂之人可以为禹"之说[4]，有异曲同工之妙，但却与《泥洹经》所说之本义相背离，所以受到当时佛教界人士的一致否定，他被赶下讲坛，不得不离开金陵，取道苏州，前往庐山东林寺。直到四十卷本《大般涅槃经》传入东土，经中明言"一阐提迦"也能成佛，竺道生的"先见之明"才被人们普遍承认，他也因之得以重新登台，讲经说法，并涅槃于师子之座上。

当一切众生是否有佛性的问题解决之后，接着，成佛的方式如何，便顺理成章地被提到了讨论的层面上来。成佛究竟是像水果一般逐渐成熟，还是如照镜子那样一时呈现？这是人们普遍关心的又一重大佛学问题。

对此，竺道生提出了"顿悟成佛"的学说，据陈慧达《肇论疏》记载：

---

1 （梁）慧皎：《高僧传》卷七，《高僧传合集》，上海古籍出版社，1991年影印本，第46页。

2 含识，又称含生、含灵等，是梵语 sattva 的意译。指含有心识的有情（感）众生。由于一切众生皆有心识，故名含识。如《华严经》卷二云"普转妙法轮，利益诸含识"[《大正藏》（10），第670页中]、《大宝积经》云"假使三界诸含灵，一切变成声闻乘"[《大正藏》（11），第215页中] 即是。

3 《孟子·告子下》。

4 《荀子·性恶第二十三》。

竺道生法师《大顿悟》云：夫称顿者，明理不可分，悟语极照。以不二之悟，符不分之理。……见解名悟，闻解名信。信解非真，悟发信谢。理数如然，如果就自零。悟不自生，必借信渐。[1]

所说的意思非常明确，佛性之理不可区分阶级，悟则极照，"理数如然"，有如揽镜自照，人像立时呈现。冯先生显然是认同"顿悟"说的，从最后的觉悟这个层面上看，的确如此。倘若从阶段论上说，则又须另当别论了。

三

隋唐时期，佛学是本土哲学的重心所在。对于这一时期各个佛学派别思想理论的研究，冯先生与一般正统的佛学研究者以各个宗派为题展开讨论的方式不同，而是取某一宗派中最要紧的教义加以深入探讨，有时生发开去，有时不及其他，有时甚至将两个宗派做对比研究，而其中心始终围绕着"空有"关系、"心物（性相）"之辩和"理想人格培养"这三大主题，正像他自己所说：

自大乘佛教空宗、有宗相继传入中国以来，佛教学者便上承玄学，热衷于讨论"空有"关系问题，并且总是和"心物（性相）"之辩互相联系着。"人能否成为圣人和理想人格如何培养"这个老问题，到了佛教徒那里就成了"人能否成佛以及如何才能成佛"。[2]

也正是基于这样的理解，所以，冯先生在这一时期八大佛教宗派里仅取天台、法相、华严、禅宗四者进行讨论，略去净土、律宗和密教三者宗教意

1　（陈）慧达：《肇论疏》卷上，《卍新续藏经》（54），第55页中。
2　《中国古代哲学的逻辑发展》（中），《冯契文集》（5），第248页。

义浓厚而哲学成分较少的教派，三论宗也只是点到为止，没有展开论述。而且又确立"天台宗论'三谛圆融'""法相宗论'一切唯识'与华严宗论'法界缘起'"和"禅宗'顿悟'说"三题对天台、法相、华严、禅宗四宗限定论述的范围。这样的取舍固然是出于《中国古代哲学的逻辑发展》全书总体思路的需要，同时，也基本符合隋唐佛教宗派主要思想理论的精髓所在。下面就上述内容展开讨论。

首先，天台宗的一切教义基本源于它的止观实践，从早期的"三智一心中得"到"一心三观""三谛圆融"，乃至于"一念三千"等核心内容，均出于此，也就是从实践中得来的意思。当然，这里所说的实践与我们以往理解的哲学意义上的实践在形式和内容上都很不相同，止观实践是通过坐禅的形式和观照的方法，调节修行者的生理和心理状态，从而达到明了佛教精义和强身健体的双重目的。尽管这种方式已在佛教界流行了两千多年，但是，它的神奇效用和独特功能至今依然没有被社会所认识和接受。

所以，我们说冯先生透过对止观法门的解读而导出"一心三观"或"三谛圆融"的做法，这是他高明的地方，比起在论述天台教义之后单独讨论止观问题，不但可免除二者相互割裂的嫌疑，也非常契合天台思想产生、演绎和发展的实际理路。而且，以"三谛圆融"作为论述天台教义的标题也把握得恰到好处：向前可以自然承接"一心三观"的发展思路，向后则开启"一念三千"的理论之门。

其次是"一心三观"，它来源于龙树《中论》(*Mūlamadhyamaka-kārikā*)所说的"三是偈"："因缘所生法，我说即是空，亦为是假名，亦是中道义。"从能、所关系上说，这段话包含三层意思：（1）以能观之智（慧）观照所观之法——"因缘所生法"，是没有"自性"的，因而是"空"，这是"空观"；（2）因缘所生法，虽空而有"假名"，这是"假观"；（3）倘若能观照到因缘所生法的本质是非空非有的，这就是"中道观"，也称为"中观"。

这里我们不妨称之为"一法三观"或"一切法三观"，换句话说，也就是一法可以有"空""假""中"三种不同的观照方法。一法如此，一切法亦然。同时，按照天台的说法，"世界无别法，唯是一心作"[1]"心是一切法，一切法是心"[2]，一法即一心，一切法亦不出一心，所以"一法三观"或"一切法三观"，也就是"一心三观"的意思。

第三，是"三谛圆融"。这个理论是由"一心三观"进一步推论而来的。既然"一心三观"是将能观之智观照所观之法，从而得到正确的看法——真谛（真理）的过程，因此，通过这样的观照，可以获得三种真理：空谛、假谛和真谛。虽说这三种真理是通过三种不同的观照角度获得的，但均不出一（念）心，所以三者之间自然是可以圆融无碍的，正如冯先生所言：

> 在智颉看来，一切事物都是虚幻不实，无有自性，这就是"空观"、"真谛"；诸法虽"空"，却又"因缘"凑合而显现为"假有"，这就是"假观"、"俗谛"；"空"即"假"，"假"即"空"，不执"空"、"假"，亦不离"空"、"假"，本体与现象合一，这就是"中道"。天台宗以为，"一心"在同一时间观照得"空"、"假"、"中"三种实相，相即不离，无有先后，所以说它们"圆融"；"三谛"是精神本体的属性，是人们天生就具有的；通过"止观"来获得"三谛圆融"的道理，并不是分阶段"渐修"，也不是凭主观"造作"，而不过是破除迷惑，唤醒"天然之性德"罢了。[3]

"空""假""中""三谛圆融"的结果，是智者通过修习"法华三昧"之后所获得的，是天台宗对印度中观学说的进一步发展，具有鲜明的中国特色。

1　（隋）智颉:《法华玄义》卷二上,《大正藏》(33)，第 693 页中。
2　（隋）智颉:《摩诃止观》卷五上,《大正藏》(46)，第 54 页上。
3　《中国古代哲学的逻辑发展》(中),《冯契文集》(5)，第 254 页。

四

在冯先生眼里，与天台宗主要讨论"空有"问题不同，玄奘（602—664）、窥基（632—682）创立的法相宗和大成于法藏（643—712）的华严宗所关心的是"性相"之辩。它们的中心教义分别是"一切唯识"与"法界缘起"。"一切唯识"，论述的是"识"和"法"（即"心"和"物"）的关系问题，并证明识、法"皆依识所转变而假施设"[1]，并非实有。重在事物的现象与人的感觉经验的分析、判断。"法界缘起"，则以"一真法界"作为世界的本原，它"总该万有，即是一心"[2]，而且"一切事法，依心而现，念即无碍，法亦随融，是故一念即见三世，一切事物显然"[3]。强调的是理性本体，与法相宗着力于一切法之"相"是有些不同的。

法相唯识学复杂而深邃，其所难治是佛学界的共识。冯先生既能抓住其中的根本"种子"——阿赖耶识（ālaya-vijñāna），又能以"熏习"（vāsanā）、"缘"的重要作用，兼顾论述现象界差别的来源，是非常到位的。他说：

> 阿赖耶识含藏一切"法"的"种子"，"种子"具有产生与自己同类的现象的功能，"能亲办自果"，所以是产生诸"法"的主要原因（即"因缘"）。也可以说，"种子"与现行之"识"的关系是潜能与现实的关系，当"助缘"具备时，潜在的"种子"就变为现行了。而现行之"识"又转过来使潜在的"识"受到熏染，……此外，还有三种"助缘"，即"等无间缘"（"前念识"与"后念识"相续无间断，前念为后念之等无间缘）、"所缘缘"（指识所缘之境）、"增上缘"（其他起作用的条件）。通过这些分析，法相宗说明了现象界的互相依存与永恒

---

1 ［印度］护法等著，玄奘译：《成唯识论》，金陵刻经处，光绪二十二年（1896）刻本，第2页。

2 （唐）宗密：《注华严法界观门》，《大正藏》(45)，第684页。

3 （唐）法藏：《华严经义海百门》，《大正藏》(45)，第630页。

流转。……一切现象都"仗因托缘"而生成，都处在因果关系之网中，而归根结底，则是"以根本识为共依"（"根本识"即阿赖耶识）。[1]

尽管我们说，上面的引文还只是将唯识学中固有的教理学说表达出来，没有特别展开进一步的论述，但是，由于唯识学的理论源自瑜伽行派甚深修行实践的经验总结，对于后来缺乏宗教实践的研究者来说，能够准确地把握这些头绪纷繁的理论中的关键内容，已属不易，遑论做进一步的深究。在此，冯先生扬长避短，做得恰到好处。唯一感到不足的是，他没有在"培养理想人格"的框架下，对唯识学中的"转识成智"说做深入的研究，并与后来禅宗的"理想人格"之说比对，应该说这是一个非常有意思的题目。同时，也没有像他后来那样，借助于转识成智的躯壳，赋予它新的内容，成为他哲学思想中的重要命题与组成部分。

同样，对于华严宗的"法界缘起"来说，冯先生一方面强调其"唯理论"的特色，另一方面，又通过与天台宗所说的对比，来展示华严宗理、事关系的圆通。他说：

> 既然一切事物都是心体的显现，念和法、思维和存在是同一的，我看到了观念之间的无碍，也就认识了事物之间的融通，所以"一念"中能明白见到过去、现在、未来一切事物。这同智颙讲的"一念三千"相似而又有所不同。法藏说"一切事法，依心而现"，以为"心"是事法之所"依持"。而智颙以为，三千世间本来具备于一念心中，根本用不着讲"依持"。从认识论来说，华严宗讲法界缘起，主要诉诸理性的思辨；而天台宗的"一心三观"，则主要诉诸内省（反思）之所得。[2]

---

1 《中国古代哲学的逻辑发展》（中），《冯契文集》（5），第 266 页。
2 《中国古代哲学的逻辑发展》（中），《冯契文集》（5），第 274 页。

总之，无论是天台宗的"一念三千"，还是唯识学的"万法唯识"，抑或是华严宗的"法界缘起"，本质上是在阐述"心"与"物"的宗教哲学意义。此与冯先生《中国古代哲学的逻辑发展》中讨论的重要论题是完全一致的，也是他选取这些问题进行研究的主要原因。

五

与"心"与"物"关系的讨论相并列的是，冯先生关于"理想人格"塑造问题的理论，就佛教来说，最典型的，自然非禅宗慧能的"顿悟"说莫属。

南北朝时期，由于佛教初传不久，人们对觉悟问题的了解还非常有限。到了隋唐时代，佛教已进入综合总结阶段，理论色彩极为浓厚，对于觉悟的论述已达于极致。然而，佛陀的觉悟从根本上说是一个如何实践的问题，理论上的关注甚至可以忽略不计。也因此，慧能主张的"不立文字"，强调简捷明快的"顿悟"说，对于沉溺于文字纠葛的佛教界犹如一阵清风，沁人心脾。"会昌法难"之后，随着慧学思潮的急剧消退，"顿悟"的禅风终于从广东起步，风靡南方，同时，在其弟子神会的大力弘扬下，借助于士大夫们的推波助澜，又席卷了北方大地。

对于慧能南宗禅的"顿悟"说，冯先生以为有三点值得我们注意："第一，它强调了主观能动作用，以为觉悟是自悟、自觉，要依靠自力，不能依赖他力。""第二，悟是顿然的，一刹那间实现的。""第三……认为顿悟就是返观自己，一下使全体圣心明白起来。通常所谓'悟'，就是顿然间把握全体，获得全面性的认识，而有豁然贯通之感。"[1]在冯先生看来，慧能的"顿悟"说是基于其"自心是佛"的主张。因为他说过"自心是佛，更莫狐疑。外无一物而能建立，皆是本心生万种法"[2]。所以，本性是佛，不假

---

[1] 《中国古代哲学的逻辑发展》(中)，《冯契文集》(5)，第290—291页。
[2] 《坛经·付嘱品》，曹溪原本，金陵刻经处，民国十八年（1929）刻本，第53页。

外求，"若起正真般若观照，一刹那间，妄念俱灭，若识自性，一悟即至佛地"[1]。从认识论的角度看，禅宗着重于人的主观能动作用，特别表现在通过人的认识的飞跃而把握全面性的知识和具有融会贯通的意识。这是不能否认的事实，也是慧能理想人格的目标所在。

至于与理想人格培养相关的禅宗的"传法"方式，冯先生认为，禅宗重视自觉原则与自愿原则的结合，南宗马祖主张的"触类是道而任心"之说[2]，便是重要的体现。"触类是道"，指领悟到一切所作所为都是佛性全体之作用，便具有高度的自觉意识；而"任心"即任运自在，随处作主，一切皆出于自愿和自然。这种随顺自然、优游自得的生活态度，所表现出来的超脱于命运束缚的现象，成为吸引中国士大夫在宦海沉浮中"逃禅"的主要原因。

综观冯契先生的佛学研究，他选取僧肇、竺道生二人的思想来概括表述佛学由继承到创新的中国化历程是非常合适的，而通过"空有"关系、"心物（性相）"之辩和"理想人格培养"三大主题来把握整体隋唐各宗派佛学理论的努力，也表现出其独到的识见，尤为不易。

此外，他还对中国佛学做过这样的评价：

> 在魏晋南北朝时期，经道安、慧远、鸠摩罗什及其弟子僧肇、竺道生等人的努力，佛教大乘空宗的学说实现了玄学化，开始成为中国传统思想的有机组成部分。到隋唐时期，形成了具有不同程度中国化了的佛教宗派，如天台宗、法相宗、华严宗、禅宗等，它们都发展了佛学唯心主义理论。唯心主义当然是错误的，但它们分别对精神现象的不同侧面（内省、经验、理性思维、自我意识）作了深入考察，成

1　《坛经·般若品》，第 13 页。

2　（唐）宗密：《圆觉经大疏》上卷之二，《卍新续藏经》(9)，第 334 页中。

了中国古代哲学发展过程中的一些环节，却是不容忽视的贡献。[1]

虽说这样的评价在今天看来，并不突出，甚至有些"过时"，但在冯先生生前能作如是说，不仅要有卓识，还需要有勇气。《中国古代哲学的逻辑发展》成书于 20 世纪 80 年代初。此前，有关"唯心""唯物"之争正如火如荼，对唯心主义的批判依然轰轰烈烈。这种影响也反映到冯先生的著作中，不足为奇。但难能可贵的是，冯先生不为时势所蔽而"一边倒"，却本着实事求是之态度，通过对佛教在内省、经验、理性思维、自我意识诸方面做深入的考察之后，客观地看到并肯定地指出，作为唯心主义的佛教哲学对于人类思维发展所做出的"不容忽视"之贡献，明显具有非常重要的前瞻性哲学意义。

1　转引自高振农：《中国佛教源流》，九州出版社，2006 年，第 3—4 页。

第十一章　冯契的明清哲学思想研究

　　明清两代的思想连续性不言而喻，统治主体不同，指导思想无疑是儒家思想。但明清哲学能否独立成为一个研究对象，这是很多研究中国哲学史的学者都会碰到的问题。问题的关键便是如何看待清儒之学的思想地位。从中国哲学史学科成立伊始，清代思想的哲学史定位一直暧昧不明。清代有学术无思想无哲学的看法很是流行，以至于哲学史书写往往跳过清代思想。对于明清思想，是否能够将之视为一个整体，抑或分而论之？若视为一体，那么明清思想的连续性何在？若视为断裂，则清代思想是否有哲学上的独立性？很明显，在现有的诸多研究中，明代心学与清代学术思想之间的差异性是显而易见的，这种差别使得如何能够从整体的意义上来理解明清哲学成为疑问。刘师培论及明清儒学之别，"要而论之，清儒之学，与明儒殊。明儒之学，以致用为宗，而武断之风盛。清儒之学，以求是为宗，而卑者或沦于稗贩。其言词章、经世、理学者，则往往多污行；惟笃守汉学者，好学慕古，甘以不才自全。而其下者或治校勘、金石，以事公卿"。汉学所守甚难，所学殊于流俗，虽不能为天地立心为生民立命，但亦不至于败坏世风："甘为所难，所志必殊于流俗。故汉学之儒，均学穷典奥，全身远害，以晦其明。即焦、黄以暴行施于乡，段氏以贪声著于世，然志骄而不卑，行横而不鄙，以之为民蠹则有余，以之败世风则不足。"[1] 言语之中

1　《清儒得失论》，李妙根编，朱维铮校：《刘师培辛亥前文选》，中西书局，2012 年，第148 页。

自然免不了褒扬汉学，但亦可以觑见明清儒学之差别。

明清之学是中国进入现代前的思想场域，是塑造中国社会形态的最重要话语，也是我们接触和理解传统社会最重要的文本。如何书写明清哲学不仅关涉到如何理解传统思想，也关涉到如何理解中国现代性的发生问题以及文化的自我认同问题。明清哲学思想研究的背后贯穿着研究者的价值取向、文化认同和思想性格。以往明清哲学思想研究，存在儒学话语和启蒙话语两种不同研究范式。儒学话语的研究范式或以道德形上学立论，或以尊德性到道问学的展开立论。启蒙话语的研究范式或侧重从社会存在和社会意识的关系角度解释明清现代性思想的曲折展开，或从明清儒学中发掘了传统哲学中的科学理性精神。冯契的《中国古代哲学的逻辑发展》对明清哲学思想的书写，一方面注重社会实在对哲学思想的影响，接受自由进步的启蒙立场评判标准，另一方面注重哲学思想的进展，以道器、知行问题为中心把握儒学思想发展的内在逻辑，颇具特色。明清哲学之于冯契，具有双重意义。一方面明清哲学是冯契试图在现代的话语体系中分析和理解的对象，是对明清哲学的精神遗产的整理；另一方面明清哲学的精神遗产刺激着冯契如何在中国哲学体系的观照下构建自身思想体系，如何在世界哲学的观照下理解中国哲学。

一、当前的明清哲学思想研究

当前学界对明清哲学思想的研究，基于各种理论立场还有不同的研究话语。吴根友等曾将 20 世纪明清学术与思想研究区别总结为四种路径：梁启超、胡适的"文艺复兴"说，侯外庐、萧萐父的"早期启蒙"说，熊十力、冯友兰的"余绪"说，钱穆、余英时的"内在理路"说。[1] 其实还可以做进一步的归纳，梁启超、胡适、侯外庐、萧萐父都是从现代启蒙哲学的

1　吴根友等：《戴震、乾嘉学术与中国文化》，福建教育出版社，2015 年。

角度对明清思想的反观，而熊十力、冯友兰、钱穆、余英时则是从儒家立场评骘明清思想的发展。故当前明清哲学思想研究可以区分为两种话语体系：儒学话语和启蒙话语。当然，这些不同的研究进路也有相当的理论共识，互相交织。

儒学话语体系主要是从儒家的价值体系或者观念体系的立场出发，试图将明清思想作为一个整体分析，但这个整体有两种方式：一种是将清代思想略而不论的整体，一种则寻求明清思想的连续性理解。这种对待明清哲学思想的路径，实则可以分为理学的立场的研究和史学的立场的研究。从理学的立场来看明清思想，主要是现代新儒家的观点，如熊十力、徐复观、唐君毅、牟宗三以及刘述先等偏重陆王心学一系，以及冯友兰等偏重程朱理学一系（还有劳思光注重心性论的传统，但与熊氏一派的思想有所不同，但对于乾嘉汉学的评价有些地方非常相似，也可以纳入这个谱系）。而带有儒家视角的史学的立场的最大代表，当属钱穆及其弟子余英时。[1]

现代新儒学有新心学和新理学之别，但二者对于清代思想的评价比较一致。以熊氏一门的新心学为例，他们高扬明代的心性之学，以阳明心学为儒学正宗，而对清代思想的批判甚为严厉。熊十力说："清儒虽以汉学自标榜，然从许、郑入手，只以博闻是尚。于西汉经儒之整个精神，全无所感。清人托于汉学，实已丧尽汉学血脉也。"[2] 因此，他不同意梁启超对清代学术的评价，说道："向者梁任公每颂清儒董理之绩，拟诸欧洲文艺复兴，余意未足相拟。欧人文艺复兴时代，自有一段精神。申言之，即其接受前哲思想，确能以之激发起内在之生活力，而有沛然不可御，与欣欣向荣之机。"[3] 熊十力认为梁启超以文艺复兴复古解放来理解清代思想，显然不合适。熊氏认为"清儒为学之动机，无非为名为利，乐受豢养而已"，"清

---

1 如钱穆的《中国近三百年学术史》、余英时的《中国传统价值的现代诠释》等。

2 《读经示要》，《熊十力全集》（3），湖北教育出版社，2001年，第815页。

3 《读经示要》，《熊十力全集》（3），第816页。

儒之流毒最甚者，莫如排击高深学术一事"。[1] 熊氏的观点，对于门下弟子及再传弟子的影响极大[2]，一方面表现了在心性儒学道德理想主义视野下的偏见，另一方面则表现出了过强的民族主义偏见。正如有学者指出的那样，"这些观点，都是因为过重的民族情感而发为激愤之言，将满汉地主联合政权中的官僚当作了学者，基本上抹杀了清儒如戴震、章学诚、焦循等人在哲学史、学术史上的地位"[3]。

从哲学立场而言，熊十力认为乾嘉汉学最大的理论问题是乾嘉诸儒不能理解宋学的基本理念。或批评其误解或者不能理解程朱本旨："程子说个理字，与六经中道字，可互相发明。戴震不悟此，乃疑程、朱以己意安立一个理，以为人生行为作规范。其所攻击，与程、朱本旨全不相干。"[4] "焦循之学宗戴震，震拼命攻击程、朱者，根本不识一'理'字。"[5] 或批评其不通性理之学："天理者，吾人所以生之理也。是名为性。以其主乎身而言，又名本心。此心，元是生生而条理。其发于日用云为之际，或感物而动者，莫非欲也。然以其至动而不可乱，随发而莫不有则，故此欲，直是天理之发，而不可谓之人欲。"[6] 或批评其重视欲望贻害后世："清儒自戴震，昌言崇欲，以天理为桎梏（戴震言欲当即为理。然既反对天理之心，即中无主宰，而欲何由得当乎？），其说至今弥盛。而贪污、淫侈、自私、自利、诈伪、猜险、委靡、卑贱之风，弥漫全国，人不成人，其效亦可睹矣。"[7] 或批评其重视方法："考据家游心琐碎，乃于此（指六经大义——引者注）冥然

1 《读经示要》，《熊十力全集》(3)，第 816、817 页。

2 熊氏一门对清代之学的态度基本否定，不过否定中也存在差别。从牟宗三的"不值一提"、唐君毅的"客观研究之精神"、徐复观的"汉学真精神的寻求"再到刘述先的"典范转移"说，亦可发现熊氏一门对乾嘉汉学的态度从完全否定到部分肯定的转变。

3 吴根友等：《戴震、乾嘉学术与中国文化》，第 110 页。

4 《读经示要》，《熊十力全集》(3)，第 575—576 页。

5 《读经示要》，《熊十力全集》(3)，第 575 页。

6 《读经示要》，《熊十力全集》(3)，第 697—698 页。

7 《读经示要》，《熊十力全集》(3)，第 817 页。

不省。又复不稽于物理。"[1] "清人搜集材料虽勤，而于经义全无所窥。"[2] 不过上述的诸种批判意见，除去民族主义的立场的批评之外，若揆之于史，并非熊氏创见，甚至是老生常谈。[3]

　　相较而言，冯友兰并没有如熊氏一门那样对戴震等乾嘉儒学彻底否定，冯友兰还是承认戴东原哲学的合理性，在早年的《中国哲学史》中，冯友兰认为戴震之学是"道学之继续"。冯友兰从三方面阐述了戴震对于道学的批评。首先，相对于道学而言，戴震以阴阳五行之实体为道之实体，道即是气而非超时空之抽象的理。[4] 戴震认为存在客观的理，但此理不在气上或者气先，而是理在气中。[5] 其次，戴震反对理学家所主张的人人有一太极的性具众理之说，主张血气心知为性之实体之说。再次，戴震否定宋儒的超验的天理说，主张分理之说。就人事而言，求理之方法便是以情絜情的忠恕之道，就事理而言，则"必就事物剖析至微，而后理得"，反对以意见为理，而寻求公共性之理。而对于戴震对宋儒"存理灭欲"的批评，冯友兰认为"东原所立邪正之分，细察之与宋儒理欲之分，仍无显著的区别"[6]。总体而言，冯友兰认为戴震的哲学，"实有与宋儒不同之处；但东原未能以此点为中心，尽力发挥，因以不能成一自圆其说之系统。此东原之学，所以不能与朱子、阳明等匹敌也"[7]。不过，冯友兰晚年的《中国哲学史新编》对戴震的思想评价又有所变化。他甚至认为戴震"以《孟子》为依据，根据他自己的理解，建立了一个与道学完全对立的哲学体系。无论从政治上或从学术上看，他对于道学的批判都已达到封建社会可能有的高峰"[8]。

1　《读经示要》，《熊十力全集》(3)，第762页。

2　《读经示要》，《熊十力全集》(3)，第763页。

3　参见方东树：《汉学商兑》，《汉学师承记（外二种）》，中西书局，2012年。

4　冯友兰：《中国哲学史》(下)，华东师范大学出版社，2000年，第313页。

5　冯友兰：《中国哲学史》(下)，第314页。

6　冯友兰：《中国哲学史》(下)，第321页。

7　冯友兰：《中国哲学史》(下)，第323页。

8　冯友兰：《中国哲学史新编》(下)，人民出版社，1999年，第385页。

新心学和新理学对于乾嘉汉学的批评重点不一致，但是二者都意识到了乾嘉汉学对宋明理学的心性义理之学的逆反[1]，不过二者都没有很好地面对乾嘉汉学所提出的问题，对于自身所持的立场——心学或者理学的重建——所需要应对的哲学问题太过自信而陷入武断。[2] 现代新儒家往往从文化道统或正统的视角来看待乾嘉汉学，认为不得文化传统之真传，甚至是现代中国陷入混乱的文化根源，甚至视乾嘉汉学为无用之学进而要使之为近代中国的国势不振负责。[3] 有些学者虽然已经意识到现代中国思想的发展基本上走的是清代学术的路向，但是站在道德理想主义的立场，批判乾嘉汉学不得儒学之真谛。[4] 从理学立场来看，明清思想之间存在着断裂。

有着浓重儒家价值关怀的史家钱穆和余英时则将明清思想连贯一气，从连续性的视角来理解明清思想。钱穆坚持认为，治近代学者"必始于宋"。其理由有二：第一，"近世揭橥汉学之名以与宋学敌，不知宋学，则无以平汉宋之是非"；第二，近代"汉学"在渊源上必溯于晚明诸位遗老，

---

1 刘师培说："近世以来，治义理之学者，有二派。一以汉儒言理，平易通达，与宋儒清净寂灭者不同，此戴阮焦钱之说也。一以汉儒说理，多与宋儒无异，而宋儒名言精理，大抵多本于汉儒。此陈氏、王氏之说也。"《汉宋学术异同论》，李妙根编，朱维铮校：《刘师培辛亥前文选》，第 354 页。可见以戴震、阮元、焦循和钱大昕等为代表的乾嘉汉学的义理与宋明理学的义理不同。乾嘉汉学对理、心、性的批评恰好提供了一种迥异于宋明理学的哲学见解，从而形成了一种与理学相反的理学，吴根友等人称之为"人文实证主义"（《戴震、乾嘉学术与中国文化》），杨儒宾曾称之为"反理学的理学"（《异议的意义》，上海古籍出版社，2019 年），艾文贺则称之为"考据义理学"（philological philosophy）（《儒家伦理哲学的新旧基础：以伊藤仁斋、戴震和丁若镛为例》，《社会科学战线》，2019 年第 2 期）。

2 在最近的涉及乾嘉汉学的理学史或者儒学史著作中，也还是存在着这样的判断。汪学群的《中国儒学史·清代卷》（北京大学出版社，2011 年）和龚书铎主编的《清代理学史》（广东教育出版社，2007 年）都承认乾嘉汉学的义理维度，但是对于乾嘉汉学的义理学的评价不高，仅仅注意到了乾嘉汉学义理的伦理层面，而对于其哲学义理的阐释还有提升的空间。

3 在西方列强的环伺下，国势阽危，魏源就有此论，称乾隆中叶，惠定宇、戴东原、程易畴、江艮庭、段若膺、王怀祖、钱晓徵、孙渊如及臧在东兄弟，争治汉学，锢天下智慧为无用。章太炎作《学隐》为乾嘉汉学辩护。参见《学隐》，《章太炎全集》，上海人民出版社，2014 年，第 111—112 页。

4 唐君毅：《中国哲学原论·原教篇》，中国社会科学出版社，2005 年。

而晚明诸位遗老又"靡不寝馈于宋学"。故从学脉来看，研究明清之际的学术思想变化，必从宋学的源头讲起。而且钱穆认为："汉学诸家之高下浅深，亦往往视其所得于宋学之高下浅深以为判。""故不识宋学，即无以识近代也。"[1]就研究方法本身来说，钱穆着力从中国文化内部的转变来研究近三百年来中国思想的变化，能够成一家之言，而且也影响到了后来其弟子余英时的"内在理路"说。与侯外庐等人从社会史出发的思想史研究路径不同，余英时着重从中国思想史内在发展的逻辑理路出发，讨论北宋至清代中期中国学术思想如何从"尊德性"的主题出发，向"道问学"主题演变的内在历程。[2]余英时所要批评的就是从新儒家立场上忽略清代儒学的偏见。他说："近几十年来，讲中国哲学史或思想史的人往往无意中流露出一种偏见，那便是把宋、明理学当作传统儒学精神的最高发展阶段。清代以下只有少数儒者如王船山、颜习斋、戴东原等人的思想还受到一定程度的注意，但也不过是当作宋、明理学的余波来看待而已。所以清代两百余年的儒学传统只有学术史上的意义，而几乎在思想史上占不到一席之地。"[3]余英时关注儒家的智识主义的转向，他认为清儒所表现的"道问学"的精神是儒学进程中崭新的阶段，其历史意义绝不在宋明理学的"尊德性"之下。[4]余英时认为宋明儒学是尊德性为主，科学精神是现代文化的核心，因此，余英时认为："居今而论，儒学必须挺立起客观认知的精神。但这不是单纯地向西方学习科学便可以做得到的。借外债无论如何不能代替生产。我们的任务首先是诱发儒学固有的认知传统，使它能自我成长。儒家'道问学'的潜流，经过清代两百年的滋长，已凝成一个相当强固的认知传统。我之所以特别强调18世纪的考证学在思想史上的意义，这是基本原因之一。"[5]相对于现代新儒家对于乾嘉汉学的否定性意见，余英时特别珍惜清代

1　钱穆：《中国近三百年学术史》（上），中华书局，1986年，第1页。
2　余英时：《论戴震与章学诚·增订本自序》，生活·读书·新知三联书店，2012年。
3 4 5　余英时：《论戴震与章学诚·自序》。

学术的这种求知的精神，因为这一方面是连接传统思想与现代精神的关节点，另一方面也证明了传统中国思想存在的自我延续性。"与 20 世纪大多数明清学术与思想研究者有着价值理想诉求一样，余英时的清代学术与思想研究也暗含着一种远大的价值理想，那就是要思考儒学在现代如何发展，中国现代文化如何与自己的固有儒学传统中最切近现代文化的那部分传统发生联系，从而形成中国式的现代文化这一重大的时代问题。"[1]

从启蒙话语的角度来研究明清哲学思想，主要是持现代性观点的反观，注重明清思想与中国现代性之关系，发掘明清哲学与现代价值的建构之间的关系。这种话语体系又可以分为自由主义的立场和马克思主义的立场。

自由主义者的代表是胡适等人。胡适在 1920 年以后号召整理国故，对明清思想的重要构成部分乾嘉汉学的评价极高。他认为从宋以后，中国人有理性主义的发展倾向，但是宋明理学为主导的思想世界，以"尊德性"压倒"道问学"，故而知识理性不太发达，乾嘉考据学以来，科学的方法的发现，新工具的出现，才使得中国思想有走入现代的可能。因此胡适高度赞扬乾嘉考据学，认为他们符合现代世界的理性发展趋势。而胡适的思想前导则是梁启超，梁启超在《清代学术概论》《中国近三百年学术史》等著作中，认为清代思想的特征是"以复古为解放"[2]，认为清代思想中蕴含了许多符合现代世界思潮的地方。

偏重于西方现代性哲学话语研究的方式对于清代思想的评价颇高，但是也面临尴尬：从实证主义科学主义的角度来看待乾嘉汉学，发掘传统哲学中的理性精神。梁启超有"理学反动"说来比附文艺复兴之说；胡适继承了梁启超的观点，然而他却将具有现代意识的西方科学思想纳入其中，并赋予乾嘉汉学具有现代西方科学内涵的新的形象。这一见解，不仅改变了晚清以来一般学者视乾嘉汉学为"支离破碎、毫无趣味"的负面形象，

1　吴根友等：《戴震、乾嘉学术与中国文化》，第 46 页。

2　《梁启超论清学史二种》，复旦大学出版社，1985 年。

而且直接推动了由他本人提倡的具有"科学万能"意义的实证主义思潮，从而对梁启超的"理学反动"说做了重大的修正，具有新"理学反动"说的特质。[1]胡适说，"中国旧有的学术，只有清代的'朴学'确有'科学'的精神"[2]，胡适还说，"很少人（甚至根本没有人）曾想到现代的科学法则和我国古代的考据学、考证学，在方法上有相通之处。我是第一个说这句话的人"[3]。但是，随着西方现代哲学的自我批判，对于理性主义和本质主义的批判，乾嘉汉学的理性精神也就变得有点尴尬：一方面它违背了理学（或更广义的儒学、中国哲学）的基本精神，另一方面它所蕴含的实证精神却是当代西方哲学所批判和扬弃的。

　　通过马克思主义的话语体系研究明清哲学，代表人物有侯外庐以及后来的萧萐父、许苏民等。[4]马克思主义者多从社会实在与社会意识的关系角度讨论明清哲学思想。侯外庐"首先引进马克思主义的理论范式，剖析中国社会及明清三百年的学术、思想的特质与变化过程，从而引起了明清三百年学术、思想研究的划时代的革命"[5]。侯外庐认为16世纪末以至17世纪的中国思想家的观点，是中国社会经济发展特点和中国社会条件的反映，它不完全等同于西欧以至俄国的启蒙观点，但启蒙思想的性质却有共同之处。侯外庐从政治建构和财产制度、教育和自由自治以及对民主和平等的诉求三方面阐述了中国早期启蒙思想家的特点，这与西方的启蒙运动具有共通的思想诉求。[6]而这种诉求在18世纪则以隐蔽的方式存在。因为18世纪的专制制度的压制，专门汉学得以成立，17世纪的启蒙运动受到了挫

1　陈居渊：《汉学更新运动研究》，凤凰出版社，2013年，第13页。
2　《清代学者的治学方法》，《胡适哲学思想资料选》（上），华东师范大学出版社，1981年，第191页。
3　《胡适哲学思想资料选》（下），第109页。
4　在某种意义上，冯契先生的明清哲学思想研究亦可以归入其中，不过很有差别，详见下文。
5　吴根友等：《戴震、乾嘉学术与中国文化》，第60页。
6　侯外庐：《中国思想通史》（五），人民出版社，1956年，第31页。

折，但它的政治的、社会的形式却被文学的形式所代替，或者以更为隐晦的方式存在于戴震、汪中和焦循的思想之中。[1] 而 18 世纪末叶和 19 世纪初叶的启蒙思想则以今文经学的方式呈现。"从阮元的汇刻乾嘉文献到江藩的《汉学师承记》以及龚自珍对汉学的批判，对于 18 世纪的学术思潮作了总结。"[2] 侯外庐以时代为序，以启蒙思想为纲，描述了明清之际以降的思想变迁，他把思想的变化与思想背后的经济基础和社会动力联系起来，贯穿其中的既有历史唯物主义的因素，也有重视民主的启蒙因素。

将侯外庐的"早期启蒙"说发展和完善的是萧萐父。萧萐父依据马克思主义的哲学观，依据中国社会历史变迁的特点，认为明清之际以降的思想具有早期启蒙的特点。"早期启蒙"说包含着中国社会从传统走向现代化的历史前进运动的三大主题：个性解放的新道德、科学和民主。[3] 早期启蒙学者在伦理方面的论述主要是在自然人性论基础之上提出了新理欲观、新情理观和新义利观，寻求个性和群己关系的重整，反对伦理异化。在政治思想方面，早期启蒙学者批判君主专制制度，承认近代式的人的"自由权利"，表达了初步民主思想。在科学精神方面，早期启蒙思想家重视求知态度、"缘数以寻理"的科学方法，突破"重道轻艺"的观念，转而注重技术科学，突破道德理想主义的藩篱，转而寻求客观知识。[4]

对于马克思主义立场的明清哲学思想研究而言，启蒙话语中的科学、民主和自由的价值观念是其最重要的标准。马克思主义者重视明清思想的伦理新说，尤其重视明清之际中国哲学的变化，重视早期启蒙思想家对于理学的批评，显示出了历史唯物主义哲学对中国思想的强大的诠释力，也挖掘出了不少以前不为学界重视的思想家，扩展了明清哲学思想研究的涵盖面。

1　侯外庐：《中国思想通史》（五），第 403 页。

2　侯外庐：《中国思想通史》（五），第 627 页。

3　萧萐父、许苏民：《明清启蒙学术流变》，人民出版社，2013 年，第 5 页。

4　萧萐父、许苏民：《明清启蒙学术流变》，第 5—15 页。

两种叙述话语模式无论差别如何，其最为关键的目的都与现代中国思想的书写相关，它是中国现代性叙事构建的基本走向。虽然二者在发掘明清两代的思想史意义上意见相左，但都是建立在一个基本的立场上，这个立场就是寻求古代思想与现代中国的整体的连续性的理解。启蒙学者虽然在某种意义上来自西方思想的旁观，但其着力的却是寻找中国现代性的内生源头，儒家哲学则是建立在道统的断续的角度来寻求对近世思想史的统一理解。

二、冯契哲学史书写中的明清哲学

冯契先生的中国古代哲学史书写，是从哲学家的独特宗旨来讨论他们的思想。"历史上每个重要的哲学家都对当时哲学论争的主要问题提出自己的见解和宗旨，并从多方面进行阐明和论证，以维护自己的宗旨，驳斥别人的学说，这样便形成了独特的哲学体系。"[1] 在《中国古代哲学的逻辑进程》第三卷中，冯契集中处理了北宋以来的中国古代哲学。其中第八章"理学盛行与对理学的批判"，研讨的对象是宋明理学。前八节主要处理理学的兴起与哲学论争的发展，其中的章节安排也不同于一般的哲学史著作，他将王安石的荆公新学以单独成节，突出了王安石在哲学问题上的贡献，同时将沈括《梦溪笔谈》中的科学方法亦单独成节。其余各节则是处理一般哲学史研究都会涉及的理学人物北宋五子、朱陆和永嘉学派事功之学。明清哲学则列于第八章后三节：第九节"王守仁的'致良知'说"，第十节"王廷相：'元气之上无物、无道、无理'"，第十一节"李贽的异端思想"。第九章"中国古代哲学的总结阶段"则花了大量笔墨讨论了明末清初三大家的思想：第一节"封建社会的自我批判与古代哲学的总结"，第二节"王夫之对'理气（道器）'、'心物（知行）'之辩的总结"，第三节"黄宗羲的

---

[1]《中国古代哲学的逻辑发展》（上），《冯契文集》（4），第11页。

启蒙思想与历史主义的方法"，第四节"顾炎武以科学方法治经学"，第五节"颜元论'习行'"，第六节"戴震论'知'"。其中王夫之用墨最多，而真正属于清代思想的代表的则仅有颜元、戴震二人。

整个明代哲学，自然是王阳明哲学最能代表。冯契的哲学史中王阳明的分量与朱子的分量相当，甚至过之。朱熹和王阳明二人的篇幅基本相当，但从冯契的行文来看，对王阳明的评价要高于朱熹。冯契先生在朱子和阳明之间，认为二者是"千古不可无之同异"[1]，但从性情和哲学倾向来说，冯契比较倾向于王阳明。性情在于追求活泼泼的自由[2]；哲学在于广义认识论（智慧说）和历史主义的方法（六经皆史）。冯契对王阳明的学说评价如下：

> 王守仁和陆九渊一样，认为朱熹学派的缺点主要在于"务外遗内，博而寡要"。所谓"务外遗内"，是指朱熹承认有客观的"理"。王守仁认为这是对唯物主义的让步。所谓"博而寡要"，是指朱熹叫人"即物穷理"、"泛观博览"。王守仁认为这是搞烦琐哲学，不如他的"致良知"学说来得明白简易。王学作为程朱学派的批判者，包含着两重性：一方面，它嫌弃朱熹的唯心主义不彻底，是从右面来进行批判；另一

1　这个判断来自章学诚的《朱陆》，冯契给好友邓艾民教授的遗著《朱熹王守仁哲学研究》写的序文便以此为名，参见《"千古不可无之同异"——〈朱熹王守仁哲学研究〉序》，《冯契文集》（8），第291—296页。

2　阳明居官时一直讲学，兴建书院，举办社学，并提倡一种不同于程朱学派的"狂者进取"的学风。王守仁批评朱熹、郑玄"支离"，而鼓励他的弟子们成为"铿然鼓瑟"的曾点，因而形成了一种比较生动活泼、教条气息比较少的学风。冯契致邓艾民的信中更说："王学导致唯意志论，虽是错误的，但它是对宿命论的反动。没有王学，也不可能有王夫之的'造命'、'成性'的理论，和黄宗羲的'心无本体，工夫所至，即是本体'的学说。王夫之和黄宗羲已抛弃了'复性'说，而把'性'看作一个不断完善的过程了。"《致邓艾民·1982年11月29日》，《冯契文集》（10），第255页。另外还有一个旁证，从冯契的门下弟子的研究对象来看，大多集中在与王学相关的研究领域，朱子学的相关研究较少。

方面，它确实看到了程朱学派搞烦琐哲学，死抱住经书上的字句不放，用许多教条来束缚人。虽然王守仁反对烦琐教条的目的是要人们在培养封建道德意识上下功夫，但他的这种主张在当时具有打破精神枷锁的作用。[1]

冯契认为王阳明在哲学上的最大贡献是他的致良知学说。"致良知说我们可以不赞成，但里面包涵着哲学思辨上很有价值的东西，那就是把理或心看作是一个发展过程，这也就是致良知说所强调的工夫和本体的统一。"[2]在《王阳明在中国哲学史上的地位》一文中，冯契高度评价了王阳明哲学的贡献：

> 本体在工夫中展开为过程，这在哲学上有什么意义呢？这即是说本体论与获得本体的智慧的学说是统一的，与广义的认识论是统一的。……照王阳明说来，本体原是完满无缺的，它通过致良知工夫展开为一个过程，这样把人性看作是一个发展过程，把精神看作是一个发展过程，就把中国哲学的思辨水平提高到一个新的高度。[3]

冯契认为，王阳明的致良知学说还产生了两个方面的推论。首先，从人类的历史和文化的发展来说，王阳明提出了一个很重要的论断，即"六经皆史"。"道"在过程中展开，六经都被看成一定历史条件下的产物，这就大大降低了经学的权威，这一论断为后来的浙东史学所继承发展为历史主义的方法，有助于走出经学独断论。其次，"从个人的成长发育来说，王阳明的即工夫即本体的思想实际上是提出了一个非常重要的关于自由人格的培

1　《中国古代哲学的逻辑发展》（下），《冯契文集》（6），第151页。
2　3　《王阳明在中国哲学史上的地位》，《冯契文集》（8），第337页。

养、教育的理论"[1]。另外冯契也认为王阳明的思想对中国哲学的近代革命进程也产生了积极的影响。他认为"在中国近代，阳明学不仅在社会变革领域起了积极的作用，而且在学者中间也起了重大的影响"[2]。

冯契把明代哲学视为理学的批评之学，王阳明从心一元论的角度批判朱子学，而王廷相则从气一元论的角度批判朱子学和阳明学，而其后明清之际三大家也对朱子学和阳明学各有偏重的批判。颜元和戴震则在根本上否定宋明理学的合理性。实则可以说，冯契的明清哲学思想是有主题的，那就是对于理学的批判、总结和扬弃。

在冯契的明清哲学书写中，他特别注重明末三大家的理论贡献。他说：

> 明清之际的进步思想家在对中国古代哲学进行总结时，首要问题是批判宋明理学，也就是要对"理气"之辩、"心物"之辩作出批判的总结。在宋明时期，由于对理气关系和心物关系问题作了不同的回答，形成三个主要哲学派别，即气一元论、理一元论和心一元论，张载、程朱、陆王分别是这些派别的代表。王夫之、黄宗羲、顾炎武等在进行总结时，首先要对这些学派进行批判的审查，所以很自然，他们的哲学的总结主要是围绕"理气（道器）"之辩和"心物（知行）"之辩而展开的。同时，由"天人"之辩演变而来的命和力、性和习的关系问题以及由"名实"之辩演变而来的言和意、象和道的关系问题，也得到了比较全面的考察。[3]

明末清初三大家的思想，王夫之对古代哲学的全面体系化的批判，顾炎武的科学的治学方法和黄宗羲的历史主义最为令人瞩目：

---

1 《王阳明在中国哲学史上的地位》，《冯契文集》（8），第337—338页。
2 《王阳明在中国哲学史上的地位》，《冯契文集》（8），第338页。
3 《中国古代哲学的逻辑发展》（下），《冯契文集》（6），第203—204页。

王夫之在作全面的批判总结时，差不多考察了前人提出来的所有的逻辑范畴，把它们融会贯通，成为"汇象成易，举易皆象"的体系。而顾炎武则吸取朱熹"格物穷理"的分析精神，提出了科学的治学方法；黄宗羲则吸取王守仁以本体为过程的思想，在哲学史、学术史的研究中，创立了历史主义的方法论。[1]

冯契对王夫之用笔最多，他特别重视王夫之在中国古代哲学上的总结：

> 总起来看，王夫之对"理气（道器）"之辩和"心物（知行）"之辩作了批判的总结，同时对"天人"、"名实"之辩也又一次作了批判的总结，建成朴素唯物主义与朴素辩证法统一的气一元论体系，在天道观、认识论和逻辑学上都作出了杰出的贡献，形成了中国古代哲学的发展高峰。在人道观上，他提出了"理势合一"的历史观和"性日生日成"的人性论，在论"成人之道"即培养理想人格时强调要"成身成性"、"循情定性"，这些也都包含有合理因素。[2]

在某种意义上可以说，王夫之还是在古代哲学的范围之内，他的哲学并没有跨过中世纪。在冯友兰给冯契的一封信中，冯友兰对冯契的这一看法表示赞同："你对于中国封建思想的结束的看法，倒是与我的看法基本上一致。我认为王船山不是宋明道学的反对者，他的哲学是宋明道学的总结。顾、黄、王是明末清初的三个大人物，但是作用不同。顾基本上不是一个哲学家，王是旧时代的总结，黄是新时代的前驱。我心里是这样想，还没有写出来。我觉得如果写出来，必有很多人认为是非常可怪之论。你先提

1　《中国古代哲学的逻辑发展》（下），《冯契文集》（6），第362页。
2　《中国古代哲学的逻辑发展》（下），《冯契文集》（6），第288页。

出来类似的看法，就可以使许多人见怪不怪了。"[1]

不过，冯契也认为王夫之的哲学思想有其糟粕：

> 王夫之的哲学思想在形式上是思辨的，有一些表述是不清晰的、令人费解的，还掺杂有一些唯心主义和形而上学的杂质，如关于"德性之知"的理论便是。而且他毕竟是个地主阶级的思想家，有些著作（如《四书训义》等）还包含有不少封建的糟粕。他虽然对从事耕田、纺织、捕鱼、打猎等劳动者的悲惨处境，表示"寒心而栗体"；但他又用剥削阶级的偏见来看待劳动人民，说："庶民之终日营营"，"其异于禽兽者，百不得一也"。说明他蔑视人民群众，缺乏民主思想。就这一点来说，他要比同时代的黄宗羲逊色。[2]

因此，可以想见，在王夫之之后出场的黄宗羲，冯契的评价就则更加高亢，认为黄宗羲已经迈入了一个新的时代。冯契认为黄宗羲从以下几个方面批判了宋明理学。首先，黄宗羲目光敏锐，他对于理学的批判"真正触到了君臣之义这一封建统治的本质问题"[3]，他的主要贡献在于"从政治、法律、经济等方面提出一个具有民主思想的改革方案，反对封建专制主义"[4]，已经具有启蒙精神。其次，在哲学上，黄宗羲用一种具有泛神论倾向的学说批判理学唯心主义。再次，黄宗羲的"心无本体，工夫所至，即其本体"之说，反对理学寂静本体之说，将"即心即气"的本体随"工夫"而展开为过程。这种本体工夫论一方面体现为"把真理视为

---

1 冯友兰写给冯契的信，写于 1985 年 7 月 20 日，载《三松堂全集》(14)，第 685—686 页。这一判断，冯友兰也的确写进了晚年的新编哲学史。冯友兰：《中国哲学史新编》（下），第 332 页。

2 《中国古代哲学的逻辑发展》（下），《冯契文集》(6)，第 288 页。

3 《中国古代哲学的逻辑发展》（下），《冯契文集》(6)，第 290 页。

4 《中国古代哲学的逻辑发展》（下），《冯契文集》(6)，第 294 页。

过程的历史主义态度"，另一方面则体现为心志言行统一的豪杰人格的培养。

　　冯友兰在《中国哲学史新编》中认为明末清初有顾炎武、王夫之和黄宗羲"三大儒"，"这三人诚然都是中国文化中的大人物，但他们的贡献各不相同，顾炎武基本上是一个学者，不是一个哲学家，他的贡献另有所在。王夫之的贡献是旧时代的总结。黄宗羲的贡献是新时代的前驱"[1]。但与冯友兰不同，冯契仍然认为顾炎武在哲学上是有所见的，故而应当在哲学史上有一席之地。冯契认为："和王夫之、黄宗羲同时代的顾炎武，被清人推为'开国儒宗'，清代朴学的开山祖。他批判了宋明理学（特别是心学）的空疏，认为'舍经学无理学'，对经学的研究是为了'经世致用'，需要有科学的方法。他的科学精神和科学方法影响了一代学风。"[2]

　　顾炎武以"天下兴亡，匹夫有责"的精神来研究中国历史和当时现状，把批判的矛头直指封建专制主义，对于封建官僚政治及其社会基础有着深入的研究，提出"寓封建之意于郡县之中"的改革方案。冯契虽然认可顾炎武在政治思想上对专制主义的批判，但认为其解决方案不如黄宗羲高明。[3]

　　与政治上的批判相联系，顾炎武对理学（特别是心学）进行了尖锐的批判。冯契认为，顾炎武以经学来否定理学，用"修己治人之实学"来反对"明心见性之空言"，标志了清初学风的转变。虽然顾炎武对理学家的思辨不感兴趣，但他也为自己的"修己治人之实学"提供了哲学（特别是认识论）基础。在理气之辩上，顾炎武认为"盈天地之间者，气也"，"非器则道无所寓"，具有唯物论倾向，主张理是气之流行的客观秩序，心是用以判别是非的标准，理一定要从事物中得到验证，反对理学家"专用心于内"

1　冯友兰：《中国哲学史新编》（下），第 332 页。
2　《中国古代哲学的逻辑发展》（下），《冯契文集》（6），第 312—313 页。
3　《中国古代哲学的逻辑发展》（下），《冯契文集》（6），第 316 页。

之说。在知行问题上，顾炎武主张知行统一、认识论与伦理学的统一；从认识论来说，顾炎武强调不能离开直接、间接的经验去求一以贯之的抽象理论，强调要尊重经验、尊重感性，在此基础上，再观其会通，真正把握一以贯之的道理。

顾炎武的最大贡献便是科学的治学方法。冯契认为顾炎武在朴素唯物主义的基础上提出了一套科学方法，这一方法具有浓厚的经验主义色彩。它主张要系统地占有材料，特别是要实地调查；要进行科学的比较和归纳；要做历史的考察，以"疏通源流"；要验于事物，不断更新自己的认识。顾炎武把这套科学方法运用于经学、音韵学、地理学等领域，取得了显著的成就，且为后来的乾嘉学派所继承和发展。不过，冯契也指出，虽然顾炎武等三大家在方法论上有所贡献，但都没有提供近代自然科学的方法。因为"当时中国的条件不是使他们走向实验室和工厂，而首先是面对社会的现实问题和回顾总结历史，所以他们方法论的贡献主要在哲学、史学、考据学等方面"[1]。

冯契的哲学史在考察了明末清初三大家之后，还考察了真正属于"清代哲学"的学者颜元和戴震。冯契对清代思想有个总的判断：

> 当时，清朝廷一方面加强武力镇压，大兴文字狱；另一方面又提倡程朱理学，大力宣扬纲常名教，并编修《四库全书》，以笼络知识分子。在这种情况下，许多学者转向训诂考据之学，形成"乾嘉学派"。"乾嘉学派"在整理古籍上做出了较大贡献，其方法也有科学性。他们推崇顾炎武为一代汉学的开山祖，但只继承了顾炎武的治学方法（如考证上的归纳法），而失去了顾炎武"经世致用"的那种锐气。（顾炎武治经学是出于"明道救世"的目的，并强调实地调查，他作历史考察也是为了解决现实问题。）"乾嘉学派"中多数人有脱离实际的倾向，

---

1 《中国古代哲学的逻辑发展》（下），《冯契文集》（6），第328页。

但其中也有一些人，如戴震，与程朱理学展开斗争，对哲学发展作出了贡献。戴震和颜李学派不同，颜元在反对理学时强调了"习行"，戴震则着重考察了"知"。[1]

他对颜元的评价颇为认可章太炎的意见，他说：

> 颜元着重考察了"习行"、"践履"在人的认识过程中的作用，有合理因素。但是，他片面强调感性经验的作用，把人的认识、德性和才能对实践的依赖关系简单化，有经验论的倾向。所以，后来章太炎虽然很推崇颜元，但也批评他"概念抽象之用少"，即忽视了理性思维的作用。这话可说是击中要害的。[2]

而对清儒代表戴震的评价则肯定了其做出的理论贡献："戴震在'理气（道器）'之辩上，基本上继承和发展了张载以来的气一元论"[3]，"在哲学上的主要贡献，是对'心物（知行）'之辩作了唯物主义的解决，并着重考察了'知'，提出了一些新的见解"[4]。不过，还有很大的局限性。[5]

总体来说，明清哲学在冯契的《中国古代哲学的逻辑发展》一书中，还是处于理学话语的笼罩之下，不过颜元、戴震身上，预示着哲学范式的转变：

> 从总体来看，当时的中国社会还处于封建社会，哲学还是处于朴素唯物论和朴素辩证法的阶段。但是在颜元、戴震的身上可以看到，

---

1 《中国古代哲学的逻辑发展》（下），《冯契文集》（6），第335—336页。

2 《中国古代哲学的逻辑发展》（下），《冯契文集》（6），第335页。

3 《中国古代哲学的逻辑发展》（下），《冯契文集》（6），第338页。

4 《中国古代哲学的逻辑发展》（下），《冯契文集》（6），第341页。

5 《中国古代哲学的逻辑发展》（下），《冯契文集》（6），第351页。

朴素辩证法的光辉已趋于暗淡，显出了一些形而上学唯物论的特色。[1]

三、冯契哲学的实践性品格与明清哲学的精神遗产

冯契的明清哲学思想研究是有主题的，那就是对于程朱理学的批判、总结和扬弃。从冯契的明清哲学史书写中，我们可以说他的哲学史是将明清哲学视为一整体。与前述两种不同的研究话语比较而言，冯契的研究别具特色。儒学立场的明清哲学史书写缺乏的是对于儒学思想发展的批判性反思，启蒙立场的明清哲学史书写则缺乏对儒学或者中国哲学思想特点的把握。明清哲学之于冯契，具有双重意义。一方面明清哲学是冯契试图在现代的话语体系中分析和理解的对象，是对明清哲学的精神遗产的整理；另一方面明清哲学的精神刺激着冯契如何在中国哲学体系的观照下构建自身思想体系，如何在世界哲学的观照下理解中国哲学。冯契的哲学品格是与明清哲学思想的精神遗产密切相关的。譬如王夫之所以被冯契视为中国古代哲学的总结，就与其广义知识论的基本关怀有关[2]；王阳明的致良知说及其后学的演进而导致的唯意志论则与冯契考察人的自由德性的培养密切相关。从冯契的明清哲学思想研究中，可以看出冯契哲学的实践性品格。

在冯契的明清哲学史书写中，王学一直是主线。冯契对阳明学的评价明显要高于朱子学。在冯契的明清哲学史书写中，理学的批评和王学的演进是一体两面。这个主题当然也可以从黑格尔式的正反合的逻辑辩证法来理解，也可以从王阳明及其后学在哲学上的贡献的角度来理解。冯契笔下的阳明学，不是心性之学，也不是道德境界之学，而着重于阳明学中对于成就理想人格的自愿原则。他更愿意在其广义认识论的第四个问题上来理

---

1 《中国古代哲学的逻辑发展》(下)，《冯契文集》(6)，第366页。

2 王夫之的哲学与冯契的智慧说建构的关系，参见刘梁剑：《成性存存，自由之门：试论冯契对王夫之的哲学书写》，《华东师范大学学报》(哲学社会科学版)，2020年第1期。

解阳明心学，这第四问便是人能否获得自由，或者说，自由人格或理想人格如何培养。[1]此一自由，不是道德形而上学或者"道德境界"的自由，而是具体存在的自由，这种自由是需要具体的社会实践以达到的，不只是明心见性之空言，且具有实践的品格。在此意义上，可以看出冯契与熊氏一门的哲学的差异。

　　黄宗羲作为阳明学说的继承者，在冯契的哲学史书写中具有承接古代哲学与近代哲学的特殊地位。王夫之对古代哲学做了全面总结，黄宗羲的哲学则对近代思想具有启蒙作用。[2]冯契的哲学史叙述对黄宗羲的推崇很有意义。黄宗羲在现代中国哲学书写中争议很大，一方面大家都认可他的贡献，推为"明末清初三大家"之一，但另一方面，他到底是属于古典哲学的还是新时代哲学的，争议不断。其中以港台新儒家的判断最有代表性。牟宗三直接认为刘蕺山之后的思想不值一观："夫宋明儒学要是先秦儒家之嫡系，中国文化生命之纲脉。随时表而出之，是学问，亦是生命。自刘蕺山绝食而死后，此学随明亡而亦亡。自此以后，进入清朝，中国之民族生命与文化生命遭受重大之曲折，因而遂陷于劫运，直劫至今日而犹未已。噫！亦可伤矣！是故自此以下，吾不欲观之矣。"[3]刘述先修改其师的看法，认为黄宗羲尚能算是宋明理学的殿军，因为他还是守住天理人欲的区别，但事与愿违，黄宗羲原意是要守住宋明理学的道德形而上学，实际上却开启了陈确、颜元、戴震的"达情遂欲"的坏哲学，是一悲剧人物。[4]冯契却对黄宗羲的评价很高，他在三个方面肯定了黄宗羲的开创性：

　　　　总起来看，黄宗羲建立了具有泛神论色彩的哲学体系，保留了某

1　《中国古代哲学的逻辑发展》（上），《冯契文集》（4），第 31—33、39—45 页。

2　《中国古代哲学的逻辑发展》（下），《冯契文集》（6），第 289 页。

3　牟宗三：《从陆象山到刘蕺山·序》，吉林出版集团有限责任公司，2010 年。

4　刘述先：《黄宗羲心学的定位·新版自序》，浙江古籍出版社，2006 年。

些心学的传统影响，因而有其局限性。但他提出了"心无本体，功夫所至，即是本体"的新论点，否认心为绝对虚寂的本体，把"即心即气"之体了解为随着人的认识活动（"工夫"）而展开的过程，从而向唯物主义方向迈进了一大步；他在对宋明理学的批判总结中提出了一套历史主义的方法论，用矛盾斗争的观点来阐述理想人格的精神面貌及其艺术表现，更是充满辩证法的光辉。他为中国近代勾画了一幅民主主义的理想蓝图，用"风雷之文"召唤着"豪杰之士"起来冲破"囚缚"，为迎接新时代的到来而斗争。他确实是一个立足于当时的现实而又一脚跨进了未来的伟大思想家。[1]

冯契哲学的实践性品格也体现在对戴震哲学的评价上。冯契对于戴震的哲学评判不是以其启蒙思想为标准的，而是讨论在哲学上戴震思想的特质。与新儒家从道德形而上学的角度批评乾嘉汉学的立场不一样，冯契更多地是从哲学问题本身来检讨清代思想的发展和不足。冯契对清代哲学思想的评价不高，从其对戴震的评价可见一斑。不过，戴震的哲学却显示了中国哲学发展的某种方向性的东西，那就是离开行谈知、离开社会实践单纯地谈论知识的客观性。他认为乾嘉汉学之所以哲学成就不高，一方面自然是因为他们失落了顾炎武这位清学开山的根本精神："顾炎武的方法论对后世影响很大，它为乾嘉学派所继承和发展。但是，乾嘉学派主要运用它于整理古籍，违背了顾炎武'经世致用'的初衷，因而这种继承和发展是片面的。"[2]另一方面则是因为从哲学上看，他从逻辑发展的角度认为戴震的哲学实际上太注重分，而不重合：

戴震强调"分理"、"条理"，"必就事物剖析至微而后理得"，非

---

1 《中国古代哲学的逻辑发展》（下），《冯契文集》（6），第312页。
2 《中国古代哲学的逻辑发展》（下），《冯契文集》（6），第327—328页。

常注重把握事物的特殊规律。恩格斯指出："把自然界分解为各个部分，把各种自然过程和自然对象分成一定的门类，对有机体的内部按其多种多样的解剖形态进行研究，这是最近400年来在认识自然界方面获得巨大进展的基本条件。但是，这种做法也给我们留下了一种习惯……即形而上学的思维方式。"把自然界分解开来进行研究，把各个细节从总的联系中抽出来进行考察，这对科学是个进步，对哲学也是个进步，但这会酿成一种形而上学的思想方法。从戴震的形而上学倾向中，我们可以看到，中国哲学发展的下一阶段将是形而上学，如同中国封建社会要发展到资本主义社会一样，朴素唯物论和朴素辩证法的阶段，将要发展为机械唯物主义的阶段（实际上后来是进化论阶段）。[1]

实际上，冯契的认识论，主张知识论与伦理学的统一，在某种意义上，可以说冯契认为乾嘉汉学的代表戴震则是一种追求知识的进路，一方面会导致对于成德的关注变少，另一方则会导致"学问之游戏化"[2]。这个问题与冯契一直以来广义认识论的进路相关。

戴震对"知"的考察，提出了不少新的见解，是有贡献的。但也

1　《中国古代哲学的逻辑发展》（下），《冯契文集》（6），第366—367页。

2　这里是借用劳思光的说法。劳思光认为乾嘉之学，带来的问题有两点：（1）成德之学衰落；（2）学问之游戏化。关于前者，"乾嘉学风以反宋明儒学而恢复古学为号召，就提出此种号召之学人言，绝无反对希圣希贤之儒学传统之意向。此无论在江、戴、段、王或其次诸人之言论中，皆有确据。然事实上在考证训诂之事为唯一'实学'之风气下，其明显影响即表现于知识分子对德性问题之态度日益浮浅"。关于后者，劳思光认为，乾嘉之学初兴时，重要人物如戴震等，尚未忘学问对人生及世界之"实际指涉"（real reference）；然此种学风大盛后，从风之学人大抵只以追求此种知识所带来之荣誉为治学之目标。盖在此种风气下，凡精于考订或在文字训诂一面有某种研究成绩者，即为当世所推崇。至于所治之学之确切意义或重要性所在，则人不追问，自己亦不再关心。久之，内而身心性命，外而家国天下，皆置诸不问，唯与二三同好做"智力之游戏"而已。劳思光：《新编中国哲学史》（3下），生活·读书·新知三联书店，2015年，第610—612页。

有较大的局限性。例如，他强调"先务于知"，"重行不先重知，非圣学也"，这是针对理学家只讲"存天理，去私欲"而不讲"解蔽"、不求科学知识的错误倾向而提出的，有一定的积极意义，但却走向了另一个片面，即离开"行"谈"知"。他以为认识"如火光之照物"，用"符节"作比喻来说明耳与声、目与色以至心与理义之间的关系，认为主观和客观是直接符合的，认识是一次完成的。这说明他不懂得认识对实践的依赖关系，是强调直观的反映论。又如，他虽然正确地区分了意见和真理，提出"解蔽"的主张，但只说"心之所同然始谓之理，谓之义"，而并不懂得通过不同意见的争论和实践的检验而达到真理的辩证法。再如，他在批评宋儒空谈"理一分殊"时，强调了"条理"、"分理"，要求科学地认识各类事物的特殊本质，但又讲"器，言乎一成而不变"，"类之区别，千古如是也"，其心目中的物质世界是没有进化、没有发展的。可见，戴震的哲学思想中有较多的形而上学倾向。[1]

冯契曾经评述金岳霖的哲学工作说："金先生注重的是对人类知识经验作静态的分析，他的分析工作做得很细密。但他没有把它作为基于社会实践的历史进化和个体发育的自然过程来进行考察。"[2]这个判断也适合戴震的哲学倾向。

四、小　结

相较于当前明清哲学思想的研究而言，冯契的明清哲学史书写具有自身的特性。启蒙话语下的明清哲学思想研究，注意到了启蒙思想的价值导向：自由主义的书写主要从科学理性的角度肯定了明清哲学的发展；马克思主义的书写主要从民主自由的角度肯定了明清儒学的思想转向。冯契的

---

1 《中国古代哲学的逻辑发展》(下)，《冯契文集》(6)，第351—352页。
2 《认识世界和认识自己》，《冯契文集》(1)，第28页。

明清哲学史书写无疑具有启蒙话语的特征，特别是对民主思想与科学理性的追求。

在讨论古代哲学的发展进程的"第二篇小结"中，冯契提出，古代哲学发展给历史留下了"两个重要的理论思维教训"：第一，与封建专制主义的统治相对应，儒学唯心主义阻碍了社会的进步，束缚了科学的发展。第二，中国在明清之际未能像西方那样制订出实验科学方法。其原因有三："最根本的原因还是社会没有提供强大的动力促使人们去研究自然，发展生产力；其次是理学唯心主义束缚科学的发展；第三，也很可能同形式逻辑在中国古代没有得到长足发展有关。"[1] 很明显，冯契的哲学史书写是秉持启蒙价值导向的，他一方面坚持理性与科学的哲学立场，反对独断论和相对主义，另一方面，他坚持启蒙的价值观念，主张自由是精神思考的前提。但更为卓出的是，冯契的哲学史书写是与其哲学创造联系在一起的，他不仅仅局限于西方现代启蒙哲学的视角来看待明清哲学，而是站在融合中西的世界哲学的角度来理解明清哲学，突出了作为明清哲学在成就理想人格、实现自由德性方面的理论贡献。

儒学话语下的明清哲学思想研究秉持儒家本位的价值立场，维护儒家的道德形而上学或者道德境界说，这种观点最大的问题便是脱离开社会实践和人的具体思想语境，容易陷入形而上学的思辨之中。简而言之，这种思想离开了具体而走向了抽象，对于人的理解趋于简单化。冯契认为："人作为意识的主体，不仅是认识的主体，而且是意志、情感、欲望、习惯等等的主体，即人还有意欲、情感等心理活动，并且还有统一的人格。所以，人们的观点不仅反映人们的知识水平，而且反映人对社会关系的意识，反映着人们的社会存在。"[2] 因此，对于思想家的哲学研究不能离开具体的历史语境，不能离开具体的人。也即，哲学的出发点是具体的人，而不是抽

1　《中国古代哲学的逻辑发展》（下），《冯契文集》（6），第 366—370 页。

2　《逻辑思维的辩证法》，《冯契文集》（2），第 64—65 页。

象的道德符号。在儒学话语主导下的明清哲学史书写中，往往忽视王阳明以来中国社会的新陈代谢和思想语境的变迁，以狭义的"道统"或"正统"思想来权衡诸家思想，试图通过保守儒家价值观念而确保所谓的"中国性"，实则忽略儒家传统的开放空间，也忽略了哲学发展的"世界化"倾向。冯契对明清哲学研究，则抛开正统与道统的立场，汲取古代哲学的精华，吸收西方现代认识论的研究成果，创立气象博大的广义知识论学说。

第十二章　冯契新文化运动研究与智慧说价值论的确立

冯契先生创立智慧说哲学体系，旨在打通知识与智慧，由知识论进入价值论，以阐明人的自由问题。从哲学与哲学史的关系看，智慧说价值论的确立，是与他反思"中国近代哲学的革命进程"，对新文化运动时期的哲学开展进行总结、思考与评价相联系的。[1] 通过这一哲学史研究，他凸显了新文化运动时期中国价值论古今之变的意义，将这一价值论变革作为中国马克思主义价值论建构的出发点。智慧说的价值论，正是接续这一价值论变革、适应改革开放新时期需要而建构的。

一、智慧说：由知识论到价值论

冯契的智慧说作为一种认识论，是为了实现人既认识世界又认识自己的目标。其中，人对世界的认识主要是知识获得问题，属于知识论的范畴；人对自己的认识则主要是智慧获得问题，属于价值论的范畴。这样一来，智慧说就需要克服以往认识论只讲知识论、不讲价值论的局限性，把认识论由知识论扩展到价值论。对于这种打通知识与智慧的新的认识论，冯契

1　冯契所著的《中国近代哲学的革命进程》与他主编的《中国近代哲学史》两书，用很大篇幅集中论述了新文化运动时期的哲学开展。冯契另有多篇专门性文章，围绕新文化运动主题而展开。这些文章包括《"五四"精神与哲学革命》《"五四"精神与反权威主义》《关于中国近代伦理思想研究的几个问题》《儒家的理想和近代中国的自由学说》《论所谓"科学与玄学的论战"》《中国近代哲学革命与马克思主义哲学在中国的胜利》等。

称之为"广义的认识论"。广义的认识论主要讨论四个问题：一是感觉是否给予客观实在？二是理论思维能否把握普遍有效的规律性认识？三是逻辑思维能否把握具体真理（首先是世界统一原理和发展原理）？四是理想人格或自由人格如何培养？在这四个问题中，前两个问题主要是解决人认识世界的问题，这是知识获得问题；后两个问题主要是解决人认识自己的问题，这是智慧获得问题。他说："广义的认识论不应限于知识的理论，而应该研究智慧的学说，要讨论'元学如何可能'、'理想人格如何培养'的问题。"[1] 特别是第四个问题，是"关于道的真理性认识和人的自由发展内在地相联系着"[2] 的智慧问题。而要解决这个问题，就需要通过价值论研究，探讨价值、评价和人的自由诸问题。因此，"人要求自由的本质具体展现于价值领域"[3]，"认识从广义来说，包括评价"[4]。这样一来，冯契就将价值论的确立作为智慧说的内在要求，强调对人的自由问题的说明，需要打通知识与智慧，把认识论由知识论扩展到价值论。

但是，要开展价值论研究、建构价值论体系并非易事。在冯契致力建构智慧说价值论的 20 世纪 80 年代，国内价值论研究才刚刚起步，人们对价值论的资源、对象和方法都处于摸索阶段。冯契当时对此有过说明："价值论，这是一个十分引人注目而有意义的领域。然而，遗憾的是，从本世纪初（指 20 世纪初——引者注）价值论成为一门独立的理论学科至今的 80 多年时间里，这个领域多半被误认为是资产阶级哲学的专利。大约从 50 年代起，它才引起了苏联及东欧国家的马克思主义哲学工作者的关注。而我国哲学界对这一荒僻之壤的开垦，严格地说，还是近几年的事。"[5] 那么，如何在中国开展价值论研究、建构价值论体系呢？冯契从捷克斯洛伐克学

---

1 《〈智慧说三篇〉导论》，《冯契文集》（1），第 6 页。

2 《〈智慧说三篇〉导论》，《冯契文集》（1），第 38 页。

3 《人的自由和真善美》，《冯契文集》（3），第 48 页。

4 《人的自由和真善美》，《冯契文集》（3），第 50 页。

5 《〈价值与评价〉中译本序》，《冯契文集》（8），第 286 页。

者弗·布罗日克的《价值与评价》一书受到启发，认为这本书"提出了一些很好的见解，正好说明马克思主义哲学完全应该，而且可以在价值和评价理论方面有所建树"[1]。这是因为，"人的自由问题在马克思主义的价值理论中，确实具有十分重要的地位"[2]。他指出："如果我们能注意从人的自由本质的历史发展的角度来研究马克思主义的价值论，那一定也是会有所建树和富于成效的。"[3] 这就确立了智慧说价值论建构的基本方向。

在坚持这一基本方向的同时，冯契又提出："要建立中国化的马克思主义的价值论，必须使理论和中国的实际与历史相结合。"[4] 这就是说，在中国建构马克思主义价值论，要重视从中国哲学史中吸取资源、接续传统。而对于中国哲学史所提供的资源和传统，冯契通过对中国哲学通史的研究，形成了自己独特的看法。他说：

> 中国古代哲学家早已在探讨自由人格问题，提出了真善美统一的理想，对义和利、理和欲等关系问题展开了长期争论。而进入近代，与社会的大变革和中西文化的互相激荡、互相影响相联系，中国经历了一次巨大的思想革命，其中包括价值观念的革命。这种革命现在还在继续着，它涉及生活和文化的一切领域，使许多人受到鼓舞，也使许多人因新旧价值观念的冲突而感到苦恼、彷徨。[5]

在他看来，建立中国化的马克思主义的价值论，固然要重视中国古代哲学的资源和传统，但更要重视中国近代哲学的资源和传统，特别要从中国近代的"价值观念的革命"中吸取资源、接续传统。正是这样，冯契通过反思"中国近代哲学的革命进程"，凸显了新文化运动时期中国价值论古今之

1　《〈价值与评价〉中译本序》，《冯契文集》（8），第286页。

2　《〈价值与评价〉中译本序》，《冯契文集》（8），第288页。

3 4 5　《〈价值与评价〉中译本序》，《冯契文集》（8），第289页。

变的意义。智慧说的价值论，从中国哲学史的资源和传统看，最主要正是由此而来。

二、新文化运动与中国近代哲学革命

冯契关注和研究新文化运动时期的哲学开展，始于 20 世纪 50 年代。他曾回忆说："在 20 世纪 50 年代，我对新文化运动中的几次论战作了初步考察，发表了一点议论，便立刻碰上了钉子，也不免感到胆怯起来。但在踌躇了一阵之后，我又决定默默地继续前进。因为我感到，把'中国近代哲学的革命进程'勾画出来，是我应负的历史责任。"[1] "中国近代哲学革命"，是冯契从哲学层面思考"中国向何处去"这一时代大问题，用以说明中国哲学古今之变提出的重要概念。这个概念的内涵，可以理解为中国哲学的现代化，但又凸显了中国哲学在近代中国社会历史大变动影响下所发生的革命性变革。这就使得新文化运动时期的哲学开展，对于"中国近代哲学革命"具有了十分重要的意义。因为正是这一哲学开展，使中国哲学现代化进程中的革命性变革得以实现。冯契对此做了不同层面的阐述。

第一，新文化运动时期的哲学开展，使古今中西之争得以深化。冯契指出："'古今、中西'之争，其内容就是如何向西方学习，并且对传统文化进行反省，来寻求救国救民的真理，以便使中华民族走上自由解放的道路。"[2] 在他看来，以哲学的方式来理解和阐发古今中西之争，是新文化运动时期思想家们的共同特点，不论他们在对待传统和西学的态度上持哪种主张，"都要求深入到哲学的层次来解决问题"[3]。因此，把握新文化运动时期的哲学开展，阐明这一开展之于"中国近代哲学革命"的意义，这是一个关节点。从古今维度上看，"中国近代哲学革命"需要对中国古代文化中的

---

1 《中国近代哲学的革命进程·后记》，《冯契文集》(7)，第 654 页。
2 《"五四"精神与哲学革命》，《冯契文集》(8)，第 298 页。
3 《"五四"精神与哲学革命》，《冯契文集》(8)，第 299 页。

腐朽内容进行清理，对悠久古代文化传统及其现实影响加以具体分析，站在"今"的立场对"古"的内容进行批判。从中西维度上看，"中国近代哲学革命"需要探讨中国哲学实现现代化问题，从中国哲学的立场对西方哲学进行理解和吸取。在新文化运动时期，一方面，"新文化运动的主将陈独秀、李大钊、胡适、鲁迅等高举'德先生'和'赛先生'的旗帜，提出'打倒孔家店'的口号，对尊孔复古思潮和封建礼教发动了疾风暴雨式的攻击，并大力鼓吹'文学革命'和提倡白话文，获得了广大青年的热烈拥护"[1]；另一方面，"西方各种思潮蜂拥而入。马克思主义、无政府主义和各种社会主义流派，西方流行的各种哲学理论和社会学说，都被当作'新思潮'介绍过来"[2]。这就从这两个维度上深化了古今中西之争，标志着"中国近代哲学革命"进入了一个新阶段。

第二，新文化运动时期的哲学开展，形成了百家争鸣与自由讨论的哲学发展氛围。冯契指出，在新文化运动时期，由于古今中西之争得以深化，出现了"新旧思潮之激战"[3]；在学术论战中，蔡元培提出"循思想自由原则，取兼容并包主义"，倡导宽容与争鸣的思想氛围，尤为可贵。百家争鸣与自由讨论，是哲学思想在中西会通中得以实现全面发展的方法，是哲学革命深入进行的必要环节，也是哲学观念和价值广泛传播的途径。因此，"新旧思潮之激战"的形成，一方面是当时社会条件所造成各派思潮客观存在的历史过程，另一方面也是人们对于百家争鸣这种客观思想事实的认识过程。由于各种"新思潮"的涌入所造成的"鱼龙混杂，泥沙俱下"[4]的思想现象，通过自由讨论、百家争鸣，通过不断的比较、鉴别，才得以逐渐清楚明晰起来。

1　《"五四"精神与哲学革命》，《冯契文集》(8)，第 297 页。

2　《"五四"精神与哲学革命》，《冯契文集》(8)，第 297—298 页。

3　《"五四"精神与哲学革命》，《冯契文集》(8)，第 298 页。陈独秀在 1915 年《吾人最后之觉悟》中首次提出"新旧思潮之大激战"，李大钊在 1919 年《新旧思潮之激战》中再次提到。

4　《中国近代哲学的革命进程》，《冯契文集》(7)，第 285 页。

马克思主义唯物史观，正是通过从"问题与主义"到"科学与玄学"等一系列论战，战胜了实用主义、生命哲学等思潮，得到了广泛的传播。这些都表明："正是通过各种思想流派的自由争鸣，把哲学革命引向深入，达到了新的发展阶段。"[1] 这样一来，在冯契这里，新文化运动时期的"新旧思潮之激战"本身具有认识论意义，代表了近代哲学的一种认识成果，从两个方面显示了中国近代哲学与中国古代哲学的重要区别：一方面是哲学的真理性通过讨论而成立，另一方面是中国哲学传统通过争鸣而得以更新。

第三，新文化运动时期的哲学开展，使"中国近代哲学革命"取得了丰硕的理论成果。冯契在总结这一哲学开展时指出："哲学在批判中走向近代化，不论在对腐朽传统的批判方面，还是在历史观与认识论、方法论与自由理论的积极建树方面，都取得了显著成就。正是这些成就，使得哲学革命成了政治变革的前导，促进了科学文化的发展，并有助于人的素质的提高。"[2] 在历史观和认识论两个领域，许多进步思想家在批判天命史观中由进化论走向唯物史观，在批判经学的独断论中探讨认识论上的知与行、主观与客观的关系问题。在马克思主义哲学中国化的过程中，形成了"通过群众的革命斗争来实现理想"的方式。五四运动以后的马克思主义者，自觉将历史观与认识论相结合、知识精英与民众相结合、哲学家的优秀传统与民众中潜在的革命世界观相结合，促使中国哲学在走向近代化过程中实现转型。在思维方式和价值观念变革方面，冯契认为："'五四'提出的科学和民主两个口号，当然有多方面的含义，但对哲学的近代化来说，就是要求在思维方式上用科学方法取代经学方法；在价值观念上用近代的自由原则取代封建的权威主义。在这两方面，哲学家们也作了很多探索。"[3]

冯契认为，正是新文化运动时期哲学开展的这些特点，对中国价值论

---

1 《"五四"精神与哲学革命》，《冯契文集》(8)，第 298 页。

2 《"五四"精神与哲学革命》，《冯契文集》(8)，第 306 页。

3 《"五四"精神与哲学革命》，《冯契文集》(8)，第 303 页。

变革产生了深刻影响。

三、对新文化运动时期价值论变革的反思

对于新文化运动时期的中国价值论变革，冯契将其作为近代哲学革命的重要内容，置于"中国近代哲学的革命进程"之中加以反思。他认为："哲学革命归结到社会的改造和人的改造，亦即归结到人的自由的问题，这方面，中国近代的哲学家也作了很多的探索，有积极成果，也有不足之处。"[1] 由此出发，他对于新文化运动时期中国价值观变革的基本内涵、历史由来、成功之处、不足之点都进行了深入衡论。

对于新文化运动时期中国价值论变革的基本内涵，冯契做出了明确界定。他指出，中国近代哲学家对社会的改造和人的改造进行了双重的思考，由此提出了双重理想："一方面提出个性解放的人生理想，另一方面提出大同的社会理想。"[2] 这种新的人生理想与社会理想，与中国古代的人生理想与社会理想有着质的区别："个性解放的理想与封建时代的做圣贤是不同的，近代的大同社会理想与古代《礼运》里讲的大同也不同。这两种理想或价值观的变革就是人道主义和社会主义。人道主义要求个性解放，社会主义要求实现大同理想。"[3] 因此，概括起来，在中国近代，"价值观变革集中表现在新的社会理想和新的人生理想要求用近代的自由原则取代权威主义"[4]。这就说明了新文化运动时期中国价值论变革的基本内涵，在于中国人的人生理想和社会理想的变革，其实质在于用近代的自由原则取代古代的权威主义，形成了人道主义和社会主义两大追求。而中国价值论变革的发生基础，在于中国社会历史在鸦片战争后发生了巨大的变化："从社会历史演变来说，中国近代经历了从自然经济向商品经济的革命转变，反映到意识形

---

1 《中国近代哲学的革命进程》，《冯契文集》(7)，第634—635页。
2 3 《关于中国近代伦理思想研究的几个问题》，《冯契文集》(8)，第325页。
4 《关于中国近代伦理思想研究的几个问题》，《冯契文集》(8)，第321页。

态领域，与自然经济相联系的权威主义的价值观成了革命的对象。"[1]

在冯契看来，这种价值论变革在鸦片战争前后的中国思想世界即已发生。从人生理想看，近代中国思想家都主张个性解放，反对主张封建依附的权威主义。他指出：

> 近代伊始，龚自珍提出"众人之宰，非道非极，自名曰我"。标志着近代"自我"开始觉醒，反映了与商品经济相联系的人的独立性的要求，这是近代价值观根本变革的开端。其后，谭嗣同主张"冲决网罗"；梁启超大声疾呼要求"除心奴"；严复讲"自由为体，民主为用"；章太炎强调"依自不依他"，"自尊无畏"。五四新文化运动中，陈独秀、李大钊、鲁迅都强调个性解放、个性自由，反对权威主义的价值观，胡适也对权威主义持批判态度，要求"重新估定一切价值"。[2]

从社会理想看，近代中国思想家由于感受到资本主义难以在中国发展，形成了与反对帝国主义的民族民主革命相联系的社会主义追求。他指出：

> 洪秀全重新提出《礼运》的"大同"观念，鼓吹通过革命群众的斗争在地上建立"天国"。康有为的"大同之世"则是一个自由平等博爱的人道主义的乌托邦。孙中山讲"天下为公"，先是以"民有、民治、民享"为主要内容，后又强调它和共产主义的一致性。中国近代同西方一样，社会主义也经历了由空想到科学的发展。李大钊开始把大同理想建立在唯物史观的科学基础上，并着重指出科学的社会主义和人道主义的统一。[3]

---

1 《关于中国近代伦理思想研究的几个问题》，《冯契文集》(8)，第323—324页。
2 《关于中国近代伦理思想研究的几个问题》，《冯契文集》(8)，第324页。
3 《中国近代哲学的革命进程》，《冯契文集》(7)，第636页。

因此，新文化运动时期的中国价值论变革，实有自己的历史由来。

冯契指出，鸦片战争前后开始的中国价值论变革，在新文化运动时期获得了一个阶段性总结。这就使得新文化运动时期的中国价值论变革，具有了承上启下的重要意义。其所以如此，首先在于"'五四'提出的科学和民主两个口号，当然有多方面的含义，但对哲学的近代化来说，就是要求在思维方式上用科学方法取代经学方法；在价值观念上用近代的自由原则取代封建的权威主义"[1]；更为重要的是，从这一时期开始，随着马克思主义在中国思想世界大规模传播，中国马克思主义者以唯物史观为指导，对这种新的人生理想与社会理想做出了新的阐明。以社会理想论，他说："近代哲学的革命过程，作为中国人民的革命世界观由自在而自为的发展过程，突出地表现在'通过群众的革命斗争来实现社会理想'这种观念的发展上。这种观念在太平天国那里是潜在的，经康有为、孙中山，到'五四'以后出现了共产党人，才取得比较自觉、比较科学的形态。"[2]

其中，李大钊对近代中国萌生发展的新的社会理想和新的人生理想进行了总结，对新文化运动时期的中国价值论变革贡献尤大，最具有代表性。冯契对此做了专门说明。他说：

> 五四运动以后，迎来了马克思主义。回顾前一段历史，李大钊作了总结。李大钊依据马克思主义观点，开始把大同理想建立在唯物史观的科学基础上，指出科学社会主义和人道主义的统一。他说，近代有两个运动：一个是个性解放，即人道主义和民主主义运动，另一个是大同团结，即社会主义运动。"这个个性解放运动，同时伴着一个大同团结的运动。这两种运动，似乎是相反，实在是相成。"他强调"我们主张以人道主义改造人类精神，同时以社会主义改造经济组织"。在

---

1 《"五四"精神与哲学革命》，《冯契文集》（8），第303页。
2 《"五四"精神与哲学革命》，《冯契文集》（8），第306—307页。

这里，李大钊提出了一个崭新的观念：个性解放和大同团结的统一、人道主义和社会主义的统一。在李大钊看来，这也就是共产党人的理想。这是符合《共产党宣言》所说的："代替那存在着阶级和阶级对立的资产阶级旧社会的，将是这样一个联合体，在那里，每个人的自由发展是一切人的自由发展的条件。"[1]

李大钊的新价值论具有重要的意义，"标志着中国近代哲学关于社会理想和人生理想的探讨提高到了一个新阶段"[2]，"是继承和发展了龚自珍、洪秀全等先进人物的价值观的结果，也是马克思主义中国化的开始"[3]。李大钊的新价值论，尽管还只是提出了一个纲领，指出了大致的努力方向，没有来得及做更为详细的展开，但冯契认为却是值得珍视和继承的。他说："思想史上常常出现这样的情况：一种学说的创始人说得比较简单、朴素，却比后来的继承者更正确些。李大钊（以及鲁迅）关于人道主义和社会主义统一、个性解放和大同团结统一的学说是富于智慧和远见的。"[4]因此，他表示："就近代中国的自由学说来说，我认为李大钊的提法是最值得重视的。"[5]

在揭示新文化运动时期中国价值论变革的成功之处的同时，冯契又指出了这一变革的不足之点。他指出："近代哲学关于人的自由和价值理论的探索是没有得到系统的总结的。"[6]因此，尽管新文化运动时期围绕人生观和社会理想建立起不同于传统价值体系的价值原则，但这些合理原则在后来的贯彻中并不尽如人意，出现了数次反复，甚至导致价值虚无主义和人的异化问题。从外部客观环境看，一方面社会动员和对外革命需要集中权

---

1 《关于中国近代伦理思想研究的几个问题》，《冯契文集》(8)，第 325 页。

2 《中国近代哲学的革命进程》，《冯契文集》(7)，第 308 页。

3 《关于中国近代伦理思想研究的几个问题》，《冯契文集》(8)，第 326 页。

4 5 《儒家的理想和近代中国的自由学说》，《冯契文集》(8)，第 346 页。

6 《中国近代哲学的革命进程》，《冯契文集》(7)，第 640 页。

力的领导；另一方面，新旧价值体系更新环节，发生权力与民主的不平衡，个体与群体关系的不协调。冯契看到了价值观变革的艰难性和复杂性，他说："在价值这个领域，当传统的价值观被抛弃了，新的价值观又确立不起来的时候，许多人就彷徨不知所措，就会形成对价值的失落感。这个时候给人的感觉是道德败坏，不是前进，而是倒退，一切坏的东西都会出现。"[1]在新旧价值体系更替之际，与现实的人的需要相符合的新价值秩序没有建立，旧的价值秩序仍然具有解释效力，人的本质力量不能得到自由发展，人性出现异化。在新文化运动时期，这种现象体现得尤为突出和普遍。正如他所说："一些传统的价值如礼教、国粹、正人君子之类，已成为僵尸，已成为如鲁迅所说的'无物之物'。但腐朽了的东西还有力量，'僵尸'还可以披上花衣服，登台演戏，它可以披上西方来的现代衣服，甚至可以披上马克思主义的衣服。鲁迅把中国的上等人称为'做戏的虚无党'。"[2]

正是这样，冯契在主张从"中国近代哲学的革命进程"出发"进一步发展哲学革命"[3]时，强调要吸取新文化运动时期中国价值论变革的成功之处，克服新文化运动时期中国价值论变革的不足之点，"逐步实现李大钊所说的社会主义和人道主义统一的思想"[4]。他的智慧说要解决人的自由问题，正是接续这个思想而来的。也就是说，他希望回到新文化运动时期的中国价值论变革，回到李大钊的新价值论，来接着讲自己的智慧说价值论。

四、自由与价值：智慧说价值论的确立

冯契智慧说价值论，从对新文化运动以后价值变革的反思中得出结论，

---

1 《关于中国近代伦理思想研究的几个问题》，《冯契文集》(8)，第327页。

2 《人的自由和真善美》，《冯契文集》(3)，第99页。

3 《中国近代哲学的革命进程》，《冯契文集》(7)，第648页。

4 《中国近代哲学的革命进程》，《冯契文集》(7)，第649页。

以马克思主义社会实践为基础，从人类社会历史的演变来考察价值变革。他指出："我对价值论问题，着重从人的要求自由的本质的历史发展来讨论。"[1] 广义上，"人的自由问题包括两方面，即：怎样来建立人类的理想的'自由王国'？怎样来培养理想的自由人格？"[2] 他认为对"个性自由"的价值讨论，要看到人的自由创造活动，对自由与价值、合理价值原则的依据及其价值本质等问题做出说明。

其一，文化的价值论阐释。冯契认为，新文化运动时期的哲学，中西文化问题的探讨尽管激烈，西化派与本位文化派立场尽管不同，"但在用文化来解释社会变动这一点上是一致的"[3]。关于文化，他说："梁漱溟说文化是'民族生活的样法'，瞿秋白说文化是'人类之一切所作'，这都是对于文化一词的广义的用法，毛泽东在《新民主主义论》中把文化理解为观念形态，则是狭义的用法。"[4] 这些对于文化的解释，定义了文化是什么，说明了人的创造活动的作用。冯契认为，要阐发文化与人的关系，还要说明人的本质和文化的关系，从价值论解释文化何以对人有价值。在他看来，文化的核心是价值，人创造了文化，"文化哲学或文化理论的核心问题就是价值问题"[5]。人在社会实践基础上，使理想化为现实，文化体现了人的自由本质而具有价值。他指出："在创造中，理性把现实可能性和人的需要结合起来，形成理想；并通过实践使理想化为现实，这样就创造了价值。"[6] 从价值论的角度来理解文化，文化应当是人的自由本质的体现，"人本身以及人所创造的价值，就目的因来说，无非就是要求人的自由、实现人的自由，所以作为价值体系的最基本的东西，就是自由的劳动"[7]。价值是对文化的评价

1 《人的自由和真善美》，《冯契文集》(3)，第 1 页。
2 《中国近代哲学的革命进程》，《冯契文集》(7)，第 20 页。
3 《必须坚持能动的革命的反映论》，《冯契文集》(9)，第 345 页。
4 5 《人的自由和真善美》，《冯契文集》(3)，第 73 页。
6 《人的自由和真善美》，《冯契文集》(3)，第 74 页。
7 《人的自由和真善美》，《冯契文集》(3)，第 78 页。

意义的客观化，所谓"意义"，即人造物或与人相联系的自然物，不仅具有可认识的结构，也具有人对其评价的依据。文化现象与自然现象的不同就在于，"对文化现象的理解总是评价"[1]。在由自在之物到为我之物的转变中，获得正价值或负价值。自近代以来，关于文化理论的阐释，基本以"用文化来解释社会变动"为认识文化的思路，而没有将文化本身视作人的本质的体现。正因如此，人的自由本质的异化也是因为文化的工具化。从价值论理解文化，文化的价值在于体现人的自由，这是对将文化仅仅理解为认识工具或认识途径的反驳。

其二，自由之体与价值之用。冯契指出，在价值的体用关系上，"自由个性是'体'，价值的自由创造是'用'"[2]。价值作为评价文化意义的客观化，既有客观的事实依据，也是理解者的个性观点。前者是为我之物的文化现象，后者是反映客观存在的观点，在体用关系上，两者统一于个性自我。他说："'我'在我所创造的价值领域里或我所享受的精神境界中是一个主宰者，'我'主宰着这个领域，这些创造物、价值是我的精神的创造，是我的精神的表现。这样，'我'作为自由的个性就具有本体论的意义，这并不是说'我'成了同物质一样的本体。"[3]所谓"自由为体"，指创造性的精神主体，"自由的个性具有本体论意义"[4]。作为创造性的精神主体，"它要求成为自由的个性，并主宰这个领域"[5]，需要具有独特性、一贯性和坚定性才能成为自我主宰者。独特性，是指自由个性不是类与类的区分，而是在一个类当中具有不同于抽象类的个性，是在与社会联系中保持的独立性。一贯性，是指自由个性作为精神主体，不是主观随意的，随着对于客观自然之物的认识和评价，始终体现人的本质和人的创造主体性。坚定性，

1 《人的自由和真善美》，《冯契文集》(3)，第75页。
2 《人的自由和真善美》，《冯契文集》(3)，第269页。
3 《人的自由和真善美》，《冯契文集》(3)，第254页。
4 5 《人的自由和真善美》，《冯契文集》(3)，第255页。

是肯定化自在之物为为我之物的文化创造的价值，而不至于产生价值上的虚无。

其三，合理价值原则的依据。冯契肯定了李大钊将人道主义和社会主义、个性解放和大同理想相结合的近代价值原则。在此基础之上，他从辩证唯物主义出发，认为合理价值原则还要考虑到几个问题。一是他强调社会历史变迁是价值体系的基石，是价值原则变化的根本动力，认识到这点才能避免价值原则的绝对化和教条化。他说：唯物史观的人性论是"在社会实践的基础上来理解环境的改造和人性的发展的一致——亦即自由"[1]。二是他提出用历史唯物论反对传统伦理原则中的抽象人性论和宿命论，同时重视发掘古代哲学传统中天人之辩、理欲之辩、群己之辩等价值原则中的合理内容。三是他还强调，将自由劳动当作体现人的本质的合理价值体系的总原则，在此基础上贯彻知情意、真善美全面发展的原则。

其四，价值体系就是一种理想体系。从价值论来看，"自由是人们自觉自愿地在行为中遵循'当然之则'（道德规范），也就是体现了进步人类道德理想的准则在人们的社会行为和伦理关系中得到实现"[2]。冯契谈到，哲学上的自由概念，自由就是理想化为现实。自由个性作为价值本体，以理想形态价值观念的实现为目的，也是客观现实可能性和人的需要的统一。因此冯契认为："人们用这种理想形态的观念作为标准，对事物进行评价，评价意义的客观化就是价值。所以，价值体系就是理想体系。一个时代的合理的价值体系就是这个时代进步人类的最高理想，它是共同的社会理想，也是个人的人生理想。"[3]合理的价值体系所要达到的，就是基于人民大众的又合乎人性的自由发展的真善美统一的理想境界。

---

1 《中国近代哲学的革命进程》，《冯契文集》（7），第 638 页。

2 《中国近代哲学的革命进程》，《冯契文集》（7），第 638—639 页。

3 《人的自由和真善美》，《冯契文集》（3），第 102 页。

五、从新文化运动看近代理想人格的培养

中国古代传统哲学中的"成人之道",即理想人格的培养,在价值目标上与君子或圣人人格相一致。在不同境遇中,通过对于君子或圣人人格的重新描述而形成较为固定的价值标准,实现人道与天道秩序的一致。新文化运动围绕培养"新人"问题而展开的讨论,都试图重塑近代新的理想人格。然而从哲学层面,关于新的人格及其实现,人的自由与秩序,个体价值与群体价值的关系等问题,并未达成一定共识,因此需要进一步深入探究。在冯契看来,这一问题与对理想人格的价值自证相关。自由个性的实现,应该同时包含价值自证和价值创造,由认识自我为动力而实现完善自我的目的。在"认识自我"与"自我完善"的创造过程中,保持认识活动与人性的要求结合,群体原则与个性原则的统一,与得自经验者还治经验的规律性相联系,知情意、真善美全面发展。

首先,认识自己,"我为德之主"。理想人格的培养,是人的内在自然天性通过合目的地得到改造发展为德性。"人在创造价值、人化自然的过程中,人的内在的自然也得到了改造、发展,人的天性也就变成了德性。"[1] 人的天性与德性间的关系,需要区分心与性的不同。他说:"对心和性关系的考察,却确实是'认识自己'的根本问题。"[2] 在这方面,冯契不仅对代表中国古代心性关系的复性说做了总结,也对近代哲学传统,尤其是新文化运动时期唯物史观对成性说的改造加以反思。先秦时期,孟子的"诚者,天之道也;思诚者,人之道也"(《孟子·离娄上》)体现了通过"思诚"而实现天人合一的天道观,成为后世复性说的主要理论来源。荀子的"化性起伪"(《荀子·性恶》)则代表了成性说的观点,即德性通过后天培养而成,是朴素唯物论者的观点。而近代哲学传统中,多"反对理学家那种'复性

---

[1] 《认识世界和认识自己》,《冯契文集》(1),第314页。
[2] 《认识世界和认识自己》,《冯契文集》(1),第288页。

说'，反对'存天理、灭人欲'的说教和理性专制主义，基本上都主张'成性说'"[1]。在冯契看来，人的类的本质的学说，不同于理性主义者以心为性的观点，也不同于经验论者"生之为性"的观点。心与性及其二者关系问题是自我（精神主体）从自在、自为到自觉、自证的过程。他说："人的本质、本性，不仅是有灵明觉知，而且它还包括无意识、非理性的力量，还有劳动、社会性、要求自由等特征。而人的意识，即灵明觉知，不仅要把握人性本身，还要对自然界及其秩序进行认识和评价。所以，心和性是不同的范畴。"[2]他认为应该在区分心与性的基础上，重新看待古代心性学说和检视近代人性论的观点，对王夫之的"命日受、性日成"加以改造，"在劳动与意识、实践与理论的相互作用中，'性日生而日成'"[3]。"我为德之主"，即从意识主体方面，成就自我的"灵明觉知"，在价值主体方面，"人根据自然的可能性来培养自身，来真正形成人的德性"[4]。不能离开认识世界来认识自己，不能离开天道观来讲心性关系。

其次，"德性凝于形色"，"显性以弘道"。成人之道不仅需要自证"我为德之主"，还需要兼顾成性与成身的关系，"德性必须凝于形色，所以成性正在于成身（践形）"[5]。在与外界的接触、交往中使德性得以显现为情态，"具有感性性质的事物各以其'道'（不同的途径和规律），使人的个性和本质力量对象化了，成为人化的自然，创造了价值，这便是显性以弘道"[6]。"显性以弘道"通过立德、立言、立功等创造活动显现出来。冯契说：

人的德性的培养，包括立德、立功、立言等途径，都是以自然赋

1 《认识世界和认识自己》，《冯契文集》(1)，第306页。
2 《认识世界和认识自己》，《冯契文集》(1)，第288页。
3 《认识世界和认识自己》，《冯契文集》(1)，第312页。
4 《认识世界和认识自己》，《冯契文集》(1)，第313页。
5 《人的自由和真善美》，《冯契文集》(3)，第91页。
6 《认识世界和认识自己》，《冯契文集》(1)，第353页。

予的素材（天性）作根基，以趋向自由为其目标。人们在实践和教育中认知自己和塑造自己，与化自在之物为为我之物的过程相联系着，通过立德、立功、立言等创造性活动，德性经培养、锻炼由自在而自为，"我"作为"德之主"，便自证其自由的品格。[1]

与"德者，道之舍"的本体论解释相联系，立德、立言与立功作为德性自证的创造性活动，也获得了不同于在古代传统中的意义解释。

立德可以理解为德性之诚，主体对自己的德性能做反思和验证。"从冷暖、痛痒、动静之感以及种种言行、思想、意欲、情感活动中，主体都能经过反观而体认到有个'我'贯穿于其中，而这些活动和感受，总是或多或少、这样那样地表现了'我'之性情。"[2]一方面，化自在之物为为我之物的过程中，警惕异化。另一方面，通过学习和修养来解蔽。立言是通过客观理性及其群体意识与自我意识的辩证关系，以语言交流的过程对德性加以反思。"由于反思，'我'这个主体就能够认识自己如何运用逻辑形式来统摄思想内容，如何凭借理性之光来照亮情、意、直觉等活动。同时，也是由于这样的反思，意识主体就能够从与他人的交往中（即社会交往中），从语言交流活动中来自证其为主体。这样，就有了越来越明确的自我意识。"[3]立功是指知情意相统一的化理想为现实的自由创造活动。在这个过程中，理论首先要成为理想，并进一步形成信念。冯契认为，"理想人格的培养，归根到底是要用科学的世界观理论来指导人生，通过理想、信念的环节而变成德性"[4]。

再次，"凝道而成德"。理想人格需要培养，通过立德、立言、立功等途径而习得。从价值论的角度，自由德性具有肯定自己又超越自己的品格，

1　《认识世界和认识自己》，《冯契文集》(1)，第358页。

2　《认识世界和认识自己》，《冯契文集》(1)，第353—354页。

3　《认识世界和认识自己》，《冯契文集》(1)，第309页。

4　《人的自由和真善美》，《冯契文集》(3)，第255页。

即"凝道而成德"。所谓"凝道"或"造道"，可以从认识之道、价值之道、现实之道来理解。认识之道，即"德性之智"。德性自证是德性价值的自证，对价值的评价需要使主体的认识规律与价值原则相一致。价值之道，是德性之体，人的本质即德性的自证即创造价值，人的知情意的创造性活动，也创造了真善美的价值，并且通过"技进于道"实现知情意的统一。不仅如此，"人们以得自现实之道还治现实过程，也以得自认识之道还治认识过程，并把现实之道、认识之道与人的需要结合起来以创造价值，塑造自己的人格"[1]现实之道，是以得自现实之道还治现实之身。自由个性的"我"以逻辑范畴为方法，以合理价值准则为德性，通过以得自现实之道还治现实之身的过程，具有智慧，把握新的"天"与"人"的统一。德性自证即德性价值的自证，是德性进入自由境界中，通过"凝道以成德"对自我价值的探索。

六、小 结

冯契将新文化运动时期的哲学作为认识近代哲学革命进程的重要环节，对新文化时期的哲学特征、价值原则和理想人格的塑造展开个性化的探讨。作为哲学史家，他建立了从价值观变革来研究和看待新文化运动的理解框架与认识思路；作为哲学家，他对新文化运动以来的"新人"学说和自由问题进行批判总结，确立了智慧说价值论的哲学成果。这两方面，为开展冯契哲学与新文化运动哲学的关系建立起一种互动。

其一，对新文化运动的哲学考察，不能绕过对冯契哲学的深入研究。围绕"古今、中西"问题在近代哲学领域的不同体现，冯契的新文化运动研究，使他所提出的近代哲学革命的任务与意义具体而明确。冯契对新文化运动时期的个案人物、主要思潮和核心问题，从历史观、认识论和价值

---

1 《认识世界和认识自己》,《冯契文集》(1), 第328页。

论方面，做了历史考察与哲理分析。从价值哲学方面，肯定文化保守主义、自由主义和激进主义在实现近代理想人格和理想社会的价值目标上的理论贡献。同时，突出三大哲学思潮对于"中国向何处去"这一问题在 20 世纪之初的文化聚焦，尤其肯定了马克思主义在新文化运动后期的哲学发展中的成果。基于此，他反复强调"反思'五四'在中国近代哲学革命中的意义"[1]，既要注重古代哲学天人关系、义利之辩和群己之辩的合理内容，也要对价值虚无主义和实用主义、人的异化问题保持警惕和反省。

其二，冯契的智慧说价值哲学，不是抽象地讲自由问题，而是"从人的自由本质的历史发展的角度来研究马克思主义的价值论"[2]。他的研究，挖掘了新文化运动时期关于"新人"思想中新的价值秩序与价值原则，对文化与价值、自由与秩序、人的德性（本质）与近代理想人格的培养问题，展开多重探索。他以自由个性的自觉和德性主体的自证作为类本质的人创造价值和实现价值的认识途径，提出"自由为体、价值为用"，将德性主体与意识主体、理性认识与价值评价、现实社会与理想世界、个人与群体的辩证关系等问题，引入发现自我和完善自我的哲理境界，使得智慧说理论中关于"化理论为德性"的价值论问题，具有层次丰富的内容以及后续扩展的历史维度和理论空间。

1　《"五四"精神与哲学革命》，《冯契文集》(8)，第 313 页。
2　《〈价值与评价〉中译本序》，《冯契文集》(8)，第 289 页。

第十三章　冯契评"科玄论战"

　　1923 年 2 月至 1924 年 12 月，在我国学界曾发生了一场被梁启超称为"想替我们学界开一新纪元"[1]的思想大论战。这就是我国学人耳熟能详的"科学与人生观论战"[2]。这场论战之思想史上的意义，就在于它在中国学界第一次公开表现出中国思想界固有的三大派别的对立，即自由主义的西化派、文化保守主义派、中国马克思主义派的对立。这三派的抗衡态势，是 20 世纪 20 年代中期以后的中国思想界的常态，造成中国现代思潮的起起伏伏、曲曲折折，决定了中国现代思想的走向。可以断定，只要中国思想文化一天未实现现代化，这三派的抗争就会存在一天。这也就是说，自由主义派、文化保守主义派、马克思主义派的抗衡，虽不始于中国思想文化现代化过程开始之日，却一定结束于中国思想文化现代化完成之时。从这个意义上讲，只要中国思想文化现代化一日未实现，讨论"科玄论战"都会不失其现实意义，因为它对我们正确把握中国现代思想界的基本矛盾，平衡三派鼎立抗衡之势力，推动中国现代思想的健康发展，将提供难得的启迪。2015 年 2 月恰逢"科玄论战"90 年祭，11 月是冯契先生 100 周年诞辰纪念。我将两者联系起来考虑，遂决定写此文纪念冯契先生诞辰。我相信，由于在本章写作之前尚无人关注冯契先生对"科玄论战"的评论，所以本章的作用是显而易见的：它不但会加深对"科玄论战"各方对立之

1　张君劢等：《科学与人生观》，辽宁教育出版社，1998 年，第 111 页。

2　又称为"科学玄学论战""科哲之战"，然大多学人习惯地称之为"科玄论战"。

思想实质的认识，而且有助于在思想对立的意义上准确划分冯契先生的学派归属，从而正确确立其在现代思想史上的地位。

一

1923 年 2 月 14 日，随梁启超访学欧洲归来已两年多的张君劢，不知因何直接缘由来到清华大学为师生演讲"人生观"问题，随后将演讲稿发表于《清华月刊》第 272 期，就取名为"人生观"。张氏《人生观》演讲，围绕"科学不能解决人生观"这一主旨，展开了五个方面的论证："第一，科学为客观的，人生观为主观的"；"第二，科学为论理的方法所支配，而人生观则起于直觉"；"第三，科学可以以分析的方法下手，而人生观则为综合的"；"第四，科学为因果律所支配，而人生观则为自由意志的"；"第五，科学起于对象之相同现象，而人生观起于人格之单一性"。然后归纳说："人生观之特点所在，曰主观的，曰直觉的，曰综合的，曰自由意志的，曰单一性的。惟其有此五点，故科学无论如何发达，而人生观问题之解决，决非科学所能为力，惟赖诸人类之自身而已。"而张氏所谓人类靠自身解决人生观问题，具体就是指人要解决人生观问题只有靠人的"良心之自动"。张氏未分析人之"良心"有此"自动"的发生机制，我们难以具体了解人之"良心"如何"自动"地解决人生观问题，只能推想他可能这样想：人的意志既然是自由的，则人的良心一旦自觉到有解决人生观之必要，它就一定会自动地解决人生观问题，从而确定自己的人生方向。[1]

地质学家丁文江认为张氏的《人生观》演讲"完全违背论理学"，在理论上根本站不住脚，却表明"玄学的鬼附在张君劢身上"[2]；为给玄学鬼尚未附身的青年学生提个醒，使青年学子免遭玄学鬼祸害，必须痛打"玄学鬼"，于是他毅然首先站出来批驳张君劢，并申明他不是批他的朋友张君

1　张君劢等：《科学与人生观》，第 31—35 页。

2　张君劢等：《科学与人生观》，第 38—39 页。

励，而是打玄学鬼。

丁文江批驳张氏《人生观》的长文取名为"玄学与科学"，有一万二千余字，完稿于 1923 年 4 月 12 日，后发表于《努力周报》[1]第 48 期与第 49 期。在《玄学与科学》中，丁氏从八个方面批驳张氏的《人生观》。丁的反驳以"科学方法是万能"[2]这一信念为思想基础与理论支撑，极力阐述以下观点：科学与人生观本来同气连枝，没有法子把人生观同科学真正分家；从知识论讲，物质科学与精神科学的分别也不是真能成立的；心理现象绝逃不出科学的范围，因果律同样适用于心理现象；凡心理的内容，真的观念推论，无一不是科学的材料；在知识界内，科学方法是万能的。丁氏的这些观点，一一针对张氏所谓"人生观不受科学方法支配的理由"[3]，其用心显然在于强调"科学定能解决人生观问题"，尽管在《玄学与科学》一文中并没有出现这样的或类似的断言。

丁文江的《玄学与科学》发表大约半个月后，张君劢于北京《晨报》副刊发表《再论人生观与科学并答丁在君》以反驳丁氏。此文近四万字，分上中下三篇，每篇四节[4]，共十二节，从十个方面予以反驳。张氏的反驳，除大量转引欧洲学者区分"科学与人生观"的言论以为说以及关于具体问题的辩解[5]之外，仍然坚持"人生观与科学分界"这一核心论旨，以强调：物质科学与精神科学内容不同、本质不同；科学的"自然公例"不是"万能"的；"纯正心理学"更无"公例"可循。"惟其如是，科学决不能支配人生，乃不能不舍科学而别求一种解释于哲学或玄学中（或曰形上学）。"[6]

---

1 此刊本为胡适主持，1923 年 3、4 月间至 11 月底，胡适在南方养病期间，由丁文江代为主持，这事胡适在《科学与人生观》一书的"序二"中有所说明。

2 张君劢等：《科学与人生观》，第 47 页。

3 张君劢等：《科学与人生观》，第 39 页。

4 张氏自己只是以"第一、第二、第三、第四"形式分节。

5 例如针对丁文江说玄学在欧洲"渐渐没有地方混饭吃"而专列"玄学在欧洲是否'没有地方混饭吃'"一节辩之。

6 张君劢等：《科学与人生观》，第 94 页。

除了反驳，对自己的《人生观》演讲之适用范围，张氏加以限定：

> 读者当注意者：清华演讲为人生观与科学之对照，非精神科学与物质科学之对照，故不能以我对于社会科学之态度，反驳吾人生观绝对自由之说也。社会科学固与人生观相表里，然社会科学，其一部对象为物质部分（如生计学中之土地资本等）。物质固定而凝滞，故有公例可求。除此而外，欧立克所谓不可测度之部分，即我之所谓人生观也。[1]

由此不难明白，张君劢绝非一般地主张"科学不能解决人生观"，他这样说，实际上是主张：科学不能解决形上层次的人生观，即不能解决人之情感与情爱、人之追求与理想、人生目的与意义之类的人生问题。

二

1923 年 5 月 5 日，梁启超以"暂时局外中立人"名义，在《时事新报·学灯》发表题为"关于玄学科学论战之'战时国际公法'"的宣言，予刚刚开始的"科玄论战"以高度积极的评价，称之为"我国未曾有过的论战"，"是想替我们学界开一新纪元"。梁启超热情期盼"论战能为彻底的讨论，把两造意见发挥尽至"，并"希望参战人愈多愈好"。梁启超还为论战制定了两条"国际公法"：第一，"问题集中一点，而且针锋相对，剪除枝叶"；第二，"措词庄重恳挚，万不可有嘲笑或谩骂语"，以保证论战健康展开。[2]

此后半年多的时间内，果真如梁氏所希望的，许多学界名流先后参加论战，形成了"玄学"派与"科学"派的尖锐对立。"玄学"派论战的文章，除了菊农的《人格与教育》发表于《晨报》副刊、范寿康的《评所谓"科

---

1 张君劢等：《科学与人生观》，第 73 页。

2 张君劢等：《科学与人生观》，第 111—112 页。

学与玄学之争"》发表于《学艺》，其余皆发表于《时事新报·学灯》，计有孙伏园的《玄学科学论战杂话》、梁启超的《人生观与科学》、林宰平的《读丁在君先生的〈玄学与科学〉》、张君劢的《科学之评价》、张东荪的《劳而无功——评丁在君先生口中的科学》、陆志韦的《"死狗"的心理学》、穆（钱穆）的《旁观者言》、颂皋翻译的《玄学上之问题》、王平陵的《"科哲之战"的尾声》；"科学"派的文章，除了吴稚晖的《箴洋八股化之理学》与《一个新信仰的宇宙观及人生观》分别发表于《晨报》副刊、《太平洋》杂志外，其余都发表于《努力周报》，计有胡适的《孙行者与张君劢》、任叔永的《人生观的科学或科学的人生观》、章演存的《张君劢主张的人生观对科学的五个异点》、朱经农的《读张君劢论人生观与科学的两篇文章后所发生的疑问》、丁文江的《玄学与科学——答张君劢》、唐钺的《心理现象与因果律》、丁文江的《玄学与科学的讨论的余兴》、唐钺的《"玄学与科学"论争的所给的暗示》、唐钺的《一个痴人的说梦——情感真是超科学的吗？》、王星拱的《科学与人生观》、唐钺的《科学的范围》、唐钺的《读了〈评所谓"科学与玄学之争"〉以后》。1923 年 11 月，东亚图书馆收集汇编论战双方的文章共 28 篇，以"科学与人生观"为书名出版。

三

中国共产党人关注"科玄论战"的文章，例如瞿秋白的《自由世界与必然世界》、邓中夏的《中国现在的思想界》，或许因为时间上的不凑巧，或许因为搜集人汪孟邹的偏见，并未收入《科学与人生观》一书。中国共产党人关注"科玄论战"文章的缺收，对后人认识"科玄论战"的性质与意义，无疑将产生消极的影响。所幸的是，《科学与人生观》付梓前，请陈独秀作序而为他所允。陈独秀的"序"之意义在于：它不仅让后人得以了解共产党人对"科玄论战"的基本态度和认识，而且由于此"序"引来胡适的反驳，使后人得以分析论战三方相抗衡、相攀缘的复杂关系。

陈氏的"序"，即《科学与人生观》书中的"序一"。在序文中，陈独秀对"玄学"派与"科学"派的重要文章，逐篇评点，表明其既反对"玄学"派的文化保守主义又反对"科学"派的自由主义的基本立场。但是，在认识上陈氏比较偏袒"科学"派。从他批驳张君劢、丁文江在程度上有所区别，可以清楚地看出这一点。对于张君劢从九个方面论证人生观"是主观的，起于直觉的、综合的、自由意志的，起于人格之单一性的，而不为客观的、论理的、分析的、因果律的科学所支配"[1]，陈独秀逐一批驳之，然后十分干脆地下结论说："以上九项种种不同的人生观，都为种种不同客观的因果所支配，而社会科学可一一加以分析的论理的说明，找不出那一种是没有客观的原因，而由于个人主观的直觉的自由意志凭空发生的。"[2] 而对丁文江的反驳，却很笼统，只是指出：（1）丁文江不曾说明"科学何以能支配人生观"；（2）丁文江的思想基础，"和张君劢走的是一条道路"。[3] 陈独秀偏袒"科学"派，是因为他也认为人生观同样有客观原因，与丁文江等人的认识比较一致，只不过他是从社会科学说明人生观亦有客观的原因，而"科学"派则从"科学万能"的信念出发，将决定人生观的客观原因混同于科学范畴的客观原因，将物质科学范畴的客观原因与人文科学范畴的客观原因完全混同。

陈独秀虽然偏袒"科学"派，但他仍然指出张君劢、丁文江的思想基础是相同的。这显然是基于唯物史观的立场而把"玄学"派和"科学"派的思想基础都视为历史唯心论。陈独秀强调说："我们相信只有客观的物质原因可以变动社会，可以解释历史，可以支配人生观，这便是'唯物的历史观'"[4]，"科学"派因不信服唯物史观，所以对"科学何以能支配人生观"

1　张君劢等：《科学与人生观》，第3页。
2　张君劢等：《科学与人生观》，第5页。
3　张君劢等：《科学与人生观》，第6页。
4　张君劢等：《科学与人生观》，第7页。

却"一个证据也没举出来","文章写得虽多，大半是'下笔千言，离题万里'"[1]。所以他以对丁文江、胡适的反问结束序文："我们现在要请问丁在君先生和胡适先生：相信'唯物的历史观'为完全真理呢，还是相信唯物以外像张君劢等类人所主张的唯心观也能够超科学而存在？"[2]这一反问其实是在提醒"科学"派：如果不信服唯物史观，就根本不可能批倒"玄学"派的"科学不能决定人生观"。

"科玄论战"之初，胡适因在南方养病，只发表了短文《孙行者与张君劢》，以孙悟空跳不出如来佛掌心暗喻张君劢反科学却"不曾跳出赛先生和逻辑先生的手心里"[3]，他后来成为"科学"派的代表人物，也有赖于他为《科学与人生观》写的序。胡适的"序"为《科学与人生观》的"序二"，比陈独秀的"序一"晚写十六日，篇幅也超出陈序一倍多。胡适"序"共分为五节：先是揭示"科玄论战"的时代背景，将这场大论战的动机，归结为系梁启超"高唱'欧洲科学破产'"[4]而误导国人"菲薄科学"所致；接着指出论战双方的共同错误，"就是不曾具体地说明科学的人生观是什么"[5]，却去抽象地力争科学是否可以解决人生观的问题[6]，并分析造成这一错误的两个原因，首先当然要归咎于张君劢的模糊不清，其"不曾明白攻击科学家的人生观，却只悬空武断科学决不能解决人生观问题"，其次要责怪"科学"派虽抽象地承认科学可以解决人生问题，"却终不愿公然承认那具体的'纯物质，纯机械的人生观'为科学的人生观"[7]；然后他呼吁将论战转

1　张君劢等：《科学与人生观》，第 1 页。

2　张君劢等：《科学与人生观》，第 7 页。

3　张君劢等：《科学与人生观》，第 113 页。又，胡适以张君劢三个自相矛盾的说法以证明张氏不论怎样论说他也"始终不曾脱离逻辑先生的一件小小法宝——矛盾律——笼罩之下"（第 115 页）。

4　张君劢等：《科学与人生观》，第 11 页。

5　张君劢等：《科学与人生观》，第 12—13 页。

6　胡适的原文是"却去抽象地力争科学可以解决人生观的问题"（第 13 页），这里添加"是否"二字，以便于读者理解，否则就容易理解为这只是"科学"派一方的错误。

7　张君劢等：《科学与人生观》，第 14 页。

向，以"科学的人生观"为"具体的争点"，使原先压阵的吴稚辉倒转来做先锋，以后的论战，"玄学"派"请向吴稚晖的'新信仰的宇宙观及人生观'作战"，"科学"派"请先研究吴稚晖的'新信仰的宇宙观及人生观'"[1]；再后，强调要确定什么是最低限度的一致的人生观，并主张"拿今日科学家平心静气地、破除成见地公同承认的'科学的人生观'来做人类人生观的最低限度的一致"[2]；最后，提出其"新人生观"，共十点[3]，他自己也说，其"新人生观"十点不过是总括吴文的大意，加上他的"扩充和补充"而已。

胡适的"序"还有"附注：答陈独秀先生"，针对陈氏对他和丁文江的反问，阐述几点：陈说的是"历史观"，而他们讨论的是"人生观"，"历史观"不能等同于"人生观"，它"只是人生观的一部分"；他信不信唯物史观，全靠对陈氏所谓"客观的物质原因"怎样解说。而这陈氏自己也不曾说得十分明白，以陈氏序中所说——"心即是物之一种表现"——来断，陈氏所说的"客观的物质原因"，"似乎应该包括一切'心的'原因"。[4]陈的历史观如是指一切"物"与"心"之事（现象）"只有客观的原因"这种"秃头的历史观"[5]，他可以认同；但如果将"'物质的'一个词解成'经济的'"[6]，以为只有客观的经济原因可以解释历史，支配人生观，他就决不能像陈独秀所希望的，百尺竿头再进一步[7]，因为他固然相信经济原因也是客观原因，但"同时我们也不能不承认思想知识等事也都是'客观的原因'，

1　张君劢等：《科学与人生观》，第18页。

2　张君劢等：《科学与人生观》，第20页。

3　文长不赘引，参见张君劢等：《科学与人生观》，第21—22页。

4　张君劢等：《科学与人生观》，第23页。

5　张君劢等：《科学与人生观》，第24页。又，所谓"秃头"，在这里是指不在"历史观"三字前加上"唯物"限定词。秃头的历史观相信"只有客观的原因"可以变动社会、解释历史，"可以支配人生观"。

6　张君劢等：《科学与人生观》，第24页。

7　"独秀希望我'百尺竿头更进一步'，可惜我不能进这一步了。"张君劢等：《科学与人生观》，第24页。

也可以'变动社会，解释历史，支配人生观'"[1]，所以他只相信"唯物（经济）史观至多只能解释大部分的问题"[2]。

想必是汪孟邹将胡适的《答陈独秀先生》在付印前又让陈独秀过目，陈氏于是又作《答适之》，附在胡适"序"之末。晚于《答陈独秀先生》十日的《答适之》，就胡适的观点提出"不能同意之二点"：（1）胡适所谓两派"共同的错误"是不成立的，那其实是他"个人的错误"，从梁启超的论辩可以看出，争论的焦点不是"什么是科学的人生观"问题，而"正是科学是否万能问题"。科学是否万能的问题不解决，"无论你科学的人生观有如何具体的说明"，也不可能驳倒"玄学"派，因为人生观形形色色、多种多样，这难以说尽的人生观"却都是超科学的，却都是科学所不能支配的"。（2）胡适的迷失在于"只重在我们自己主观的说明，而疏忽了社会一般客观的说明，只说明了科学的人生观自身之美满，未说明科学对于一切人生观之威权，不能证明科学万能，使玄学游魂尚有四出的余地"。陈独秀则以为"固然在主观上须建设科学的人生观之信仰，而更须在客观上对于一切超科学的人生观加以科学的解释，毕竟证明科学之威权是万能的，方能使玄学鬼无路可走，无缝可钻"；唯物的历史观"其实不限于历史，并应用于人生观与社会观"。唯物历史观所谓的"客观的物质原因"，用以解释人类社会，"自然以经济［即生产方法（当是指生产方式——引者注）］为骨干"，但这是指"物质的本因而言"，并不包括"由物而发生之心的现象"。陈胡都认为科学能决定人生观是因为人生观同样有"客观的物质原因"，但对它的解释，胡是"二元论"的，陈则是"一元论"的。"二元论"的解释，是将"心的现象"（知识思想言论教育等）"当做经济的弟兄"；"一元论"的解释，则是将它（"心的现象"）"当做经济的儿子"。胡适既"明白主张心物二元论，张君劢必然大摇大摆的来向适之拱手道谢！！！"[3]

---

1 2　张君劢等：《科学与人生观》，第 24 页。

3　张君劢等：《科学与人生观》，第 25—29 页。

上述两个附录很重要，它不但显示了马克思主义派和自由主义派的直接的、正面的交锋，而且足以证明一点：在"科玄论战"中，陈独秀与胡适因为共同的"科学万能"之信仰，实际上结成思想上的联盟，以共同对抗"玄学"派的张君劢和梁启超。"玄学"派之所以在这场论战中败北，应该说与这一结盟有密切的关系。

四

除陈独秀，当时关注"科玄论战"的共产党人，还有瞿秋白、邓中夏。邓中夏的评说姑且不论[1]，瞿秋白的见解却可以据《自由世界与必然世界》《实验主义和革命哲学》两文以分析之。《自由世界与必然世界》1923年12月20日发表于《新青年》季刊第2期，该文伊始，瞿氏就评论说，论战虽牵涉"太广"，但各方"对于自然科学与社会科学之争辩实在打不着痛处"，没有触及问题的实质。那么，实质性的问题是什么？他这样回答："我只说：'所论的问题，在于承认社会现象有因果律与否，承认意志自由与否'，别的都是枝节。"于是他针对"玄学"派所强调的人生观取决于人的"自由意志"，在文中侧重讨论自由与必然关系问题。全文分五个部分：（1）论社会现象的规律性：社会现象亦有其共同的因果律，历史现象固然不能不反映人的意愿，但思想的动机不是"历史事实的最后原因"，只有更深入地探究各类思想动机背后的"最后原因"，"方能发见历史进化里的公律以及某一时代或某一地域之特别公律"。（2）论自由与必然：一切动机（意志）都不是自由的，自由是探悉公律后利用公律——"'自由'不在于想象里能离自然律而独立，却在于能探悉这些公律；因为只有探悉公律之后，方才能利用这些公律，加以有规划的行动，而达某种目的。因此所谓'意志自由'，当解作：'确知事实而能处置自如之自由'；若是否认因

1　因一时未能找到他的《中国现在的思想界》一文，难以为说。

果律就算自由，那真是盲目的真理了！人的意志愈根据于事实，则愈有自由；人的意志若超越因果律，愈不根据于事实，则愈不自由"。（3）论有意识的行动不可能摆脱历史的必然："必然"可区分为"附条件的必然""障碍力的必然""因果的必然"，"那'附条件的必然'是主观的行动，'障碍力的必然'是主观的受动。至于'因果的必然'才是客观的解释"。"历史是人做的；当然，人的意向不能不是历史发展的一因素。可是，人所做成的历史偏偏是这样的而不是那样的，正因为其中亦有个'必然'在。既有这一'必然'，便有这'必然'的果——人的某种意向。"（4）论理想与社会的决定论：理想与"信仰"绝对不相关涉。理想与现实之间必须有密切的联系。"真正的理想就是明天的现实。现在的现实是过去的果，亦就是将来的因。现实是流变不居的；既有流变，便有公律，依此现实流变不居的里面公律而后能预见将来的现实；这种将来的现实对于现在便是理想。假使没有这种必然的公律，那里能发生对于将来的理想呢？""总之，社会现象是人造的，然而人的意志行为都受因果律的支配；人若能探悉这些因果律，则其意志行为更切于实际而能得多量的自由，然后能开始实行自己合理的理想。"（5）论社会与个性：社会的有定论以为"社会现象的最后原因在于经济"，但并不否认"心理现象及个性天才"的社会作用，它"仅仅解释心理及天才的原因而已"。因而即便"玄学"派限定地说"情感和义务意识是超科学的"，也不能成立，因为"这都可以以科学解释其因果"。"总之，科学的因果律不但足以解释人生观，而且足以变更人生观"，因为任何新时代人生观之创始都得凭借新科学知识，而"新科学知识得之于经济基础里的技术进步及阶级斗争里的社会经验"。[1]

《自由世界与必然世界》显然是针对"玄学"派而发的，而《实验主义与革命哲学》实际上是针对"科学"派而发的，尽管全文无一处提及"科

---

[1] 《瞿秋白选集》，人民出版社，1985年，第113—127页。

玄论战"。此文发表于 1924 年 8 月 1 日《新青年》季刊第 3 期，它通过批驳胡适的实验主义以说明"科学"派所奉行的哲学，并不是真正"科学的真理"，而"根本上是唯心论的"改良派哲学，因为它"所谓现实世界只是人的种种色色的感觉之总和"。与实验主义（实用主义）相比，"马克思主义所注重的是科学的真理"，"并没有承认一切有益的学说都是真理，亦没有承认人的愿望和目的可以做外物的标准、真理的规范，更没有承认知识的内容是主观的"，马克思主义才是真正的"科学"，才是"革命的哲学"。[1]

五

尽管陈独秀、瞿秋白表面上向"玄学"派、"科学"派宣战，似乎不偏袒某一方，但由于与"科学"派一样主张人生观同样有客观的物质原因，他们参战的矛头，主要是指向"玄学"派，而对于"科学"派，他们的批评仅限于："科学"派不相信唯物史观而以唯心论批判"玄学"派，就注定不能批倒"玄学"派。这实际上是偏袒"科学"派，因而导致了"玄学"派的败北。"玄学"派的败北，中断了这场论战的深入，使"科学"派之"科学万能"的信仰与"玄学"派之"唯意志"的信念之思想对立，未能更深入而具体地展开。这势必造成后来人对"科玄论战"的从新评价。新中国建立以后，对"科玄论战"的从新评价，主要体现了马克思主义派和现代新儒家派的对立。现代新儒家重举"玄学"派大旗，向"科学万能"信仰宣战，而马克思主义者则举起反唯意志论的大旗，希望通过批判唯心主义人生观而予"科玄论战"以正确的总结。

现代新儒家对"科学万能"信仰的批驳，非本章所当论，姑且不论，这里要论的是：如果探讨马克思主义者如何从新评价"科玄论战"，则不能不重视冯契先生的《论所谓"科学与玄学的论战"》，因为这是一篇从马克

1　《瞿秋白选集》，第 144—151 页。

思主义立场出发从新评论"科玄论战"的代表作，代表了马克思主义者对"科玄论战"之思想实质的科学认识。

《论所谓"科学与玄学的论战"》，原发表于《学术月刊》1959年第5期，后收于《冯契文集》第9卷《智慧的探索·补编》。此文分三个部分。第一部分，揭示"科学"派与"玄学"派的论战，"其实是玄学同玄学的吵闹"，亦即一种唯心论同另一种唯心论的争辩；到后来科玄两派同马克思主义派的论辩，"倒真的成为玄学（两派玄学）同科学（马克思主义的科学）的论战了"。为了证明科玄两派的论战只是两种玄学之间的"吵吵闹闹"，冯契先生一方面揭露"玄学"派哲学是将西方柏格森与杜里舒的唯意志论与中国陆王心性学相结合的产物，是"明目张胆的主观唯心论"，另一方面揭露"科学"派抄袭"马赫主义和实用主义"，他们所谓"科学"，"其实也是一种玄学，是披了伪装的主观唯心论"，并指出：科玄两派护卫其唯心论的共同手法是以唯心史观对抗唯物史观，"并硬派马克思主义是一种宿命论"。但"'玄学派'宣扬'精神文明'，有较多的封建色彩，所谓'科学派'则宣扬欧美资产阶级的'物质文明'，有较多的买办气息"；然而其目的相同，都是想用主观唯心论来麻痹青年、诱惑青年。[1]

第二部分，揭露"玄学"派所谓"自由意志"的荒唐。张君劢从人有意志、意志绝对自由的认识出发，强调人生观"无客观标准"，每个人都靠自己的"自由意志"，"凭'自身良心之所命'而主张某种人生观"。冯契先生指出，这种说法，是赤裸裸的"反动透顶的人生观"，它的哲学根据，就是柏格森的唯意志论：柏格森将一切变化归结为"生命冲动"，"生命冲动"的弱化表现为物质，而它自身则是无任何原因决定的、没有物质的、盲目地活动着的"纯"变化（绵延）；物质受因果律约束，而"'生命冲动'本身，那是绝对自由的"。"玄学"派其他人物，例如瞿菊农说"人格是绝对

---

[1]《论所谓"科学与玄学的论战"》，《冯契文集》(9)，第247—251页。

有自由的"，张东荪说有个创造的、活的"伟大的智慧"，范寿康说存在非科学所能干涉的"先天的形式"，大体上也都是以唯意志论为哲学根据。冯先生揭露说："不管他们用的什么名字，良心也罢，人格也罢，智慧的创造也罢，生命的冲动也罢，都是说的一种主观精神，它是绝对自由的创造力，不受科学的因果律的约束的。从历史考察，这类自由意志的荒唐神话，当然并非什么新鲜玩意儿，不过是变相的'创世说'。"在这部分的末尾，冯契先生还列举了唯意志论的危害性："一则它为宗教开辟道路；二则它'教人以无因果说'，阻碍科学的进步；三则它教人盲目行动，使人迷失战斗的方向。"为消除其危害，避免中毒，冯契先生提出要以马克思主义哲学为武器来同它战斗，为此，一是要了解自由和必然的关系，正确地认识到，"自由就是根据对自然界的必然性的认识来支配我们自己和外部自然界，所以它必然是历史发展的产物"[1]，从而坚信绝不存在所谓脱离必然的绝对自由。二是要把握人之意志特性，正确认识到"意志自由不是别的，只是靠通晓事物来作出决定的一种能力"，从而坚信"意志自由当然并非无条件的"。[2]

第三部分，揭露"科学"派所谓"社会演进的原因"之实质。"科学"派的胡适、丁文江等，为了驳斥"玄学"派的张君劢等所认为的人的意志具有不为客观因果律约束的绝对自由，着重论述"因果律笼罩一切"，因而人类社会演进有原因、一切心理现象有原因、道德礼教的变迁有原因，而其原因"都是可以用科学方法寻求出来的"。那么，"理应能把自由意志的神话摧毁了罢"。可是否真的摧毁了呢？这就要看"科学"派所谓的"社会演进的原因"到底是什么，亦要看他们所说的"因果律"究竟有没有客观必然性的意义。冯契先生从三点来说明：首先，"科学"派的历史观是庸俗进化论的，以为人和动物只有量的差异，而无质的区别，在理论上"抹杀人类社会的质的特殊性，不去揭露社会的本质矛盾或内在根据，当然便不

1　此系冯契先生对恩格斯语的引用。

2　《论所谓"科学与玄学的论战"》，《冯契文集》(9)，第252—257页。

能说明历史的必然性了"；其次，"科学"派的历史观是多元论的，将经济组织、知识、言论、思想、教育等，都作为"社会演进的原因"，并且将这些原因并列起来，不分主次，不分先后，"粗粗一看，好像是面面俱到，十分客观，其实，这就是叫人只注意现象，不要去研究本质，只注意偶然的和次要的联系，不要去探索那根本性的原因和必然规律"；第三，"科学"派的历史观是非决定论的，不承认科学法则有客观必然性，以为"科学规律（公例）就是建筑在已知事实之上的'假设'，它只具有或然性和相对的真理性，而没有必然性和绝对的真理性"。由此看来，"科学"派所谓"科学的因果律支配人生观，就是用非决定论来解决人生问题了。一切非决定论都是主观唯心论。至此，殊途同归，所谓'科学'便同玄学携起手来了"。[1]

基于这三点，冯契先生断定"科学"派、"玄学"派"完全是一丘之貉。玄学派也罢，'科学'派也罢，都以武断的态度肯定：意志是绝对自由的，因为历史的发展并无必然性。而这也就等于说，在本质上，两派人有着一个共同的目的：同马克思主义的唯物史观进行对抗"。马克思主义的唯物史观，为人类"找到了隐藏在人们的思想动机之后的深刻的物质原因，从社会经济基础来说明社会的政治制度、法律、宗教、哲学、道德、艺术等等"，使得"人们能够把社会经济形态的发展看作自然历史过程。社会现象的因果律——历史的必然性，在基本上被把握了"，而科玄两派用主观唯心论或非决定论对抗唯物史观，绝不能奏效，只能证明他们的无能。[2]

六

从上面的叙述来看，冯契先生自觉地以马克思主义的唯物史观批判科玄两派的主观唯心论，是不争的事实。那么，我们要问：在"科玄论战"

---

1 《论所谓"科学与玄学的论战"》，《冯契文集》（9），第 257—260 页。
2 《论所谓"科学与玄学的论战"》，《冯契文集》（9），第 264 页。

结束 35 年之后，冯契先生再次批判"玄学"派与"科学"派，其缘由何在，其意义是什么？

冯契先生没有说明他写《论所谓"科学与玄学的论战"》的动机，但他之所以写此文，一定有缘由。1959 年相对比较平静，似乎没有什么外部的政治原因使他不得不写此文，那他之写此文，就一定与他在哲学上的一贯思考有密切的关系。根据冯契先生自己的说明，他在哲学上一贯思考的问题是"知识与智慧关系问题"："当我碰到了知识与智慧及其关系这一具体哲学问题后，我就再也放不下它。"[1] 为"放不下"的心理所驱使，冯契先生孜孜不倦地创立他的智慧说。智慧说的理论层次有三：先论实践的认识辩证法如何通过转识成智的飞跃，到达智慧境界，亦即"获得关于性与天道的认识"；其次论"化理论为方法"，以阐述"认识的辩证法如何通过逻辑思维的范畴，转化为方法论的一般原理"；然后论"化理论为德性"，以阐述"认识的辩证法贯串于价值论领域，表现为在使理想成为现实以创造真善美的活动中，培养了自由人格的德性"。但这三个层次虽相对独立却不孤立，又"互相联系成一个整体"，好比鸟的躯干上长着两翼。[2] 正如冯先生自己所强调的，"哲学家进行理论的探索，是为了回答时代问题和哲学本身的问题"[3]，他构建智慧说绝不是为了满足自己的心理需要，而是为了回答时代问题和哲学本身的问题。冯契先生认为，他要回答的哲学本身的问题，就是从王国维到金岳霖都未能解决的"知识到智慧的桥梁"问题[4]，而他要回答的时代问题就是科学主义与人文主义对立问题。他的智慧说的建构，在哲学上显然是为了解决知识到智慧的桥梁问题，而现实的目的则是为了解决科学主义与人文主义对立的问题。既然心存这一目的，他重视"科玄

1　《〈智慧说三篇〉导论》，《冯契文集》(1)，第 8 页。

2　《〈智慧说三篇〉导论》，《冯契文集》(1)，第 36—47 页。

3　《〈智慧说三篇〉导论》，《冯契文集》(1)，第 36 页。

4　《〈智慧说三篇〉导论》，《冯契文集》(1)，第 8—9 页。

论战"就是必然的，因为他认为"科学主义与人文主义、实证主义和非理性主义的对立"，无论在西方还是在中国都会随着时代步伐"继续发展着"。就中国而言，"'五四'时期中西文化论战、科学与玄学的论战，正反映了这两种思潮的对立"[1]。那么，不回答时代问题便罢，要回答时代问题，就不能置"科玄论战"不顾。换言之，冯契先生既认为他有责任回答科学主义与人文主义对立这一时代问题，他就势必要从新评论"科玄论战"，以与其立志在理论上消解这一对立的努力相吻合。

　　冯契先生对"科玄论战"的从新评论，既然是他出于回答时代问题的必然举措，自然有现实意义。那么其意义是什么？这个问题，只有通过比较他与陈独秀、瞿秋白对科玄两派之不同的批判来回答。冯契先生也是站在唯物史观的立场予科玄两派以批判，这与陈独秀、瞿秋白的立场是一致的，表明在三派抗衡中，他属于马克思主义派。作为马克思主义派的重要成员，他既肯定陈独秀对"玄学"派的批判是完全正确的，亦指出陈独秀对"科学"派表现出了妥协，暴露出了许多糊涂观念；至于瞿秋白，"用马克思主义关于必然与自由的学说，正确地回答了'科学能否支配人生观'的问题"[2]，并明白指出胡适的实用主义是改良派的妥协主义，绝不是革命的哲学，这在冯契先生看来，就不仅揭露了"玄学"派的面目，而且揭露了"科学"派的反动理论的本质。从这一评价不难推出，冯契先生从新批判"玄学"派与"科学"派的意义，具体所指，就在于既纠正了陈独秀的理论失误，又丰富和拓展了瞿秋白的论述。所以，即便将冯契先生的《论所谓"科学与玄学的论战"》视为马克思主义派关于"科玄论战"的最高理论水平的文献，也是无可置疑的，因为迄今尚未发现有哪一篇评"科玄论战"的文章在马克思主义理论水平上高于此文。当然，这并不是说冯契先生此文毫无瑕疵，不容置疑，其实诸如遣词上明显的时代痕迹、观点上将

---

1 《〈智慧说三篇〉导论》，《冯契文集》(1)，第8—9页。
2 《论所谓"科学与玄学的论战"》，《冯契文集》(9)，第251页。

张君劢所谓"一人之意志"解为"上帝"的意志[1]，以今天的公允的眼光看，都是可商榷的。但那些问题，与其说是冯契先生的迷失，不如说是他的时代局限。任何哲学家，都难免有时代局限。冯契先生也不例外。除此之外，我们对冯契先生此文的不足，还能说什么呢?!

---

1 《论所谓"科学与玄学的论战"》，《冯契文集》(9)，第 255 页。

第十四章　从历史研究到理论创造

——冯契对后期墨家"三物"论说的创造性诠释

　　冯契的哲学创获主要反映在"智慧说三篇"之中，而他研究中国哲学史所取得的成果则可称作"哲学史两种"。从总体上看，"冯契先生对当代中国哲学的贡献，在于以中国哲学史研究为通达'智慧说'的中介，体现出其哲学研究之'思'与'史'的高度融合，从而使得其哲学体系既体现出强烈的现实感，又具备鲜明的民族特色"[1]。不过，"作为辩证法意义上的中介，它（冯契的中国哲学史研究——引者注）不仅是时间或形式上的中间环节，而且与其关联端之间存在着由此及彼、相互联系与相互转化的内在关系"[2]。鉴于长时段的哲学史是由众多的哲学家、派别、著作和论争等构成的，智慧说哲学体系的独创性也是通过一个个具体的理论创获体现出来的，本章拟采取个案研究的进路，以冯契对后期墨家"三物"论说的创造性诠释为例，具体说明他的中国哲学史研究与智慧说哲学创作之间"由此及彼、相互联系与相互转化的内在关系"。

一、关于后期墨家"三物"论说的主流解释

　　1919 年，胡适在博士论文《先秦名学史》[3]和北京大学中国哲学史课程

---

1 2　参见高瑞泉：《在历史深处通达智慧之道——略论冯契的哲学史研究与"智慧说"创作》，《华东师范大学学报》（哲学社会科学版），2017 年第 6 期。

3　胡适的博士论文 1917 年在美国哥伦比亚大学用英文写就，1922 年正式出版，1983 年出版中译本。参见 Hu Shih: *The Development of the Logical Method in Ancient China*, Shanghai: The Oriental Book Company, 1922；胡适：《先秦名学史》，学林出版社，1983 年。

讲义的基础上出版了《中国哲学史大纲》(卷上)[1]，开创了通史形态的中国哲学史著述的第一个范例。按其后来的自述，"这本书的特别立场是要抓住每一位哲人或每一个学派的'名学方法'(逻辑方法，即是知识思考的方法)，认为这是哲学史的中心问题"[2]。胡适认为，后期墨家的"《墨辩》乃是中国古代名学最重要的书"，而《小取》篇"有条理有格局"，"最为完全可读"。他把《小取》篇分为九节，认为前四节分别总论"辩"，论"辩"之七法，论辟、侔、援、推四法之谬误，总论立辞之难并总起下文。[3] 其中，总论"辩"的第一节尤为重要：

> 夫辩者，将以明是非之分，审治乱之纪，明同异之处，察名实之理，处利害，决嫌疑。焉摹略万物之然，论求群言之比。以名举实，以辞抒意，以说出故。以类取，以类予。有诸己，不非诸人；无诸己，不求诸人。[4]

胡适立足《小取》篇的结构与内容从辩的界说、辩的用处及辩的根本方法、故、法、辩的七法等方面对后期墨家逻辑思想进行了说明，并重点考察了有关"类""故""法"的论述。相较于对《小取》及《经》《说》四篇的重视，他在说明时鲜有提及《大取》篇，尤其是其中的"三物"论说。所谓"三物"论说，指的是如下一段关于"故""理""类"的文字：

1 1929年，此书更名为《中国古代哲学史》，由商务印书馆纳入"万有文库"丛书第一集出版。

2 《〈中国古代哲学史〉台北版自记》，欧阳哲生编：《胡适文集》(6)，北京大学出版社，1998年，第159页。

3 参见胡适：《中国哲学史大纲》，商务印书馆，2011年，第152、154页。《墨辩》包括现存《墨子》一书的《经上》《经下》《经说上》《经说下》《大取》《小取》六篇，其中《经》《说》四篇通常又称《墨经》。

4 参见胡适：《中国哲学史大纲》，第163页；亦参见孙诒让：《墨子间诂》(下)，中华书局，2001年，第415页。"焉"字，孙诒让属下句，其余诸本多属上读。

三物必具，然后辞足以生。[1] 夫辞以故生，以理长，以类行者也。[2] 立辞而不明于其所生，妄也。[3] 今人非道无所行，唯有强股肱，而不明于道，其困也，可立而待也。夫辞以类行者也，立辞而不明于其类，则必困矣。

当然，鲜有提及并不是未曾提及。事实上，胡适在解释何为"以类取，以类予"时就曾对"三物"论说有所引用："一切推论无论是归纳，是演绎，都把一个'类'字做根本。所以《大取》篇说：'夫辞以类行者也。立辞而不明于其类，则必困矣。'一切论证的谬误，都只是一个'立辞而不明于其类'。"[4] 不过，他只是引用了"三物"论说中有关"类"的部分内容，并未将这一论说从整体上加以主题化，更遑论阐明其逻辑意义。

冯友兰1934年出版的两卷本《中国哲学史》堪称通史性中国哲学史著述的又一范例。在他看来，"中国哲学家多未竭全力以立言，故除一起即灭之所谓名家者外，亦少人有意识地将思想辩论之程序及方法之自身，提出研究。故……逻辑，在中国亦不发达"[5]。具体到后期墨家，冯友兰也是立足《小取》篇，从辩有广狭两义、辩之用有六、立说之方有七等方面来说明其逻辑思想，其间对胡适的相关解释多有采用。与胡适不同，在解释完《小取》篇有关七种立说之方的文字后，冯友兰说《大取》篇有所谓"语经"，

---

1 据孙诒让，"此下疑当接后'以故生，以理长，以类行也者'句。三物，即指故、理、类而言之，谓辞之所由生也"。参见孙诒让：《墨子间诂》（下），第406—407页。今据孙说校移。又，原文无"辞"字，据谭戒甫补。参见谭戒甫：《墨辩发微》，中华书局，1984年，第449页。

2 原文无"夫辞"二字，"者也"倒为"也者"，今从孙诒让补移。参见孙诒让：《墨子间诂》（下），第413页。

3 "妄"，原作"忘"，据孙诒让引顾广圻之说校改。参见孙诒让：《墨子间诂》（下），第413页。

4 胡适：《中国哲学史大纲》，第165页。

5 冯友兰：《中国哲学史》（上），《三松堂全集》（2），第251页。此书1931年由神州国光社出版，1934年由商务印书馆与《中国哲学史》（下）同时出版，内容有修改。

然后全文引用了"三物"论说。他似乎认为"三物"论说就是"语经"，但对其理论内涵则并未给予具体说明，仅说"此与《小取篇》所说大意相同，惜其详不可知矣"。[1]

1982年，《中国哲学史新编》第二册出版，冯友兰明确把"三物"论说与"语经"等同起来，并认为后者揭示了"辩论所必须遵守的规律"。他对"三物"论说有极高评价：虽"只有几十个字，可是把墨经所已达到的逻辑学上的成就，简要而精确地总结起来"[2]。前后贯通起来看，"三物"论说所总结的逻辑学成就应该就是辩论所必须遵守的规律。那么，这个规律究竟指的什么呢？冯友兰进一步分析：

> 在一个演绎的推论中，"理"就是大前提，"故"就是小前提，"辞"就是由大前提、小前提推出来的结论……结论是直接依靠小前提，所以"辞"是"以故生"。再加上大前提，结论的可靠性就增长了，所以是"以理长"。再加上附加的举例，更有说服力；这就是"以类行"。[3]

这里，他似乎把辩论所必须遵守的规律具体化为辩论所使用的演绎推理应当遵循的程序或形式。关于这一点，一个重要的证据就是他援引印度因明"宗—因—喻"的三支论式来说明"三物"论说揭示了"辞—故/理—类"的推理程序或形式。

在胡适、冯友兰范例性的中国哲学通史著述之外，1979年出版的由任继愈主编的四卷本《中国哲学史》也是一部影响甚广、特点鲜明的中国哲

1　参见冯友兰：《中国哲学史》（上），《三松堂全集》（2），第487—488页。

2　冯友兰：《中国哲学史新编》（2），《三松堂全集》（8），第491、492页。此书最初于1982年由人民出版社出版。

3　冯友兰：《中国哲学史新编》（2），《三松堂全集》（8），第491—492页。

学史教材。[1] 任继愈基本上也是立足《小取》篇，从什么是辩，辩的作用与方法，以及概念、判断、推理等方面来说明后期墨家逻辑思想。在考察有关"辞"（判断）的论述时，他提到了"三物"论说：

> 要达到判断正确，必须遵守逻辑思维规律，它说："夫辞以故生，以理长，以类行。"（《大取》）"故"是指某一现象成立的原因……"理"含有道理和规则的意思，"以理长"是说在判断推理时必须按照合理的规则进行推衍。"类"指事物的类，"以类行"是指辩论的结果必须按照事物的类来分别是非同异。这些都是形成判断的不可缺少的因素。[2]

同样是认为"三物"论说揭示了思维必须遵守的规律，冯友兰将其理解为辩论所使用的演绎推理必须遵守的程序或形式，而任继愈则将其归结为形成正确判断所不可缺少的因素。

1983 年，由任继愈主编的《中国哲学发展史》（先秦）出版。该书坚持《小取》篇是"墨经逻辑学的总论"的看法，对后期墨家逻辑思想进行了更为全面和深入的研究，但对"三物"论说的解释则有所调整。"故""理""类"不再是《中国哲学史》第一卷所认为的揭示了形成正确判断所不可缺少的因素，而是推理过程必须具有的三个基本范畴。[3] 更具体地说，这一论说揭示了推理所必须满足的两项基本要求和必须具备的四个基本环节：

> 后期墨家的逻辑学并没有形式上固定化的推理论式，但仍然有关

1　该书前三卷首版于 1963 年，1979 年出版全四卷时对前三卷进行了改写和增补。此后，又不断再版，并在 2003 年出版了修订版。为行文方便，下文将此书作者径自省作"任继愈"。

2　任继愈主编：《中国哲学史》（1），第 210 页。

3　任继愈主编：《中国哲学发展史》（先秦），人民出版社，1983 年，第 555 页。

于推理的基本论式，它由"辞"、"故"、"理"、"类"四个环节组成，这就是：首先立辞，接着提出论据，然后用统一标准加以衡量，最后连类相推证明结论。这四个环节体现推理的两项基本要求：事实和理论上的根据要充分，类的异同处理要得当。[1]

此外，一些中国逻辑史领域的研究也对"三物"论说多有关注，并形成了两种主要的理解：其一，"三物"论说是对推理形式的刻画。例如，张纯一、章士钊、汪奠基、温公颐、周云之等就对比亚里士多德的三段论式、印度因明的三支论式来说明所谓"三物论式"。[2]其二，"三物"论说是对逻辑规律、原则的揭示。例如，詹剑峰、沈有鼎、崔清田、孙中原、刘培育等就主张这一论说揭示了在形成判断或进行推理时必须遵守的逻辑规律或原则。[3]

要言之，中国哲学史、中国逻辑史研究领域的主流做法是立足《小取》篇的结构与内容来诠释《墨辩》的相关文本以重构后期墨家逻辑思想，他们多把"三物"论说的适用范围限制在判断、推理等逻辑思维的特定形式上，将这一论说的本质勘定为对推理形式的刻画或对逻辑规律、原则的揭示。

---

1 任继愈主编：《中国哲学发展史》（先秦），第563页。

2 参见张纯一：《墨子集解》，世界书局，1936年，第396—397页；章士钊：《逻辑指要》，生活·读书·新知三联书店，1961年，第276页；汪奠基：《中国逻辑思想史》，第112页；温公颐：《先秦逻辑史》，上海人民出版社，1983年，第115页；周云之、刘培育：《先秦逻辑史》，第154—156页；周云之：《后期墨家已经提出了相当于三段论的推理形式——论"故""理""类"与"三物论式"》，《哲学研究》，1989年第4期。

3 参见詹剑峰：《墨家的形式逻辑》，湖北人民出版社，1956年，第76页；沈有鼎：《墨经的逻辑学》，中国社会科学出版社，1980年，第41—42页；崔清田：《先秦逻辑科学的建立——〈墨经〉逻辑学》，李匡武主编：《中国逻辑史》（先秦卷），甘肃人民出版社，1989年，第225页；崔清田：《墨家逻辑与亚里士多德逻辑比较研究》，人民出版社，2004年，第105—106页；孙中原：《中国逻辑史·先秦》，第244页；刘培育：《中国名辩学》，张家龙主编：《逻辑学思想史》，湖南教育出版社，2002年，第125—128页。

二、冯契对"三物"论说的创造性诠释

相异于胡适、冯友兰、任继愈以及其他学者的理解，冯契在其哲学史研究中为"三物"论说提供了一种不同于主流解释的、极具创造性的诠释。历史地看，冯契很可能早在 20 世纪 50 年代就对后期墨家逻辑思想进行了研究。令人遗憾的是，他勾画的《中国古代哲学的逻辑发展》(后文或简称《逻辑发展》) 一书的轮廓、书稿、写作准备材料等在"文革"中数次被查抄而至今下落不明。[1] 目前已知现存最早的相关研究是写于 1977 年的《先秦哲学笔记》中有关墨辩的 5 页笔记。[2] 冯契写道：

> 墨辩继承和发展了墨子的逻辑思想，明确地提出："夫辞，以故生，以理长，以类行者也。"(《大取》) 这就是所谓"三物必具"，即正确地进行逻辑思维和辩说的必要条件。[3]

所谓"以故生"，是指立论要有根据；"以理长"，是指论证和辩驳要遵守逻辑规律和逻辑规则来展开；"以类行"，是指按"以类取，以类予"的原则或事物的种属包含关系来进行推理。粗略地看，冯契对"三物"论说的理解同主流解释似无明显区别，不过就其适用范围与本质勘定而言，区别的端倪已经显现：不同于主流解释多把"三物"论说限定在判断、推理等逻辑思维的特定形式，冯契通过"逻辑思维和辩说"似在表明这一论说的适用范围更广，关乎整个逻辑思维；不同于主流解释把"三物"论说的本质勘定为对推理形式的刻画或对逻辑规律、原则的揭示，冯契认为这一论说

---

1 参见《中国古代哲学的逻辑发展》(下)，《冯契文集》(6)，第 375 页。

2 《先秦哲学笔记》写于一本 24 开硬面簿上。该硬面簿共写有 70 页笔记，分为"先秦哲学笔记"和"中国古代哲学（秦汉至清代）笔记"两部分，其中先秦部分明确标有时间"1977 年"，包括关于子产、史墨、墨子、《老子》《管子》和《商君书》、墨辩、荀子、韩非等的笔记八则，共 29 页。

3 参见冯契：《先秦哲学笔记》，手稿，1977 年，第 20 页。

提出了"正确地进行逻辑思维和辩说的必要条件"。

《先秦哲学笔记》实际上是冯契 1978—1980 年为研究生讲授《中国古代哲学的逻辑发展》所写的准备材料。[1] 从讲课记录稿看，在说明后期墨家的逻辑思想时，冯契指出：

> 人们采用概念、判断、推理这些思维形式时，总是要运用类、故、理这样一些逻辑范畴。《大取》篇讲到："三物必具，夫辞以故生，以理长，以类行。"讲了正确思维的三个必要条件：作出判断要有根据；论证和驳斥要按照逻辑规则；根据类的关系进行推理，包括归纳和演绎，即"以类取，以类予"。[2]

这些文字与《先秦哲学笔记》中有关"三物"论说的提法基本一致，但若仔细辨析，至少有以下三点值得注意：第一，就"三物"论说的适用范围说，冯契在此更为明确地强调它普遍适用于概念、判断、推理等逻辑思维的多种形式。第二，就如何理解"三物"论说所揭示的"正确思维的必要条件"看，冯契在此似乎有意把这些必要条件与思维必须运用的"类""故""理"等逻辑范畴关联起来。第三，就"三物"论说提出的逻辑范畴说，冯契在此不再拘泥于这一论说本身所表述的"故—理—类"的顺序，转而开始按照"类—故—理"的次序来讲逻辑范畴。

前文业已指出，学术界的主流做法是立足《小取》篇来说明后期墨家逻辑思想，虽然冯契也全文引用并解释了《小取》篇总论"辩"的第一

1　现存《中国古代哲学的逻辑发展（记录稿）》上下两册封面均印有"1978—1979"。不过据《冯契年表》，1978 年，他招收了中国哲学史硕士研究生，开始给研究生讲《中国古代哲学的逻辑发展》；又据《致董易·1980 年 1 月 2 日》，"我一年半来每两周讲一次'中国古代哲学的逻辑发展'，最近可以结束"，可知冯契实际讲授"逻辑发展"当始于 1978 年秋季学期，结束于 1980 年初。参见《冯契文集》(10)，第 338、279 页。

2　冯契：《中国古代哲学的逻辑发展（记录稿）》上册，上海社会科学院哲学研究所、上海师范大学中国哲学研究室，1978—1980 年，第 80 页。

节，但鉴于"三物"论说关乎整个逻辑思维，他在讲授中已开始尝试以"类""故""理"的范畴架构来诠释《墨辩》相关文本以说明后期墨家逻辑思想。[1] 正是在这一点上，他对"三物"论说的诠释再一次显示出不同于主流解释的独特个性与创造性。

1980 年 1 月 2 日，冯契在给友人的信中写到，他回顾了自己对"中国古代哲学的逻辑发展"的研究，"感到还是比较粗糙"，还有一些重要问题未能提出自己的看法。[2]1982 年 3 月，冯契开始修改《逻辑发展》的记录稿。[3] 他把"三物"论说的本质从"讲了正确思维的三个必要条件"修改为"明确地提出了'类''故''理'三个范畴是逻辑思维所必具的学说"，并认为在中国哲学史上，虽然"类""故""理"是墨子在不同地方提出的，"只是到后期墨家，才第一次把'类'、'故'、'理'联系起来，明确地将它们作为逻辑思维形式的基本范畴来阐述，从而建立起形式逻辑的科学体系"。[4] 基于此，他进一步确立了以"类""故""理"的范畴架构来把握后期墨家逻辑思想的研究方法。相较于记录稿，经修改于 1983 年正式出版的《中国古代哲学的逻辑发展》（上）用更为清晰的语言写道："下面我们分别就'类'、'故'、'理'三个方面来说明《墨经》的逻辑思想。"[5]

按冯契之见，后期墨家首先在"类"范畴下对同和异、个别和一般、部分和整体、质和量等进行了多方面的考察。他们不仅对同异的多种表现进行了分析，而且着重考察了"类同"与"不类"、"体同"与"不体"；按类属关系将名（概念）分为达名、类名和私名三种，并根据种属包含关系批判了公孙龙的"白马非马"论点；提出了"异类不比"的原则，意识

---

1 参见冯契：《中国古代哲学的逻辑发展（记录稿）》上册，第 80—84 页。

2 参见冯契 1980 年 1 月 2 日致邓艾民、董易的信，《冯契文集》(10)，第 235、280 页。

3 据《致邓艾民·1982 年 3 月 28 日》："这个月我已动手修改稿子，孔、墨、老、管等已基本修改好了。"《冯契文集》(10)，第 249 页。

4 参见《中国古代哲学的逻辑发展》（上），《冯契文集》(4)，第 214—215 页。有时冯契也把"三物"论说称作"形式逻辑基本原理"（第 333 页）。

5 参见《中国古代哲学的逻辑发展》（上），《冯契文集》(4)，第 215—216 页。

到逻辑思维不能违背质决定量的原则，只有同类事物才有共同的度量标准；赋予"类"以"法"（标准、法式）的含义，"效"之为论证方式就是科学研究中普遍运用的建立公式、模型进行推导的演绎法，而所效之"法"则反映了所考察的类的本质。在后期墨家所考察的或、假、效、辟、侔、援、推等论辩方式中，如果说"效"揭示了演绎推理的本质，那么"推"所代表的归谬式类比，虽然是从个别到个别，其实也是以"类"为中介，"以类取"而又"以类予"，体现了归纳与演绎的统一。

其次，在对"故"范畴的考察中，后期墨家把根据或条件区分为"小故"（必要而不充足的条件）和"大故"（充足而必要的条件），而"以说出故"就是说推理要提出"故"来作为立论的根据。

再次，针对"理"范畴，后期墨家不仅探讨了许多推理形式，而且接触到了逻辑思维的基本规律。"彼彼止于彼，此此止于此"所强调的名实对应关系正是同一律的基础和实质，与坚持同一律相联系，后期墨家反对"两可"之说，包含着排中律的思想；而两个具有矛盾关系的命题不能"俱当"，又包含着矛盾律的思想。

虽然后期墨家主要还是从形式逻辑的角度来考察"类""故""理"这些基本的逻辑范畴，但冯契认为，某些论述其实已突破了形式逻辑的界限，如用"异"来定义"同"，提出"同异交得"的思想，已经揭示出即便是在最普通的逻辑思维中也包含有辩证法的因素。[1]

总起来看，相较于立足《小取》篇的结构与内容来说明后期墨家逻辑思想这一主流做法，冯契明确把《大取》篇的"三物"论说所提出的"类""故""理"的范畴架构作为诠释与重构的基础；相较于主流解释多把"三物"论说的适用范围限制在判断、推理等逻辑思维的特定形式，冯契认为这一论说关乎整个逻辑思维，普遍适用于概念、判断、推理等逻辑思维的多种形式；相较于主流解释把"三物"论说的本质勘定为对

1　参见《中国古代哲学的逻辑发展》（上），《冯契文集》（4），第216—224页。

推理形式的刻画或对逻辑规律、原则的揭示，冯契强调这一论说提出了"类""故""理"三个范畴是逻辑思维所必具的学说；相较于主流解释基本依据"三物"论说本身所表述的"故—理—类"的顺序来进行文本诠释，冯契则是按照"类—故—理"的次序来讲逻辑范畴和后期墨家逻辑思想。

三、创造性诠释何以可能？

冯契之所以能对后期墨家的"三物"论说做出不同于主流解释的、极具创造性的诠释，在很大程度上跟他把自觉的哲学创作意识注入哲学史研究有关。当然，这绝不是说胡适、冯友兰、任继愈等人的哲学史著述就完全没有渗透他们各自的文化观念和哲学成见。以胡适为例，从"再造文明"的视角看，他认为自唐代以来缺乏恰当的逻辑方法已严重妨碍了中国哲学与科学的发展，那么"我们从哪里能找到可以有机联系现代欧美思想体系的合适基础，以便我们能进一步在新旧内在调和的新基础上发展我们自己的科学和哲学？"他给出的答案是："非儒学派的复兴是绝对需要的，因为正是在这些学派中我们可望找到移植西方哲学和科学的最佳成果的合适土壤。关于方法论的问题，尤其如此。"[1] 基于这一认识，胡适把名学方法（逻辑方法）视为哲学史著述的中心问题，对包括后期墨家在内的非儒学派的逻辑思想给予了极大关注。此外，胡适强调在校勘、训诂哲学史料的基础上还必须贯通，即"把每一部书的内容要旨融会贯串，寻出一个脉络条理，演成一家有头绪有条理的学说"。而要达到贯通，就要有比较参考的哲学资料，这样才能互相印证、相互发明。"我们若想贯通整理中国哲学史的史料，不可不借用别系的哲学，作一种解释演述的工具。"[2]

一般而言，哲学史研究总是需要以某种理论思考或者说元哲学的自觉为前提，但在不同的哲学史著述中，元哲学自觉的表现形态与自觉程度不尽相

1　参见胡适：《先秦名学史》，第7—9页。译文据英文版有所修改，参见 Hu Shih: *The Development of the Logical Method in Ancient China*, The Oriental Book Company, 1922, pp.6-8。

2　胡适：《中国哲学史大纲》，第21—22页。

同。胡适的哲学史研究深受其实用主义—实证主义的哲学观念的影响,他基于历史主义的态度也期待在中西文化的汇合中创造一种新的中国哲学,但囿于把哲学史的目的规定为明变、求因和评判,他的《中国哲学史大纲》(卷上)并未被赋予为创作新的中国哲学做准备的功能。而冯友兰在哲学史研究中虽尽可能悬置其"正统"派的个人主见,对传统哲学思想做客观化的系统论述,但他明确把"照着讲"的两卷本《中国哲学史》视为哲学创作的准备,而其"贞元六书"所代表的"新理学"则是对宋明道学的一种"接着讲"。[1]

需要注意的是,长时段的哲学史研究与元哲学自觉之间的关系未必能处处妥帖地反映在对哲学史个案的研究之中。就后期墨家逻辑思想这一个案来说,无论是胡适、冯友兰、任继愈等人的哲学史著述,还是中国哲学史、中国逻辑史领域的主流研究成果,更多地都只是在提供关于后期墨家逻辑思想的历史知识,而不是旨在提出新的逻辑理论。另一方面,《墨辩》是中国古代名辩的重要文本,近代以来的《墨辩》研究主要展开于"名辩逻辑化"的范式之下,即运用西学东渐而来的传统逻辑(以及逻辑的其他分支)的术语、理论和方法,来梳理名辩的主要内容,勘定其理论本质,评判其历史地位。[2]鉴于《小取》篇的结构在《墨辩》六篇中相对完整,内容上能整合统摄其余五篇,其中论及的"名""辞""说"也让人很容易地联想到逻辑学所说的"概念""判断""推理",于是研究者们纷纷以《小取》篇为基础,把传统逻辑作为"解释演述的工具"来贯通《墨辩》的相关文本以说明后期墨家的逻辑思想。在这一范式下,"三物"论说或依附于对"辞"(判断)的说明,或依附于对"说"(推理)的解释,自然难以成为诠释和重构后期墨家逻辑思想的基础。

作为中国哲学史著述的第三个范例,"冯契所做的不是作为普通教材而作的哲学史,而是作为哲学创造的准备和哲学理论的长时段历史论证而著

---

1 参见高瑞泉:《在历史深处通达智慧之道——略论冯契的哲学史研究与"智慧说"创作》,《华东师范大学学报》(哲学社会科学版),2017 年第 6 期。

2 参见晋荣东:《中国近现代名辩学研究》,第 20 页。

述的哲学史"[1]。这就是说，他的哲学史研究始终展开于自觉的哲学创作意识的指引之下。正是基于这种强烈的元哲学自觉，冯契以他所理解的马克思的实践唯物主义的辩证法，研究了自先秦直至近代的整个中国哲学史，创造了智慧说的哲学体系。具体到后期墨家逻辑思想这一个案，冯契之所以能对"三物"论说做出不同于主流解释的创造性诠释，可以说直接受益于他在辩证逻辑研究中对逻辑范畴问题的长期思考。

在 1985 年 4 月 4 日的一次谈话中，冯契曾说："从 50 年代以来，我是围绕认识论搞研究的。一是逻辑和方法论，一是人的自由和真善美。"[2] 而逻辑范畴正是逻辑和方法论领域的一个重要论题。从幸存下来的"文革"前讲课记录看，冯契在 1956—1957 年的《辩证唯物主义讲授记录稿》（后文或简称《辩唯记录稿》）中已考察了七组范畴，即（1）单一、特殊和一般，（2）现象和本质，（3）规律、因果关系和相互作用，（4）根据和条件，（5）内容和形式，（6）现实和可能性，（7）必然性和偶然性，并对这些范畴之间的辩证联系进行了初步说明，但他并未讨论为什么是这七组范畴以及为什么按这样的次序来讲范畴等问题。[3]

稍后不久，冯契又在 1957 年 12 月的《〈哲学笔记〉的辅导报告》中用了一讲来专论"逻辑范畴的体系问题"。在他看来，范畴体系主要包含三组范畴，第一组范畴"从单一和一般的考察开始，从现象深入到本质的研究，这是与认识发展的第一个规律相适应的。其次，从对事物本质矛盾的揭露来把

1　参见高瑞泉：《在历史深处通达智慧之道——略论冯契的哲学史研究与"智慧说"创作》，《华东师范大学学报》（哲学社会科学版），2017 年第 6 期。

2　《关于马克思主义哲学教科书体系和内容的一些设想》，《冯契文集》（10），第 220 页。

3　参见冯契：《辩证唯物主义讲授记录稿》（铅印本），华东师范大学马列主义业余大学办公室，1956—1957 年，第 94—125 页。关于这本讲授记录稿，可参见晋荣东：《冯契未刊〈辩证唯物主义讲授记录稿〉的考辨与解读》，《华东师范大学学报》（哲学社会科学版），2019 年第 3 期。据讲授记录稿，在讲完范畴后，曾有学员提问："斯大林讲辩证法的四个特征，恩格斯讲三个基本规律，而我们这里又讲了七组范畴，这中间的关系如何？为什么我们要按照这样一个次序来讲？"冯契回答了第一个问题，但未回答第二个问题。（第 127—128 页）

握事物的内在必然的联系，因此第二组范畴就是如何通过关于因果关系的揭露达到对必然性的认识。这与认识发展的第二个规律相应。第三组的范畴是从必然向自由的飞跃，这与认识发展的第三个规律相应"[1]。冯契从认识发展规律的角度提出的范畴体系基本线索，在一定程度上回答了《辩唯记录稿》未能很好解决的范畴次序安排的问题，不过在这次辅导中，他尚未找到合适的名称来称呼这三组范畴，也没有具体说明这三组范畴究竟包含哪些范畴。[2]

　　"文革"结束后，冯契从1977年10月开始再一次为哲学教师讲《哲学笔记》，讲课内容被记录整理为《辩证逻辑问题——关于列宁〈哲学笔记〉的辅导报告》[3]（后文或简称《辩逻问题》）。在专论"逻辑范畴"的第五讲，很可能就是受到《先秦哲学笔记》中有关墨辩、荀子的笔记的影响，他开始把恩格斯所说的同一和差异、原因和结果、必然和偶然三对主要逻辑范畴与"类""故""理"对应起来。[4]在此基础上，他坚持逻辑范畴体系的展开与认识深化扩展进程的一致，按照知其然（察类）、知其所以然（明故）、知其必然与当然（达理）的认识深化扩展进程，初步考察了关于"类"（一般）、关于"故"（根据）和关于"理"（规律）的三组范畴。不难发现，相

1　冯契：《〈哲学笔记〉的辅导报告（记录稿）》，华东师范大学哲学教研室，1957年，第21页。关于认识发展的三个规律，参见《辩唯记录稿》第四部分"认识过程的辩证法"，或前引晋荣东：《冯契未刊〈辩证唯物主义讲授记录稿〉的考辨与解读》，《华东师范大学学报》（哲学社会科学版），2019年第3期。

2　在讲完范畴体系的线索后，冯契结合《哲学笔记》讲了肯定与否定（有与无）、整体与部分（一与多）、目的与手段、动机与效果四对范畴，但并未说明这四对范畴与范畴体系应该包括的三组范畴之间的关系。参见冯契：《〈哲学笔记〉的辅导报告（记录稿）》，第22—44页。

3　讲课记录稿的封面印有"1977—1978"。据冯契《致董易·1977年11月26日》："我从10月份起给这里的哲学教师每两周讲一次课，趁此机会把过去写的读书笔记整理整理，明后年把《逻辑问题》的讲稿写出来。"又据1978年3月12日给董易的信："我在给这里的哲学教师讲'列宁《哲学笔记》中的辩证逻辑问题'，每两星期一次。"《冯契文集》（10），第275、276页。

4　冯契：《辩证逻辑问题——关于列宁〈哲学笔记〉的辅导报告（记录稿）》，上海师范大学哲学教研室，1977—1978年，第63页。

较于 20 世纪 50 年代，冯契此时的研究已呈现出"史"与"思"有机融合、哲学史研究与哲学理论创造相互生成的特点。他不仅用后期墨家"三物"论说系统提出的"类""故""理"来称呼反映认识深化扩展进程的三组范畴，而且开始联系中国哲学史的材料来说明这三组范畴所包含的具体范畴。

就对"三物"论说本身的诠释而言，冯契在《先秦哲学笔记》中已提出这一论说关乎整个逻辑思维，揭示了正确进行逻辑思维和辩说的必要条件。受益于对逻辑范畴问题的长期思考，尤其是发现了恩格斯所说的三对主要逻辑范畴与"类""故""理"之间的对应关系，他在《辩逻问题》中对"三物"论说形成了一些新的认识，例如，强调"类""故""理"三物的逻辑范畴本性，提出"类""故""理"指的是三组逻辑范畴，认为"类—故—理"的范畴顺序体现了认识深化扩展的进程，等等。

如果说这些新认识在《辩逻问题》中还依附于对逻辑范畴问题的思考，那么在《逻辑发展（记录稿）》中，它们作为元哲学自觉的产物，直接促成了冯契对"三物"论说的独特诠释。首先，由于强调"类""故""理"三物的逻辑范畴本性，而逻辑范畴是逻辑思维的基本环节，冯契没有像主流解释那样把"三物"论说的适用范围限制在逻辑思维的特定形式，而是认为它普遍适用于概念、判断、推理等逻辑思维的多种形式。其次，基于相同的理由，冯契开始把"以故生""以理长""以类行"这些正确思维的必要条件之所以成立的根据与思维必须运用"故""理""类"这些逻辑范畴关联起来。最后，由于"类""故""理"对应于恩格斯所说的同一和差异、原因和结果、必然和偶然三对范畴，而这三对范畴的辩证推移体现了知其然（察类）、知其所以然（明故）、知其必然与当然（达理）的认识深化扩展进程，冯契不再拘泥于"三物"论说本身所表述的"故—理—类"的顺序，转而开始按照"类—故—理"的次序来讲逻辑范畴和后期墨家的逻辑思想。

1980 年初，冯契讲完《中国古代哲学的逻辑发展》，半年之后，他又从 1980 年 9 月到 1981 年 6 月给研究生讲《逻辑思维的辩证法》，讲课记录稿的第八章专论"逻辑范畴"。[1] 相较于《辩逻问题》，冯契此时对逻辑范畴及其体系建构问题的思考已臻成熟，为修改《逻辑发展（记录稿）》的相关内容准备了条件，并最终成就了对后期墨家"三物"论说的创造性诠释。就"三物"论说的字面含义看，冯契的理解与主流的解释并无二致，即立论要有根据、理由（故），论证和辩驳要遵守逻辑规律和规则（理），推理要根据事物的种属包含关系（类）来进行。不过，相异于主流解释，他进一步追问了这些要求（正确思维的必要条件）之所以成立的根据，并将其归结为人们在借助概念、判断、推理等来进行逻辑思维时必须运用"类""故""理"这些逻辑范畴。由此出发，他不再止步于把"三物"论说的本质表述为"讲了正确思维的三个必要条件"，而是进一步勘定为"明确地提出了'类''故''理'三个范畴是逻辑思维所必具的学说"。另一方面，冯契认为后期墨家在中国哲学史上第一次把"类""故""理"联系起来，明确将它们作为逻辑思维形式的基本范畴来阐述，建立了形式逻辑的科学体系，因此相异于立足《小取》篇的结构与内容来说明后期墨家逻辑思想的主流做法，他坚持逻辑范畴体系与认识深化过程的统一，在按照"类—故—理"的次序来讲逻辑范畴的基础上，创造性地以"类""故""理"的范畴架构来重构和诠释后期墨家逻辑思想。

四、从"三物"论说的诠释到逻辑范畴体系的建构

就本章所讨论的个案而言，冯契的中国哲学史研究与智慧说的哲学理

1　冯契曾设想作为"智慧说三篇"之一的《逻辑思维的辩证法》，其主旨是讲"化理论为方法"，说明认识的辩证法如何通过逻辑思维的范畴，转化为方法论的一般原理。但是，现收入《冯契文集》的该书实际上是冯契在1980—1981年的讲课记录稿，不仅论述了上述主旨，还较详细地论述了基于实践的认识过程的辩证法，并把认识的辩证法贯彻于价值领域，考察了理想与现实、人格等问题，即论述了部分"化理论为德性"的问题。这就是说，《逻辑思维的辩证法》的讲课记录稿实际上是"智慧说三篇"主题思想的首次系统表述。冯契生前曾重新审读了讲课记录稿，拟就了修改计划，但该计划因他的遽然去世而未能实现。参见《逻辑思维的辩证法·初版整理后记》，《冯契文集》(2)，第383—384页。

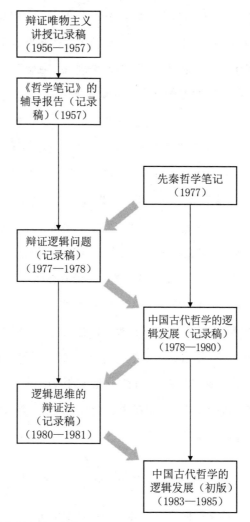

冯契后期墨家"三物"论说诠释与逻辑范畴研究相互影响示意图

论创作之间"由此及彼、相互联系与相互转化的内在关系"，不仅表现为冯契对逻辑范畴问题的思考最终成就了他对后期墨家"三物"论说的创造性诠释，还表现在他对"三物"论说的创造性诠释为逻辑范畴体系的建构提供了一个极具民族特色的基本架构。下文主要根据《逻辑思维的辩证法》的相关论述予以具体说明。

　　是否需要给逻辑范畴安排一个体系？如果需要，又如何建构这个体系？这些都是冯契自 20 世纪 50 年代以来就一直在思考的重要问题。关于体系的必要性，诚如恩格斯所说，体系是暂时性的东西[1]，一切体系或迟或早都会被克服（保留其合理环节），被超过（达到更高层次），但冯契认为，既然逻辑思维能把握具体真理，哲学和科学的理论能够客观全面地把握一定层次上的实在，那么这样的理论就一定是体系化的，相应地，逻辑范畴也必须体系化，否则就难以把握具体。

　　至于如何建构逻辑范畴体系，冯契将其分解为两个子问题来加以考察：其一，范畴体系从哪里开始？其二，范畴体系如何展开？针对前者，他坚持逻辑范畴体系与认识的辩证运动的统一，认识从哪里开始，逻辑就应该从哪里开始。由于知识开始于对当前的呈现（"这个"）有所知觉和做出判断，形形色色的呈现总是依附于客观实在，而呈现既是实有的又是非实有的，因此作为认识从现象深入到本质的基本环节，逻辑范畴体系应该从客观实在出发，把实在理解为现象与本质的统一。[2]

　　针对后者，即范畴体系如何展开的问题，冯契的探索实际上也是从两个方面来进行的：一是主要的逻辑范畴有哪些，二是这些范畴如何联系、推移。关于第一个方面，冯契在"文革"前的探索集中于对西方哲学史上康德、黑格尔以及恩格斯、列宁的相关论述进行批判总结。在他看来，康德从判断分类中概括出关于量、质、关系和模态的四组范畴，除去关于质的范畴，剩下三组其实就是关于个别与一般、因果联系、必然与偶然的范畴。[3] 黑格尔在《逻辑学》的"存在论""本质论"和"概念论"中也讨论了三组

1　参见《路德维希·费尔巴哈和德国古典哲学的终结》，《马克思恩格斯选集》(4)，人民出版社，2012 年，第 225 页；《逻辑思维的辩证法》，《冯契文集》(2)，第 248 页。

2　更详细的论证，可参见《逻辑思维的辩证法》，《冯契文集》(2)，第 248—250 页。

3　[德] 康德著，邓晓芒译，杨祖陶校：《纯粹理性批判》，人民出版社，2004 年，第 71—72 页。冯契把关于质的范畴所涉及的肯定与否定，解释为判断的肯定与否定的矛盾运动，参见《逻辑思维的辩证法》，《冯契文集》(2)，第 253—254 页。

范畴[1]，恩格斯则从黑格尔"概念论"的判断分类中概括出个别、特殊、普遍等一组范畴，又将"本质论"中的范畴概括为同一和差异、原因和结果、必然和偶然这三个主要的对立。[2]"文革"结束后，冯契的逻辑范畴研究与中国哲学史研究合流，彼此影响，相互转化。正是受益于对逻辑范畴的研究，他在诠释"三物"论说时才能够把"类""故""理"解释为逻辑范畴，并创造性地立足"类""故""理"的范畴架构来把握后期墨家逻辑思想；而对"三物"论说的创造性诠释又使他在逻辑范畴的研究中能够充分利用中国哲学史的材料，明确提出中国古代哲学认为主要的逻辑范畴就是"类""故""理"三组，康德、黑格尔、恩格斯所说的三组范畴均对应于并可归结为"类""故""理"三者：

> 中国古代哲学家认为主要的逻辑范畴是三组或三个，就是"类"、"故"、"理"。《墨经·大取》提出："夫辞以故生，以理长，以类行。"……恩格斯所讲的个别和一般、同一和差异实际上是关于"类"的范畴，原因和结果是关于"故"的范畴，必然和偶然是关于"理"的范畴。[3]

上述结论既是对有关后期墨家"三物"论说创造性诠释的进一步发展，也是对中西哲学史上有关主要逻辑范畴的相关论述的批判总结，充分体现了其哲学史研究与哲学理论创作的高度融合与相互生成。对于这一极具原创性的观点，冯契明确表达了其在理论上的自信："范畴的体系我按照中国哲学的历史总结、按照类、故、理三者来讲。类、故、理这范畴的分类是中西哲学的共同结论。"[4]

1　参见［德］黑格尔著，杨一之译：《逻辑学》（上、下），商务印书馆，1982 年；《逻辑思维的辩证法》，《冯契文集》（2），第 245—246 页。

2　参见《自然辩证法》，《马克思恩格斯选集》（3），人民出版社，2012 年，第 925—928、913 页；《逻辑思维的辩证法》，《冯契文集》（2），第 252 页。

3　参见《逻辑思维的辩证法》，《冯契文集》（2），第 252—253 页。

4　《关于马克思主义哲学教科书体系和内容的一些设想》，《冯契文集》（10），第 225 页。

关于第二个方面，即这些范畴是如何联系、推移的，冯契认为，康德的"二律背反"虽揭示了范畴的矛盾，但没有认识到对立统一的矛盾运动是范畴的辩证本性[1]，因此他所提出的几组范畴仅仅是静态的分类，彼此之间没有联系和转化，不能反映认识的辩证运动。而根据列宁对黑格尔《逻辑学》的合理内核的概括，黑格尔的逻辑范畴体系体现了人类认识从现象揭露本质的一般过程，但这个范畴体系没有以客观实在作为出发点，并且是独断的。[2]就冯契本人的探索来说，他坚持客观辩证法、认识论和逻辑的统一，认为"辩证逻辑的范畴是现实存在的本质联系方式、认识运动的基本环节和逻辑思维的普遍形式的统一"[3]。因此，要回答逻辑范畴是如何联系、推移的这一问题，就必须阐明"类""故""理"这些范畴究竟体现了哪些认识辩证运动的基本环节。他指出：

> 从认识论来说，察类、明故、达理，是认识过程的必经环节。察类就是知其然，明故是知其所以然，达理则是知其必然（与当然）。"类"、"故"、"理"……这三组范畴是人们的认识从现象到本质，并对本质的认识不断深化和扩大所必经的一些环节。由然到所以然，再到必然和当然，是一个认识深化扩展的进程。[4]

将"类""故""理"的内涵进一步解释为察类、明故、达理，这是冯契在逻辑范畴的内涵理解和认识基本环节的阐明方面所取得的又一理论创获。以此为前提，逻辑范畴的联系、推移自然就应该按照"（察）类—（明）故—（达）理"的次序来展开。

在解决了范畴体系从哪里开始、范畴体系如何展开等问题之后，冯契

1 参见《逻辑思维的辩证法》，《冯契文集》(2)，第242页。
2 参见《逻辑思维的辩证法》，《冯契文集》(2)，第245—247页。
3 《〈智慧说三篇〉导论》，《冯契文集》(1)，第41页。
4 《逻辑思维的辩证法》，《冯契文集》(2)，第254页。

以马克思主义的辩证逻辑为基础，对中西哲学史上逻辑范畴研究的积极成果予以辩证综合，用"三物"论说所提出的"类""故""理"为骨架建构了一个辩证思维的范畴体系：

> 总起来说，我们这样来安排范畴体系：从客观实在出发，把实在了解为现象与本质的统一。认识从现象到本质，以及对本质的认识不断深化、不断扩展的前进运动，也就是逻辑思维通过"类"、"故"、"理"等主要范畴的矛盾运动来把握性与天道的过程。[1]

这个体系按照"类"（包括同一和差异，个别、特殊和一般，质和量，类和关系，等等）、"故"（包括因果关系和相互作用，条件和根据，实体和作用，内容和形式，客观根据和人的目的，等等）、"理"（包括现实、可能与必然，必然与偶然，目的、手段和当然，必然和自由，等等）的次序来展开，反映了认识从知其然（察类）到知其所以然（明故），再到知其必然与当然（达理）的认识深化扩展进程，体现了逻辑范畴体系与认识辩证运动的统一。

冯契强调，这个范畴体系不是封闭的、独断的，而是发展的、开放的，即范畴的数目会增加，范畴的内涵会深化，范畴之间的联系会越来越丰富。这一方面是因为"一定历史条件下的人都受特定历史条件的限制，总有许多逻辑范畴还没有把握（自然现象之网是无限丰富的），而且已经揭露的逻辑范畴总有待于研究再研究"[2]；另一方面则是因为冯契在建构体系时重在"揭示出一组组范畴的矛盾运动，并对整个的范畴体系有一个安排，这样就

---

1 《逻辑思维的辩证法》，《冯契文集》（2），第 256 页。

2 《逻辑思维的辩证法》，《冯契文集》（2），第 247 页。例如，冯契生前曾在讲课记录稿的目录页第八章第二、三节标题前加了"系统论"三字，可能就是想把系统论的相关思想甚至"系统"这个范畴补充进关于"类"的范畴及其解释之中。《逻辑思维的辩证法·初版整理后记》，《冯契文集》（2），第 385 页。此外，他在介绍《逻辑思维的辩证法》的基本思想时所提到的关于"类""故""理"的具体范畴也与讲课记录稿的表述不尽一致。参见《〈智慧说三篇〉导论》，《冯契文集》（1），第 41 页。

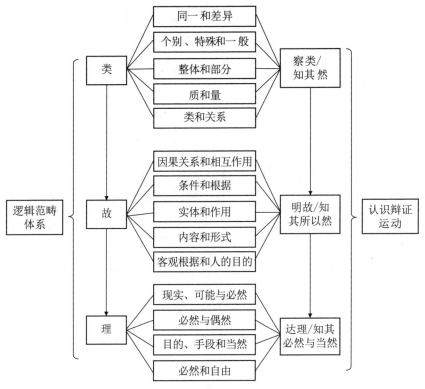

以"类""故""理"为骨架的逻辑范畴体系

能给人们提供观点和方法。如果这组范畴和那组范畴之间的联系讲不清楚，我们就不说，以后的人会超过我们，他们会提出更好的见解，会克服我们的弱点，超过我们的体系"[1]。就范畴体系的整体而言，对立统一、矛盾发展原理是其核心。正是通过"类""故""理"这些范畴的辩证推移并进行思辨的综合，人们的认识越来越全面、越来越深刻地揭示具体真理，把握性与天道，亦即运用逻辑思维从相对中把握绝对、从有限中揭示无限，而有限和无限的矛盾运动便表现为无止境的前进发展过程。[2]

1　《逻辑思维的辩证法》，《冯契文集》（2），第 255 页。

2　参见《〈智慧说三篇〉导论》，《冯契文集》（1），第 42 页。对冯契的逻辑范畴体系更为深入的研究，可参见彭漪涟：《冯契辩证逻辑思想研究》，第 220—256 页。

冯契所建构的逻辑范畴体系是"逻辑范畴发展史上的一个新突破和新进展。这无论对于哲学、逻辑学还是对于其他一切具体科学关于范畴和范畴体系的研究与建构来说，都是具有重要的方法论启示和理论意义的"[1]。相较于同时代中国马克思主义哲学家所提出的种种范畴体系，这个体系独树一帜，不仅体现了马、中、西的深度融合[2]，而且以后期墨家"三物"论说提出的"类""故""理"作为逻辑范畴的骨架，具有鲜明的民族特色。这个范畴体系也是构成智慧说哲学体系的一个具有标志性意义的理论创获。"古人既然已提出'类'、'故'、'理'的范畴，说明古人也已经具体而微地把握了逻辑范畴的体系。……我们用'类'、'故'、'理'作为逻辑范畴的骨架，这好像也是出发点的复归。"[3]从对"三物"论说的创造性诠释到建构以"类""故""理"为骨架的逻辑范畴体系，冯契以其哲学史研究与哲学理论创作的高度融合和相互生成，为我们留下了一个从历史研究走向理论创造的宝贵范例。

1　参见彭漪涟：《对智慧探索历程的逻辑概括——论冯契建构的逻辑范畴体系》,《华东师范大学学报》(哲学社会科学版), 1999 年第 2 期。

2　参见童世骏：《现代性的哲学思考》, 杨国荣主编：《现代化进程中的中国人文学科》(哲学卷), 第 346—348 页。

3　《逻辑思维的辩证法》,《冯契文集》(2), 第 254 页。

第十五章　成性存存，自由之门

——冯契对王夫之的哲学书写

一、从二冯之别说起

本章讨论冯契对王夫之的哲学书写。先从冯契与冯友兰对王夫之的不同理解说起。1983—1985 年，冯契所著的《中国古代哲学的逻辑发展》(后文或简称《逻辑发展》) 由上海人民出版社刊行，分上、中、下三册，总计 60 余万字。冯契给他的老师冯友兰寄了一套。1985 年 7 月 20 日，冯友兰在写给冯契的短信中说道：从《逻辑发展》的编排及标题上可大略看出它与《中国哲学史新编》(后文或简称《新编》) 的不同之处。[1] 两位冯先生都是中国哲学史大家，他们关于中国古代哲学的看法究竟有何不同，值得深究。

冯友兰在信中说，二人对于中国封建思想的结束的看法基本上一致。但实际上，二人之间还是有着细微的差别。且着眼于他们对王夫之的处理。按照冯友兰的看法，王船山是宋明道学的总结。实际上，定稿后的《新编》第五十九章便标目"后期道学的高峰——王夫之的哲学体系"。相形之下，冯契的《逻辑发展》对王夫之的评价更高：王夫之不仅是宋明时期哲学论争的总结者，同时还是整个中国古代哲学的总结者。从具体内容来看，冯契对王夫之的处理，有两处明显不同于冯友兰。

---

[1]　参见冯友兰：《书信集》，《三松堂全集》(14)，第 685 页。

其一，冯契用了三节的篇幅讨论了《新编》未曾讨论的王夫之的逻辑和方法论，依次为"揭示'名'（概念）、'辞'（判断）、'推'（推理）的辩证性质""'言、象、意、道'的统一""'微言以明道'——分析与综合相结合"。而且，冯契对这些内容的讨论，密切关联着他在《逻辑发展》"绪论"第二节所提出的广义认识论四问中的第三问——逻辑思维能否把握具体真理（首先是世界统一原理、宇宙发展法则），用中国哲学的术语来说，则是言、意能否把握道。[1]

其二，冯契用了两节的篇幅（万余字）讨论王夫之的人性论，包括"'性日生而日成'的人性论""'成身成性'与'循情定性'的'成人之道'"。《新编》也专设一小节（千余字）讨论"性""命"问题。就核心观点而言，冯友兰认为，王夫之提出"命日受而性日生"，对人与自然的关系做了唯物主义的解释，以运动和变革为主要内容。[2]冯契也表彰王夫之的成性说，这一点与冯友兰基本一致。不过，与冯友兰不同的是，冯契指出，王夫之的成性说有力驳斥了程朱理学的复性说。[3]更为重要的是，冯契对王夫之人性论的重视，密切关联着广义认识论四问中的最后一问：人能否获得自由，或者说，自由人格或理想人格如何培养？[4]这既是哲学史的问题，也是冯契本人极为关注的哲学问题。我们不妨说，在王夫之那里，冯契找到了自由问题的部分答案：成性存存，自由之门。

通过上述比较，我们可以粗略地看出，冯契对王夫之逻辑与方法论及人性论的研究有着明确的问题意识，跟他自己的哲学理论建构密切相关。[5]

1　参见《中国古代哲学的逻辑发展》（上），《冯契文集》（4），第31—38页。

2　参见冯友兰：《中国哲学史新编》（5），《三松堂全集》（10），第271—272页。

3　参见《中国古代哲学的逻辑发展》（下），《冯契文集》（6），第269—288页。

4　参见《中国古代哲学的逻辑发展》（上），《冯契文集》（4），第31—35、39—45页。

5　对读冯友兰两卷本《中国哲学史》与《新理学》关于王夫之的论述，我们也不难发现史与思的对应关系。按照"新理学"的哲学主张，理是潜存；理之于气，逻辑在先；落实于人性论，义理之性即是理，是最完全的，而义理之性落于气质而成的气质之性则是不完全的。由此出发，冯友兰对王夫之的理气论、道器论、人性论持批评态度。

无论是方法层面的史思互动，还是理论层面的成性与人的自由，都值得我们细做考察。

二、成性存存：在史思互动中探索王夫之人道观

（一）广义认识论四问

冯契在《逻辑发展》"绪论"第二节提出广义认识论四问，其第一、二问分别是：感觉能否给予客观实在？理论思维能否达到科学真理？这两个问题属于典型的认识论问题，第三问涉及形上学，而第四问则更非一般的认识论所能范围，带有冯契哲学的鲜明特点。由上述讨论可知，这一问，也使得冯契的哲学史书写带上鲜明的个性。

从冯契的运思过程来看，广义认识论四问本身也是史思互动，即哲学史研究与哲学理论探索相互促进的成果。

1978 年，冯契开始讲授《逻辑发展》，1980 年 1 月基本讲完，同年 5 月完成记录稿的整理，是为初稿，有 20 余万字。[1] 在讲授《逻辑发展》的同时，冯契还讲授列宁的《哲学笔记》，后者显然影响了《逻辑发展》初稿的哲学史观与基本架构：哲学史乃是"根源于人类社会实践主要围绕着思维和存在关系问题而展开的认识的辩证运动"[2]；思维与存在关系的三项，即自然界、主体精神、自然界在人头脑中的反映，相当于中国哲学讲的物（气）、心、道（理）三项，展开为天人之辩、有无（动静）之辩、理气（道器）之辩、名实之辩、心物（知行）之辩等等；列宁举了欧洲哲学史上从文艺复兴到近代的三个圆圈，冯契则认为，中国古代哲学史主要是两个圆圈，先秦的荀子完成第一个圆圈，明清之际的王夫之完成第二个圆圈。

1　1980 年 1 月 2 日，冯契致函友人邓艾民："我每两周讲一次'中国古代哲学的逻辑发展'，最近可以结束。打算化半年时间把它整理出来，大约是 20 多万字的一本书。"《冯契文集》（10），第 235 页。

2　《中国古代哲学的逻辑发展》（上），《冯契文集》（4），第 9 页。

冯契对于《逻辑发展》初稿是不满意的。一方面，关于理气（道器）之辩、心物（知行）之辩等等只画了粗线条的轮廓，有待进一步深入研究；另一方面，可能也是更突出的问题，则是"蔽于天而不知人"，尚缺乏对人道观的讨论。1980年3月19日，冯契在写给邓艾民的信中说道：他在20世纪50年代提出"化理论为方法，化理论为德性"，主张哲学是世界观与方法论的统一，是世界观与人生观的统一。"正是这后一方面，即天人关系问题，中国哲学讨论得很多，我在从事的研究课题是'中国哲学思想的逻辑发展'，就天道观说，我对它的逻辑发展提出了一点看法，并且从世界观与方法论统一方面作了一点探讨。但就人道观说，我还拉不起一条线索来。……关于人的德性的培养的理论，我们讲得很少，而遭受破坏很大。我想，如果能够就中国哲学的人道观的逻辑发展提出一点看法，将是很有现实意义的。"[1]人道观的问题，实则包括一隐一显两个问题。显者，中国古代哲学关于人的德性培养的理论，其"逻辑发展"如何；隐者，中国古代哲学如何贯通天道观与人道观（天人之际）、统一世界观与人生观。虽然中国哲学对人道观讨论很多，但冯契所服膺的马克思、列宁对此问题并无深究。要解决人道观上的困惑，冯契必须化解马克思列宁哲学和中国传统哲学之间的张力，解决认识论范导下的哲学框架如何纳入人道观、价值论或伦理学的问题。

在整理《逻辑发展》记录稿的同时，冯契开始了哲学理论上的思考。从1980年9月起，他开始讲授《逻辑思维的辩证法》（后文或简称《逻辑思维》）。在冯契那里，"逻辑思维"是"逻辑"（更确切地说，"辩证逻辑"），也就是"思维"；前面提到的思维与存在关系的三项分别对应于客观辩证法、认识论、逻辑学，要唯物辩证地解决思维与存在的关系问题，就需要客观辩证法、认识论和逻辑学三者的统一；由于认识论和逻辑学的

---

1 《致邓艾民·1980年3月19日》，《冯契文集》（10），第237页。

统一，辩证逻辑是认识史（包括哲学史）的总结。我们看到，在这一列宁式的框架之下，同样没有人道观、价值论或伦理学的位置。

随着思考的深入，冯契的思想迎来了一次重大飞跃，那就是广义认识论四问的提出。1981 年 1 月 8 日，冯契致函邓艾民："我这个学期讲了《逻辑思维的辩证法》的认识论部分，已结束。哲学史上争论不休的认识论问题，我以为是四个：（一）感觉能否给予客观实在？（二）普遍、必然的科学知识何以可能？（用康德的提法，即先天综合判断何以可能？）（三）逻辑思维能否把握具体真理？（也即名言能否把握'道'的问题。）（四）理想的人格能否形成？（也即人能否成为'圣人'的问题。）我对前面 3 个问题考虑得较多，对第 4 个问题考虑得少。这个问题在中国哲学史上占有重要地位，而当前也有重大现实意义。儒家有个好传统，把认识论与伦理学统一起来了。"[1] 四个问题的提出，首先意味着冯契对哲学史研究中一直困惑他的人道观有了基本的解决方案，那就是将人道观纳入认识论框架之中（从另一个角度看，则是将通行的认识论拓展为广义认识论）；之所以能够这样解决，冯契乃是在儒家那里找到了认识论与伦理学相统一的灵感。我们不仅认识世界，而且同时认识自己；我们不仅认识世界认识自己（知），而且同时改造世界改造自己（实践，行）；知行相统一，认识论与伦理学亦相统一。另一方面，四个问题的提出，又是在讲授《逻辑思维的辩证法》的过程中形成的。就内在义理关联而言，辩证逻辑既然是认识史（包括中国哲学史）的总结，那么，总结中国哲学史这一种特定的认识史，或者说，"用中国哲学史作为典型来考察逻辑思维的辩证法"[2]，自然可能引出一种独特的辩证逻辑。这就意味着，冯契的辩证逻辑开始突破承自列宁的既有框架，将逐渐形成自己富有中国气派的理论品格。合而观之，广义认识论四问的提出，意味着冯契在中国哲学史研究与哲学理论探索两个方面同时取

1　《致邓艾民·1981 年 1 月 8 日》，《冯契文集》(10)，第 244 页。

2　《逻辑思维的辩证法》，《冯契文集》(2)，第 19 页。

得了重大突破。

经此突破，冯契顺势而下，迅速推进史与思的研究。就史而言，1981年3月29日，冯契致函邓艾民，提到认识论即伦理学"开始于孔子的'仁知统一学说'。所以我化了点时间认真考虑了一下，打算充实到《逻辑发展》一书中去"[1]。仁智统一，于伦理学内部，是人道原则与理性原则的统一；于伦理学外部，则是伦理学（仁）与认识论（智）的统一。[2]进而，经过中西比较研究，冯契将仁智统一认定为儒家乃至中国古代哲学人道观的基本特征。1982年6月12日，冯契致函邓艾民：1982年5月南京会议，做了题为"中国传统哲学的特点"的发言。"我打算在我的书中增加一章（第二章），讲一下'中国古代哲学的特点'。基本观点在前信中已跟你谈了。不过在南京发言时，我提出：儒家的仁智统一学说的特点在于强调道德行为的自觉性，强调道德是可以教育成的。西方伦理学家讨论意志自由问题，强调指出道德行为出于自愿的选择，这一点，儒家未予以足够重视。自觉是理性的品格，自愿是意志的品格。"[3]这里的增加"第二章"是就《逻辑发展》初稿讲的，它在《逻辑发展》刊行本中，就是上文多次提到的"绪论"第二节。[4]就思而言，冯契讲授《逻辑思维的辩证法》，至1981年6月结束，至1982年9月完成记录稿整理。作为智慧说的初次系统表述，《逻辑思维的辩证法》将辩证逻辑贯彻于价值论，不仅体现了列宁所主张的客观辩证法、认识论和逻辑的统一，又体现了列宁所未曾言的真善美的统一，而广义认识论四问也在不同的章节得到了明确的探讨。

1　《致邓艾民·1981年3月29日》，《冯契文集》（10），第245—246页。

2　参见《中国古代哲学的逻辑发展》（上），《冯契文集》（4），第40—41页。

3　《致邓艾民·1982年6月12日》，《冯契文集》（10），第251页。

4　可参见鲍文欣：《思史互动——〈中国古代哲学的逻辑发展〉的思想历程》，《江南大学学报》（人文社会科学版），2020年第3期。该文利用晋荣东教授所藏《逻辑发展》初稿打印本，对《中国古代哲学的逻辑发展》与《逻辑思维的辩证法》之间的互动做了细致讨论。

（二）成性存存，自由之门：成性说与智慧说

在人道观问题上，孔子仁智合一说为起点，王夫之成性说则为终点。这里的"起点"与"终点"，既在冯契之所思的意义上讲（《逻辑发展》的哲学史叙述），又在冯契之思的意义上讲（哲学史研究历程）。就后者而言，从孔子到王夫之，《逻辑思维》无疑具有中介的意义。

1982 年 9 月，《逻辑发展》刊行本的上册（包括"绪论""第一篇　先秦"）接近定稿付梓[1]，关于孔子人道观的论述已经完成。如上所述，《逻辑思维》记录稿也在这时整理完成，其中已对王夫之成性说予以高度评价。《逻辑思维》第五章讲"由自发到自觉"，含五节。除了第五节"辩证思维由自发到自觉"之外，其余四节溢出列宁式辩证逻辑的框架，讨论精神主体如何克服异化，由自发而自觉。第三节"如何培养自觉的人格"发自由之问，其解决思路则集中体现于该节第一段：

> 如何培养理想的人格，这是哲学史上又一个重大问题。"人能否成为圣人？如何才能成为圣人？"这是古代哲学家一开始就提出的问题。马克思主义不相信有全知全能的圣人，但要求培养自觉的人格、自由的人格。……人类在实践基础上认识世界和改造世界，把握具体真理，把自在之物化为为我之物，人类的活动也就由自发变为自觉，人也就成为自觉的人。[2]

冯契后来提出了"平民化的自由人格"这一标志性概念。[3] 但他在这里讲理想人格，一方面基于马克思主义讲"自觉的人格""自由的人格"，另一方面基于中国传统讲"圣人"。用词上的游移微妙地体现出，此时的冯契正

1　参见《致邓艾民·1982 年 9 月 12 日》，《冯契文集》(10)，第 254 页。

2　《逻辑思维的辩证法》，《冯契文集》(2)，第 137—138 页。

3　可参见《人的自由和真善美》，《冯契文集》(3)，第 245 页。该书基于冯契 1987—1989 年的同名专题讲稿。

处于力图将马克思主义与儒家打成一片的探索过程之中。马克思主义的长
处在于讲实践，注重人性的共性一面（人是一切社会关系的总和），但对
于人性的个性方面有所忽视，而后者正是儒家的优胜之处。自由问题的解
决，必须重视儒家的人性论，其高峰则在王夫之。冯契指出，中国哲学家
讲怎样塑造人的天性使之具有德性，成就最高的是王夫之：他提出"习成
而性与成""日生而日成""日新之命""自取而自用"诸说，把人性看成是
在人和自然积极交互作用中不断养成德性的过程。[1]《逻辑思维》提示了王
夫之成性说的核心命题，但无疑还是相当粗略的。《逻辑发展》刊行本下册
（1985 年）对王夫之成性说进行了系统阐述，既详论《逻辑思维》已经提
及的"日生而日成""习与性成""自取自用"，又增论"造命""相天""成身
成性""循情定性"，同时还考察了王夫之和程朱复性说、阳明学唯意志论
之间的历史与逻辑关系。[2] 这些阐述，要等到 1982 年底才着手整理。[3]

　　尽管或详或略，或偏于述或偏于论，《逻辑发展》与《逻辑思维》都贯
彻了一致的思路：关注王夫之的成性论，因为它关联着自由人格如何可能
的问题。离开后者，我们就会错失冯契讨论王夫之的真正旨趣。《周易·系
辞上》："成性存存，道义之门。"冯契对王夫之的哲学书写，在人道观上，
一言以蔽之，曰：成性存存，自由之门。从王夫之而来的这一观点，逐渐
化入冯契自己的哲学理论。冯契晚年最成熟的哲学作品，当数"智慧说三
篇"之首的《认识世界和认识自己》。在那里，我们可以更加清楚地看到，
王夫之成性说已经从哲学史意义上的研究对象转变为智慧说内部的有机构

1　参见《逻辑思维的辩证法》，《冯契文集》（2），第 142—143 页。

2　参见《中国古代哲学的逻辑发展》（下），《冯契文集》（6），第 269—288 页。

3　1982 年 11 月 29 日，冯契致函邓艾民："王学导致唯意志论，虽是错误的，但它是对宿
　命论的反动。没有王学，也不可能有王夫之的'造命'、'成性'的理论，和黄宗羲的
　'心无本体，工夫所至，即是本体'的学说。王夫之和黄宗羲已抛弃了'复性'说，而把
　'性'看作一个不断完善的过程了。我在衡阳讲了一下王夫之用'成性说'反对理学唯心
　主义的'复性'说，以后打算整理成文。"《冯契文集》（10），第 255 页。

成部分。

智慧说主张，"认识的辩证运动是天与人、性与天道的交互作用，是实践基础上认识世界和认识自己的交互作用，表现为由无知到知、由知识到智慧的辩证发展过程"[1]，而智慧"是德性的自由的表现，也就是人的本质力量和个性的自由表现"[2]。天人之际，性与天道交互作用。就人而言，性日生日成，人的德性不断养成。这里的"德性"，不是狭义的道德德性（moral virtue），而是包括道德德性在内的一般人性能力（human capacity in general），贯穿广义认识论四问，涉及感性、知性、理性、自由人格四个层面。

就感性而言，"人和自然、性和天道的交互作用都要以感性经验为媒介。如王夫之所指出的，性和天道的交互作用，是以色、声、味为媒介的"[3]。"客观事物的感性性质如色、声、味给我以道，而我接受了道就使性日生日成。转过来，我通过感性活动给客观事物以性，使性在自然现象当中得到表现，这样客观事物各以其道来接受我的性，使人的本质对象化、形象化。"[4]

就知性而言，冯契把王夫之的"克念"解释为一种概念理论："王夫之提出'克念'的学说，认为概念的运动是一个'今与昨相续，彼与此相函'的发展过程。每个现在的概念，都包含有对过去的总结和对未来的预测，它本身是对立统一的，是生动的、灵活的。"[5]冯契还认为，张载、王夫之把《易传》所讲的"化而裁之谓之变，推而行之谓之通"发展为一种判断推理的学说：把客观世界的绝对运动（"化"）加以划分裁断（"裁"），把握运动形态与过程、阶段中的转化；根据相通之理进行推断（"推"），见势之所必

---

1 《〈智慧说三篇〉导论》，《冯契文集》（1），第 27 页。
2 《认识世界和认识自己》，《冯契文集》（1），第 335 页。
3 《认识世界和认识自己》，《冯契文集》（1），第 115 页。
4 《认识世界和认识自己》，《冯契文集》（1），第 53 页。
5 《认识世界和认识自己》，《冯契文集》（1），第 230 页。

反，以此指导行动（"行"）就能成事（"通"）。[1]

就理性而言，冯契认为，张载、王夫之基于《易传》发展出"汇象以成易，举易而皆象"的体系，肯定了人具有把握具体真理的能力："'汇象以成易，举易而皆象'，是说把握范畴（象）之间的逻辑联系，通过辩证逻辑的综合，能揭示易道，即世界发展原理。但这不仅是逻辑思维，它包含有飞跃，即包含有理性的直觉。"[2]把握关于宇宙人生的具体真理，便获得智慧，"养成自由人格的德性"[3]。相较于作为感性、知性、理性意义上的人性能力的德性而言，作为自由人格的德性无疑具有整全的意义。

不唯如此，冯契甚至谈论作为本体的德性（ontological arete）。主体不仅要在认识世界认识自己的意义上达到自由，而且还要在改造世界改造自己的意义上达到自由。只停留于知，显然不是真正的自由。作为自由人格的德性，必然由知发而为行。在冯契看来，主体根据现实的可能性提出理想，又把理想作为目的贯彻于人的活动，进而化理想为现实。在此过程中，"目的因贯彻于过程而得到了实现，那么就创造了价值。在价值创造的过程中间，自由的精神是'体'，而价值的创造是'用'。因此我们说自我或自由的精神或自由的个性，它就具有了本体的性质"[4]。自由的精神是体，价值创造是用。因此，在现实发用的意义上，我们可以说，作为自由人格的德性变成了作为本体的德性。性与天道的交互作用，既包括知，也包括行；与之相应，成性与自由必须展开于知与行的过程之中。另外，这里还有一点值得注意。就智慧说与中国古代哲学的继承关系而言，其主导面向无疑是接续从伯阳父、荀子到张载、王夫之一系的气一元论，可以说是一种当代新气学。但在这里，我们惊奇地发现，冯契开始承认精神的本体性质，

---

1 参见《认识世界和认识自己》，《冯契文集》（1），第221—222页。

2 《认识世界和认识自己》，《冯契文集》（1），第262页。

3 《认识世界和认识自己》，《冯契文集》（1），第235页。

4 《认识世界和认识自己》，《冯契文集》（1），第86页。

似乎在一定程度上吸收了陆王心学对心体的高扬。

本章伊始考二冯之别，曾指出冯友兰认为王夫之是宋明道学的总结，而冯契不仅认为王夫之是宋明时期哲学论争的总结者，而且还认为他是整个中国古代哲学的总结者。通过本节的讨论，我们看到，王夫之成性说对于冯契智慧说具有的建构作用。易言之，通过冯契哲学，王夫之哲学获得了开新的意义。继往圣之学，别开生面，哲学家正是以这样的方式投身到奔流不息的思想长河之中。

三、哲学之为哲学史的展开：第二种史思互动

关于哲学与哲学史的关系，作为哲学史家的冯契早在 1957 年便提出"哲学是哲学史的总结，哲学史是哲学的展开"的观点。[1] 晚年自述其学，也强调它在自己的中国哲学史研究中得到了贯彻。[2] 这一观点可以追溯到列宁及黑格尔。列宁《哲学笔记》摘录了黑格尔《哲学史讲演录》中的一段话："各个哲学体系在历史上的次序同观念的概念在逻辑推演中的次序是一样的。"[3] 黑格尔所讲的"观念"乃是绝对观念或绝对精神。冯契接受黑格尔此说所包含的历史与逻辑统一的主张，同时把"观念"改造为基于人类社会实践的认识成果。另一方面，冯契同时还是一位哲学家。我们在上一节已体察到，冯契的哲学史研究（史）与哲学理论探索（思）相互促进。不过，在哲学家冯契那里，我们可以看到另一种史思互动：冯契洞悉哲学史

1　参见《冯契年表》，《冯契文集》（10），第 334 页。

2　参见《〈智慧说三篇〉导论》，《冯契文集》（1），第 17 页。

3　《哲学笔记》，《列宁全集》（55），人民出版社，1990 年，第 208 页。黑格尔在《小逻辑》中也有类似的提法。如："哲学史上所表现的种种不同的体系，一方面我们可以说，只是一个哲学体系，在发展过程中的不同阶段罢了。另一方面我们也可以说，那些作为各个哲学体系的基础的特殊原则，只不过是同一思想整体的一些分支罢了。那在时间上最晚出的哲学体系，乃是前此一切体系的成果，因而必定包括前此各体系的原则在内；所以一个真正名副其实的哲学体系，必定是最渊博、最丰富和最具体的哲学体系。"[德] 黑格尔著，贺麟译：《小逻辑》，商务印书馆，1980 年，第 54—55 页。

上相互角力的巨人们的洞见与盲点，将洞见据为己有，对盲点下一转语，自觉地用自己的哲学（智慧说）参与到哲学史的当代开展。在此意义上，我们不妨说：哲学是哲学史的展开，哲学史是哲学的前提。如果说，"哲学是哲学史的总结，哲学史是哲学的展开"是哲学史研究的方法论主张，那么，"哲学是哲学史的展开，哲学史是哲学的前提"不妨成为哲学理论创造的方法论主张。

在冯契那里，"哲学之为哲学史的展开"首先表现为，用智慧说接续中国近现代哲学的未济事业。冯契对此具有高度的自觉。1987 年，他在《中国近代哲学的革命进程》一书的后记中写道："中国近代哲学革命在'既济'（完成）中包含有'未济'（未完成），因此作为'哲学史的总结'的'哲学'，迫切要求进一步加以发展。鉴于中国近代哲学革命的成果在逻辑方法和自由理论这两个方面没有得到很好的总结，我在 50 年代便考虑从这两者着手做一些研究，计划写两种著作：《逻辑思维的辩证法》和《人的自由和真善美》。"[1] 进而，要对逻辑方法（"方法"）和自由理论（"德性"）做批判的总结，又不能不进一步归结到共同的认识论基础，那就是智慧学说（"理论"）。"只有在智慧学说即关于性和天道的认识及如何转识成智的问题上，达到新的理论高度、新的哲理境界，才能会通中西，解决上述有关逻辑与方法论、自由学说与价值论这两个方面的基本理论问题。"[2] 智慧说"一体两翼"，正是为了克服中国近代哲学革命存在的不足：在方法论上，表现为经学思维与权威主义（包括意识形态上"定于一尊"的变相经学独断论）；在人的自由问题上，表现为忽视个性解放和意志自由。

上一节提到，冯契对自由问题的解决方案，是将马克思主义与王夫之成性说等儒家义理打成一片。这实际上提供了一种马克思主义哲学中国化的理论。杜维明已敏锐地洞察到冯契思路的独特性，并给出高度评价："冯

---

1 《中国近代哲学的革命进程·后记》，《冯契文集》(7)，第 655 页。
2 《〈智慧说三篇〉导论》，《冯契文集》(1)，第 27 页。

契先生能够结合儒家的身心性命之学和马克思的实践理论，发展出一套智慧学，这个是特例，甚至可以说绝无仅有。"[1] 在冯契那里，一方面，以中国传统思想济马克思主义之不足。1980 年 3 月 19 日，冯契致函邓艾民，明确表达这一层意思："人类有德性的培养与社会进化两方面。唯物史观是关于后一方面的理论，这是马克思的贡献。但是关于人的德性的培养的理论，我们讲得很少，而遭受破坏很大。"[2] 另一方面，则是用马克思主义所强调的社会实践维度改造了王夫之成性说。《人的自由和真善美》最后一章"人类走向自由之路"的最后，冯契讲道：

> 王夫之认为，性和天道通过色、声、味的中介相互作用、相互转化。他的这一理论，只要把它安放在社会实践的基础上，就可以理解为：人们在实践中认识世界和认识自己，一方面不断地把自在之物化为为我之物，使自然人化；另一方面又凭着人化的自然（为我之物）来发展人的本质力量，使人道自然化。在这种天和人的交互作用中，人获得了越来越多的自由，奔向马克思所说的"建立在个人全面发展和他们共同的社会生产能力成为他们的社会财富这一基础上的自由个性"的阶段。[3]

冯契会通王夫之和马克思，以基于实践的成性说开启人类自由之门。成性存存，自由之门。人类自由的根据，在于人的未完成性。人是未完成的，首先意味着他有待于外，需要不断地从周遭的社会环境与自然环境中吸收能量滋养自身。与外部环境不断地交互的过程，同时也是人不断成长、不断走向完成的过程。基于实践的成性说兼具现实性与理想性的双重品格。就理想性而言，它相信人的德性可以不断发展，最终达到"我与天道为一，

---

1 这是 2012 年 11 月 27 日杜维明在华东师范大学"思勉人文讲座"第 123 讲（"儒学创新的哲学反思"）上的发言。感谢章含舟为笔者提供了这段根据录音整理的文字。

2 《致邓艾民·1980 年 3 月 19 日》，《冯契文集》（10），第 237 页。

3 《人的自由和真善美》，《冯契文集》（3），第 277—278 页。

足乎己无待于外"的高远理想。就现实性而言，自我的自足并非自我封闭，或囿于心性，而是在现实的知行中"与时代精神为一，与生生不已的实在洪流为一"。由此，"我不断地以创造性活动表现自己，把我的德性对象化——显性以弘道；而又同时从为我之物吸取营养——凝道而成德。正是在这一显性弘道和凝道成德的交互作用过程中，'我'以德性之智在有限中把握无限、相对中把握绝对"[1]。

从基于实践的成性说出发，我们也可以窥见冯契（新气学）与冯友兰（新理学）、牟宗三（新心学）的一点差异。显性弘道，由人而天；凝道成德，由天而人；显性弘道和凝道成德的交互作用，即是天人交互作用。在冯契看来，天人交互作用是张载、王夫之所讲的天人合一；而程朱讲天人合一，则是畏天命、顺天命的宿命论，"以'乐天安命'为自由、以'浑然与物同体'为最高'境界'的传统"[2]。与之相应，冯契在一通私信中对冯友兰提出了批评："冯友兰老是宣传他的'境界'、'受用'、'孔颜乐处'之类，就是'复性'说、或者说披了画皮的宿命论。"[3]牟宗三提出"道德的形上学"，主张以道德心化生万物："若依宋、明儒之大宗说，道德性的天理实理是本心性体之所发。本心性体或於穆不已之道体性体是寂感真几，是创造之源，是直贯宇宙之生化或道德之创造。"[4]说本心是道德之创造，可；说本心即是宇宙之生化，相当于王夫之批评佛教所讲的"以心法起灭天地"，无疑是思辨的产物，非狂即妄。如果从冯契的学说看，牟氏"道德的形上学"正因为缺乏社会实践的奠基而缺乏现实的品格。

冯契用智慧说接续中国近现代哲学的未济事业，而中国近现代哲学的双重性质使得这种接续工作呈现出更为深远的意义。首先，中国近现代哲

1　《认识世界和认识自己》，《冯契文集》（1），第364页。

2　《中国古代哲学的逻辑发展》（上），《冯契文集》（4），第45页。

3　《致邓艾民·1982年11月29日》，《冯契文集》（10），第255页。

4　牟宗三：《心体与性体》（上），上海古籍出版社，1999年，第99页。

学具有中国性。其中一个面向，中国近现代哲学与中国古代哲学之间存在连续性。实际上，在冯契看来，就包含古代、近现代在内的整个中国哲学传统而言，大体上包括三个圆圈："先秦一个和先秦以后到明清之际一个，而整个近代是一个圆圈。"[1] 因此，接续中国近现代哲学便是接续整个中国哲学传统（包括古代、近现代），"哲学之为哲学史的展开"也就进一步表现为，用智慧说自觉参与到整个中国哲学传统的当下展开。再者，中国近现代哲学又是中国哲学和西方哲学合流的产物，故而具有世界性。接续中国近现代哲学便不只是"中国"之事，而是参与世界性的百家争鸣。"哲学之为哲学史的展开"也就意味着，中国哲学（智慧说，以及当代中国其他哲学创造）作为世界哲学史的展开。冯契说过一句意味深长的话："中西方的文化，中西方的哲学在中国的土地上已开始趋于合流，有待于进一步推进，这也是一件具有世界意义的大事。"[2] 它留给我们一系列意味深长的问题：列宁勾画了欧洲哲学史的圆圈，冯契勾画了中国哲学史的圆圈，那么，在"古今中西"之争的新形势之下，我们如何勾画世界哲学史的圆圈？世界哲学史及世界哲学如何书写？无论如何，冯契的世界哲学视域仍是当代中国学人需要消化的重要精神遗产。[3]

---

1 《认识世界和认识自己》，《冯契文集》(1)，第69页。在另一些地方，第三个圆圈表述为马克思主义哲学中国化："中国近代哲学达到马克思主义哲学中国化而相对地完成了一个发展的圆圈（螺旋）。"《中国近代哲学的革命进程》，《冯契文集》(7)，第648页。又如："马克思主义与中国的革命实践，包括与中国的传统相结合，中国哲学就进入了辩证唯物主义的发展阶段。所以，整个中国哲学史的发展就表现为一个大的圆圈。"《逻辑思维的辩证法》，《冯契文集》(2)，第20页。

2 《中国近代哲学的革命进程》，《冯契文集》(7)，第653页。

3 丁耘《道体学引论》（华东师范大学出版社，2019年）是近年来中国学人会通中西的一篇大文字。全书用"道""是""一""二"等极少量范畴把握中西哲学命脉，由此平置儒道、会通中西，进而以道体涵摄本体，发愿启动人类未来哲学新的开端。然而，令人遗憾的是，作者并未达到冯契所讲的世界哲学的抱负。全书以儒家之道体学为正宗，涵摄西方本体论，断言《易》《庸》、宋明儒学所代表的中学高于西学，未免囿于中国思想（更确切地说，中国思想中的儒学）立场。

第十六章 冯契的"境界论"思想
——兼与王国维的"境界论"思想之比较

在中国现代哲学思想史上，众多哲学家对"境界"问题都有讨论，像冯友兰的"四境界说"，宗白华的"意境论"，唐君毅的"心通九境说"，等等，不一而足。[1] 然而在人们的直觉中，王国维的"境界论"影响最大。实际上，从王国维以艺术，特别是以诗词鉴赏为主的"境界论"，到冯契涵摄艺术而偏重于人的精神境界的新"境界论"，"境界论"从 20 世纪初到 20 世纪末 21 世纪初，已经发生了重大的变化。本章着重阐述当代中国马克思主义哲学家冯契的"境界论"思想，并通过与王国维的"境界论"思想做一简要的比较，以个案的形式显示"境界论"在 20 世纪的长足发展。至于冯友兰的"四境界说"，宗白华、唐君毅等人的"意境论""心通九境论"等，不在本章的讨论之列。

一、冯契"境界论"的五重义涵

有关"境界"的问题，冯契主要在《人的自由和真善美》一书中做了深入的探讨。冯先生在非常广泛的意义上讨论了"境界"的问题，他将

---

1 除上述学者之外，熊十力、方东美、牟宗三、张世英、李泽厚等人对"境界"问题皆有研究。陈来在《有无之境》一书中专门从"境界"的角度阐述了阳明哲学的特征。而专门研究"境界"与宋儒"境界"问题的有蒙培元的《心灵超越与境界》(人民出版社，1998 年)、付长珍的《宋儒境界论》(上海三联书店，2008 年)等著作。

"境界"看作价值领域的分化，将艺术、道德、哲理、宗教、事功等价值领域的诸问题都囊括在内，他说：

> 所有的境界都可以说是意和境的结合，其中，"意"就是实现了的、表现了的理想，"境"则是有意义的结构。[1]

这一关于"境界"的哲学规定，显然超越了王国维对"境界"的认识，是在更加广阔的精神结构里，将主观与客观统一起来了。"境界"并不是什么虚无缥缈、神秘不可说的思想对象，它一方面植根于现实生活，具有客观的基础和现实的内容，另一方面则是人的精神创造，表现了人的本质力量，是人的精神享用着，在其中生活着、自由活动着的领域，它体现了人的精神所能够达到的造诣、水平。而各种"境界"的分别恰恰是人的思辨力、意志力、理性在理论思维、道德实践、审美活动等各个领域中的自由程度的表现。

简言之，冯先生的"境界论"，在重视现实性的同时，鲜明地体现了人的精神世界的价值性与理想性的因素，不只是局限于艺术领域与道德领域，而是综合了知、情、意三者，因而更具有哲学的普遍性意味。而相对于其他的中国马克思主义哲学家而言，他的"境界论"又比较重视艺术与美育在人生境界与人格养成中的重要作用[2]，这一点又使得他与一些当代中国的马克思主义哲学家、哲学史家重视认识论、辩证法、历史唯物主义，而相

1　《人的自由和真善美》，《冯契文集》（3），第72页。

2　有关冯契美学与意境思想的研究，近年来成果迭出。蔡志栋《金刚何为怒目》（华东师范大学硕士论文，2004年）与郭翼飞《为人生而艺术》（华东师范大学硕士论文，2013年）已经揭示了冯契美学思想的几个重要面向。马德邻《艺术：作为理想的现实——论冯契的美学思想及其当代价值》[《华东师范大学学报》（哲学社会科学版），2006年第2期]与李丕显《冯契美学观的逻辑进路和理论品格——兼与实践美学的比较》[《华东师范大学学报》（哲学社会科学版），2007年第2期]均从不同角度对冯契的美学思想的逻辑进路和系统架构进行了梳理，并揭示了冯契美学思想的当代价值与重要意义。

对忽视美育的思想倾向颇为不同。而就冯先生的美学"意境论"而言，"不像美学界的一般做法那样只是局限于意境概念的转变，而是视野开阔，广泛勾连"[1]。其独树一帜的美学"意境论"，以深厚的哲学理论为基础，通过融通中西思想，特别是马克思主义的社会实践论并予以创造性的转化，展现出了巨大的历史感与现实关怀，具有同时代其他哲人所不具备的理论深度与广度。他将广义认识论与辩证法思想贯穿于艺术、审美等价值论领域，表现出非凡的理论深刻性和穿透力。在冯先生看来，美要以真、善为前提，而且美与真、善之间是互相促进的，在人的精神境界上能够体现"真善美统一"的恰恰是活生生的"平民化的自由人格"，而不是理想中的永远做不到的圣人。这一点，使得冯先生的"境界论"充满着中国化的马克思主义哲学的现代性气息，与王国维、唐君毅、冯友兰等人的多少带有古代士大夫气息的"境界论"，颇不相同。而且，其"境界论"与其"智慧说""人道主义原则"及"广义认识论"紧密相联。这些都是王国维、冯友兰、唐君毅等人的"境界论"所没有的独特内容。本章扼要从以下五个层面讨论其"境界论"的基本观点，对于其整个的美学思想暂且不予讨论。

（一）风骨与兴寄

在《文心雕龙》的具体研究之中，有关"风骨"与"兴寄"的研究论著甚多，但从"意境论"的高度，将"风骨"与"兴寄"结合起来加以讨论的，实属不多。而就"风骨"的解释而言，冯先生也不同于一般的文论家。在冯先生看来，所谓的"艺术意境"，其实即是"艺术家、诗人用灌注了感情的形象来表现人的本质力量"而已。而艺术作品中的"风骨"也就是内蕴于其中的文气或气势，而文气或气势并不是别的，就是人的情志的表现，如冯先生说："情志首先表现于'气'。……'气'指人的勇气、气魄、气势，是一种道德的精神状态，'浩然之气'即大无畏精神。后来人们

1　参见李丕显：《冯契美学观的逻辑进路和理论品格——兼与实践美学的比较》，《华东师范大学学报》（哲学社会科学版），2007年第2期。

讲文气，是指作品的气势"，"艺术作品中的'气'就是'风骨'"。[1]因此，文学作品的"风骨"其实与人的道德理想和道德品质是紧密相联的。

从"境界论"的角度看，冯先生着重强调的是"风骨"与"兴寄"的辩证关系，他认为，"艺术要有兴寄，艺术要为人生"，因为艺术并不能离开真、善而纯粹地谈论美，美要以真、善为前提。情志表现为气势、气韵，要求艺术作品要有"风骨"，但同时艺术要为人生服务，故所有的艺术作品都要有"兴寄"。但艺术的"兴寄"又不能有过于强势的政治与教化的要求，否则就会滑向"文以载道"的陈旧框架之中，表现出说教的倾向。因此，艺术作品主要表现艺术家个人精神境界、精神特质的"风骨"，既要与普遍的人道、人文精神相关，又不能直接沦为一种具体的政治意识形态或政治口号的传声筒，恰恰要在"风骨"与"兴寄"之间表现某种恰当的平衡。

反观当代中国美学界"意境论"的主流论调，似乎表现出对以司空图、严羽为代表的"羚羊挂角"传统过分推崇的倾向。这一倾向当然是对"文革"中过分重视艺术的社会作用的一种反拨，突出了理性的直觉与形象思维的重要性，但却忽视了美要以真、善为前提，忽视了艺术要为人生的精神面向。回顾冯先生的"境界论"，特别是他对"风骨"与"兴寄"二者之间辩证关系的论述，有助于我们反省当代中国美学"意境论"的某些偏失。

（二）为人生而艺术[2]

艺术、审美的功利与超功利的关系，是现当代艺术、美学领域里的重要问题之一。作为20世纪中国社会革命队伍的一部分，无产阶级或具有同情劳苦大众的感情倾向的艺术家，大多数都赞同"为人生而艺术"的理论主张。但提倡艺术与审美是超功利的艺术家、理论家，也不在少数。深受康德影响的哲学家、美学家、艺术家，都明确地将审美经验的功利性排

1 《人的自由和真善美》，《冯契文集》（3），第213—215页。
2 郭翼飞《为人生而艺术》一文已就冯契美学思想的这一面向进行了系统的架构和论述。

除在外。他们认为，一旦审美判断中夹杂着利害感，随之而来的便是偏爱，因而就不是纯粹的鉴赏，因此，审美应当是超越利害关系的。有些人还认为，美感是一种自由的快感。这种"自由的快感"与20世纪初期梁启超所强调的"趣味"或"生活趣味"颇有相通之处。我们不否认审美活动中"自由的快感"或"趣味"，但如果过分地强调了"自由的快感"与"趣味"，其结果将导致审美活动的相对主义。正是在艺术与审美的功利与超功利，审美趣味的相对性与共享性的二元对立之中，冯先生主张"为人生而艺术"的观点，在"冲突和互补中把持了一条中和的路线，既肯定了审美经验的相对性，也避免了将这种相对性极化为一种相对主义"[1]。

冯先生认为，康德有关审美的非功利性，以及美感是自由的快感的论断，有其正确的一面，但这一论断也导致了康德之后的美学家走向了形式主义的误区，给"为艺术而艺术"的主张提供了理论依据。冯先生通过以普列汉诺夫为代表的马克思主义美学家对审美历史的考察，发现人类最初的艺术形象中均具有明显的功利性质，后来虽然演变出人在直观美的过程中不计功利的倾向，但若科学地分析，我们仍然能够发现美感和艺术根底里的功利性质。

以《庄子》中的"庖丁解牛"故事为例，解牛的活动本身是为了满足人的物质需要，这个活动本身就带有功利性，而只有当庖丁在多次的解牛过程中逐步掌握了牛的身体结构之"天理"，之"固然"，才能使得解牛的活动本身成为自由的愉快活动。因此，具有审美愉悦感的"庖丁解牛"活动，首先是奠基于人的功利需要的基础之上的。人们绝不是仅仅为了审美愉悦感而去宰牛，也不可能在毫无功利需求的前提下为了纯粹的审美愉悦感去训练一个熟能生巧的解牛庖丁。更进一步地说，在"庖丁解牛"自由、愉快的过程中，人的本质力量实现了对象化，并在这一活动中直观到了自

1　参见郭翼飞：《为人生而艺术》，第25页。

己的本质力量，而这一过程对于人的德性的养成具有重要的作用，这是一种更大的功利。因此，冯先生认为，艺术不仅就其起源而言是带有功利性的，艺术及审美经验对于人的性格的培养和精神素质的提升而言，具有更大的功利。当我们强调说"艺术是非功利的"的这一观点时，是仅就艺术对于人的德性养成的内在价值与美感经验的培养，进而促进人的自由发展的意义而言的。[1] 这一说法本身并不排斥艺术与审美对于人的多种价值与意义。因此，"为人生而艺术"的美学主张，并不是要我们把艺术的功能狭隘化、短视化与政治化，而恰恰是要将艺术与人的精神境界的提升、人的自由而全面的发展的远大目标结合起来。

（三）审美的个性化

冯契虽然主张"为人生而艺术"，但十分看重审美活动的个性化特征。他认为，"艺术意境就是审美理想的个性化，典型性格也是如此"[2]。冯先生重视作为审美与创作主体的"我"，这与王国维重视并强调"无我之境"与"无我"的思想，有着鲜明的区别。

在冯先生看来，艺术与审美活动虽然关涉"人和自然、性和天道的交互作用"，但这种交互作用是要通过感性形象作为中介的。而这种感性形象一定是个性化的，且是个性自由的体现。承载这些感性形象的主体便是作为审美主体和感性接受主体的"我"。"我"通过色、声、味等感性介质与外物发生交互作用，在此过程中我接受了天道、人道并以此来形成自己的性格。[3] 因此，不仅是"我"在进行审美活动和艺术创作时表现为个性化的形象，而且性和天道、自然和人的互相作用，也都是通过个性化的感性形象来完成的。感性形象都是特殊的，人的情意更是特殊性的，而且深受特殊的时空限制。艺术与科学虽然在致思的进路上并不相同，但二者均要求

1　《人的自由和真善美》，《冯契文集》（3），第 194—195 页。

2　《人的自由和真善美》，《冯契文集》（3），第 224 页。

3　《人的自由和真善美》，《冯契文集》（3），第 223—224 页。

超越时空的限制，从有限之中展示无限。而艺术的意境正是具有普遍性理想的个性化表现，这些个性化的感性形象，实现了性和天道、人和自然之间的沟通，使人的本质力量得以对象化和形象化。现实生活和自然也因之而得到不同程度的美化，且具有个体的独特性。因此，艺术作品所展现出的"意境"，虽然对于接受者而言，具有可理解的共性一面，但就其所体现出的精神高度与精神特质而言，又具有独特的"这一个"的特征。

冯契还认为，个性化的形象对于培养美的个性与发展人的审美能力具有重要的意义。而离开了精神主体，也就无所谓自由的个性。主体之"我"总是凭借相应的对象而发展起来的。精神主体在感性的、个性化的艺术活动中能够感受到真正自由的愉快。不过，人在精神上所享有的这种自由的愉悦，又并不局限于艺术创作和审美领域，同时也存在于感性的劳动和具体的科学研究等其他领域中。如真正有所发明、有所创造的人，其精神均处于最自由的状态，会感受到个性得到充分展现的乐趣，这种乐趣使人在其所从事的相关活动中表现出乐此不疲的精神状态，与孟子所言"乐则生矣；生则恶可已也"（《孟子·离娄上》）的说法高度一致。这种既自觉又自愿的心理过程颇类似于当代心理学家马斯洛所讲的"高峰体验"。一旦人在任一领域里的活动处于这种"高峰体验"的状态，它的活动就具有了审美的自由特征 [1]，因而其人生境界也就不断地得以提升。这与冯友兰所理想的"天地境界"——人在精神的想象中与天地之德合一的状态颇不相同。

（四）"金刚怒目"与生活逻辑

就艺术的境界与人生的境界而言，冯先生高度肯定了"金刚怒目"的传统，避免了人们一谈"境界"问题，就把人的精神祈向引导到一个虚无缥缈、一团和气的精神状态。他说：

---

1 《人的自由和真善美》，《冯契文集》(3)，第 226 页。

白居易说"歌诗合为事而作",强调诗的美刺比兴作用;韩愈讲"不平则鸣",因为这时社会矛盾加深了,他们就强调文学艺术要反映社会矛盾,有批判现实的作用。后来的大作家都强调这个传统,认为诗文要干预现实,反映社会矛盾。一直到黄宗羲讲"文章,天地之元气也",强调风雷之文,鲁迅强调"金刚怒目",都是这个传统。[1]

又说:

"金刚怒目"的意境也是"外师造化,中得心源",要求诗和艺术要把握时代精神,反映现实生活的逻辑。[2]

这与朱光潜推崇"菩萨低眉"式的"静穆"意境的思想倾向颇为不同。朱先生曾说:"'静穆'是一种恍然大悟……它好比低眉默想的观音大士。超越一切忧喜,同时你也可以说他泯化一切忧喜……屈原、阮籍、李白、杜甫都不免有些像金刚怒目,愤愤不平的样子。陶潜浑身是'静穆',所以他伟大。"[3] 而鲁迅则更为推崇"金刚怒目"一类的作家与作品,他认为,历来伟大的作者是没有一个"浑身是'静穆'的",陶潜正因为并非浑身是"静穆",所以他伟大[4],"陶潜也有'精卫衔微木,将以填沧海,刑天舞干戚,猛志固常在'之类的金刚怒目式"[5]。冯先生正是接续了鲁迅的精神,肯定"金刚怒目"的文学传统,认为正是这一传统正确地反映了社会矛盾,主张不平则鸣,同时把握了时代精神,反映了现实生活的逻辑。针对宗白华、

1　《人的自由和真善美》,《冯契文集》(3),第218页。

2　《人的自由和真善美》,《冯契文集》(3),第228页。

3　参见朱光潜:《说"曲终人不见,江上数峰青"》,转引自《且介亭杂文二集》,《鲁迅全集》(6),人民文学出版社,2005年,第441页。

4　《且介亭杂文二集》,《鲁迅全集》(6),第444页。

5　《且介亭杂文二集》,《鲁迅全集》(6),第436页。

王国维"意境论"过于偏向"静穆"之美的不足，冯先生直言："'金刚怒目'的传统比'羚羊挂角'的传统更重要。"[1]这恰好体现了作为中国的马克思主义哲学家的冯契的"境界论"所具有的党性与人民性的特征。

冯先生还认为，艺术作品不是被动地描摹现实，它本身就具有理想性。现实的可能性在艺术作品中予以形象化、具体化，因而这种理想性就在艺术的形象中化为现实。艺术如果不表现现实的可能性，就缺乏理想。真正好的艺术作品都是深刻地揭示了现实的生活逻辑的，为现实生活提供了发展的趋势与可能性。这种艺术作品是富于智慧的，有助于真理的认识。而且，在大作家的作品中，艺术境界与哲理境界是统一的。"艺术尽管可以虚构、夸张，可以写梦、幻景和鬼神，但是归根结底，艺术不能违背生活的逻辑。"[2]在冯先生看来，尽管宗白华所欣赏的司空图、严羽"超以象外，得其环中"的意境也表现为艺术和哲理的统一，但与鲁迅所推举的"金刚怒目"的意境相比，前者则具有使人脱离人生和现实的潜在可能性，也不能很好地把握时代精神，反映现实生活的逻辑，因而在艺术的价值上要比鲁迅所推崇的"金刚怒目"的意境稍逊一筹。冯先生在此问题上所持有的审美态度，当然可以见仁见智，但这种审美的价值倾向实与他所主张的"人道传统"是紧密相连的。

（五）美育与"平民化的自由人格"的培养

与传统的"境界论"力求培养"圣人人格"或修得"圣人境界"的终极目标不同，冯先生"境界论"的终极旨趣在于培养"平民化的自由人格"。冯先生认为，"平民化的自由人格"是近代人对培养新人的要求，与古代要人成为圣贤、成为英雄的目标不同。这一新的理想人格体现着人的类本质和人与历史的联系，不要求大家成为全智全能的"圣人"，也并不承认有终极意义上的觉悟和绝对意义上的自由。现代人所追求的真善美统

---

1 《人的自由和真善美》，《冯契文集》(3)，第 229 页。

2 《人的自由和真善美》，《冯契文集》(3)，第 227 页。

一的理想境界，并不是遥远的、高不可攀的形上学的领域，而是普通人通过努力都可以达到的现实状态。[1]这种现实状态并不是一成不变的，而是在人不断地追求自由，以及自由自觉地劳动的过程中逐步展开的。因此，要完整、准确地理解冯先生的"境界论"，必须与其提倡的"平民化的自由人格"的思想联系起来。

在冯先生看来，人的德性养成离不开美育的作用。首先，从性与天道的交互作用角度看，以个性化的感性形象作为媒介可以培养人的真正自由的个性。德性要真正成为个性的自由表现、智慧要达到理性的直觉，都需要通过个性化的感性形象与审美活动来实现。其次，冯先生认为，一切艺术的功利性，恰恰表现为艺术及审美经验对于人的精神与人格培养的积极作用，艺术的内在价值并不外在于人的精神成长，美感经验对人的自由而全面的发展具有重要的意义。再次，从教育的角度来讲，美以真、善为前提，要培养、塑造全面发展的自由的人，美育、德育、智育三者不可偏废。最后，具体到审美能力的培养而言，人要在劳动中培养技能，在学习与研究中锻炼理性思维，在艺术鉴赏中发展审美的能力。每个人都可以具备美的个性，能够在欣赏美的自然景色和艺术品的鉴赏中享受到自由。上述四点，较为立体地展现了冯先生将美与真、善结合，并从审美的角度最终达至"平民化的自由人格"的思想路径。而"平民化的自由人格"既是冯先生提出的新的人生"境界论"，也是冯先生艺术"境界论"的理论归宿。

二、冯契与王国维的"境界论"之比较

就学术界目前的研究成果而言，单独研究冯契、王国维"境界论"的论著已经很多，但将二者的"境界论"思想做比较研究的论文，在笔者的视野里还不是很多见。此处仅就二者"境界论"中主要的，且是相关的四

1　《人的自由和真善美》，《冯契文集》(3)，第245—246页。

个方面的问题，做一简要的比较，进而凸显冯契"境界论"在当代哲学与美学中的独特意义。

（一）境界之"真"与求真

追求境界之"真"，是冯契与王国维二人"境界论"的共同之处，但二人对"真"的规定与"求真"途径的论述并不相同。

冯契"境界论"中之"真"，其实是一个价值范畴，是认识论意义上的真与假，本体论上的真与妄，道德意义上的真与伪的统一。冯先生认为："理论理性（理智）不是'干燥的光'"，"真理性认识符合人们的利益，合乎人性的发展，它便不是光溜溜的'真'，而且同时是好的、美的"。[1] 而作为一个价值范畴的"真"，其实也是一种值得人们去追求的美好的精神境界，虽然是一种精神境界，但又不是简单地凭借"直观"的途径就可以达到的，而是必须与人认识自然、认识社会的科学研究活动结合起来，进而把握真实的自然规律与社会规律。因此，作为精神境界之"真"的前提是合乎认识论要求的"真实"。不过，人在科学的研究活动中是包含着人的利益需求的，故这种包含着真实内容的"真理"，作为一种理论理性并不是干燥的光，它本身就是人的本质力量对象化的体现，与人实现自我，培养与发展自己的德性相关。而"人的价值的实现表现为言行一致、表里如一的人格"，这种"人格"不仅"知道"，而且"有德"[2]，而以"人格"的具体形象所表现出的精神境界，以真诚、自由个性为其主要内容，但又必以合乎认识论的真理为其前提。

相比较而言，王国维所说的"真"，主要是指艺术所反映的客观景物之真，与艺术作品所表达的人心中的感情之真。[3] 这种"真"并不是赤裸的事实之真与感情之真，而是通过艺术的直观所呈现出来的"艺术之真"，

---

1 《人的自由和真善美》，《冯契文集》（3），第 131 页。

2 《人的自由和真善美》，《冯契文集》（3），第 133 页。

3 王国维：《人间词话》，江苏文艺出版社，2007 年，第 3 页。

如王国维说:"大家之作,其言情也,必沁人心脾,其写景也,必豁人耳目,……以其所见者真,所知者浅也。"[1]此处所说的"直观"有两层次意思:一是指某种超功利的非概念之观(如康德排除了审美过程中的功利性),二是指某种先验领域中的本体"内观"(如叔本华对"理念"的"静观",或类似邵雍所言的"内观")。[2]而通过这种"直观"所把握的内容,就是境界之"真"。而言情和写景的有境界处,也就在于通过"直观"而把握的"真"。

就"求真"的过程而言,冯契与王国维的途径也不相同。冯先生重视科学研究与实践在"求真"过程中的作用,重视"色声味触"式的感性直观的认识路径,如冯先生说:"认识真理,包括认识世界和认识自己,都要以实践为基础",这即是以"得自现实之道还治现实"。[3]相比较而言,王国维比较重视"直观"的作用,并认为这一"直观"是获得"真"的必要途径。而深究其"直观"概念,则是对康德、叔本华哲学中的"直观"与邵雍的"反观"概念的采借与改造,就其作为对"理念"与"本体"的认识过程而言,并无实践的内容在其中。

当然,在关于"境界之真"的问题上,冯先生与王国维二人并非处处皆异,而是异中有同,同中又有异。就异中之同这点来说,冯先生与王国维都是"真善美统一"论者,而且二人都受中国传统"天人合一"思想的影响。但这种"异中之同"又表现出很明显的同中之异,冯先生在现代认识论的前提下,同时又吸收了马克思主义的社会实践论思想,讲真善美的统一,这种统一是以"求真"为前提,在真实的社会历史过程中无限接近真善美的统一,而这种统一是一种理论的理想,并不是一次性就能完成的,

---

1 王国维:《人间词话》,第31—32页。

2 叶嘉莹、佛雏、陈良运等人,从不同的角度讨论了王国维境界论中之"真",蒋永青认为,王国维的境界之"真"实际上是融合中西学说的一种本体之知。参见蒋永青:《境界之"真":王国维界说研究》,中国社会科学出版社,2001年,第19—20页。

3 《人的自由和真善美》,《冯契文集》(3),第132页。

也不可能最终完成。王国维的真善美统一论脱胎于康德、叔本华哲学的理论，和西方"思维—存在"对立的二元论传统，是在审美观照下通过理性的直觉或直观，实现真善美的统一。而且，这种统一论深受叔本华"真善美"的先验"同一"论的影响[1]，缺乏真实、具体的历史过程与历史内容。就此点而言，王国维的真善美统一论可以称之为形式上的统一论，而冯先生的则可以称之为实质上的统一论。

（二）"无我"与"有我"

就"境界论"中的"无我"与"有我"问题而言，冯先生更倾向于"有我论"。王国维虽然既肯定"有我之境界"，也肯定"无我之境界"，但更倾向于肯定"无我之境界"。[2]所以，在《人间词话》中，他说道："古人为词，写有我之境者为多，然未始不能写无我之境，此在豪杰能自树立耳。"[3]可见，他更欣赏"无我之境"。而王国维之所以更加欣赏艺术的"无我之境"，与他从康德那里吸收的审美无功利说[4]，叔本华的"纯粹无意志的主体"的思想密切有关，与禅的"无念为宗"所强调的本心清净、心不染著的思想亦有关。[5]这种"无我之境"强调的是超脱物我之间的对待关系与利害关系，讲求作为创作主体的"我"与对象达到泯然一体的境地，以创制"优美"的审美感受，走向个体与天地合一的至大至高的精神境界。

冯契深受现代主体性哲学的影响，更是一个中国化的马克思主义哲学

1　蒋永青：《境界之"真"：王国维境界说研究》，第140页。

2　叶嘉莹认为，王国维有我之境与无我之境实际上并无高下，二者只是分别代表了"壮美"与"优美"两种不同的审美体验与路向，"有我"与"无我"对举的提法，也仅是一行文方便法门。至于"豪杰之士"的评价，实际上与叔本华哲学密切相关，与文学评价并无关系。参见叶嘉莹：《迦陵文集》(2)，河北教育出版社，1997年，第203—204页。笔者认为，王国维的境界论思想不仅仅是一个美学问题，实际上也是一个牵涉甚广的哲学问题。如果割裂王国维美学理论与其受叔本华哲学影响的关系，似乎不妥。

3　王国维：《人间词话》，第2页。

4　参见叶嘉莹：《迦陵文集》(2)，第202页。

5　刘恒：《王国维评传》，百花洲文艺出版社，1996年，第109—110页。

家，特别重视实践、能动性，以及个体之"我"这一精神主体的作用，肯定艺术的功利性特征，重视美的个性化形象的塑造，强调"我"通过接受外部环境刺激后所造就的独特的情意，因而强调艺术创作与真实生活中的人的个性化与审美的个性化和自由的特征。

要而言之，冯契在艺术境界的问题上更加强调艺术的个体主体性以及功利性，与王国维的"境界论"极力推崇艺术的超功利性、高度肯定"无我境界"形成了鲜明的差异。这种差异的表象背后，则显示了两种哲学性格的差异，冯契"有我"的"意境论"真实地反映了近现代中国社会追求人的个性自由与解放的历史诉求，王国维肯定"无我"的"意境论"，则是中国传统士大夫包括僧侣阶层追求闲适的传统审美观与近代德国唯心主义哲学追求纯粹的、先验的审美经验相混合的理论产物。

（三）"金刚怒目"与"羚羊挂角"

对于艺术与审美是否应当具有功利性问题的回答，冯契与王国维的"境界论"之间差异最大。冯先生认为，王国维所开创的"意境论"偏重于严羽、司空图以及王渔洋"羚羊挂角"的传统，有可能使艺术脱离现实，并使艺术成为空中楼阁的倾向。过分强调"羚羊挂角，无迹可求"，很有可能造成形式主义。他一再提倡"为人生而艺术"的口号，要求艺术一定要反映生活的逻辑。冯先生创造性地继承了叶燮《原诗》中将意境解构为理、事、情三者的说法，要求将造型因素和表情因素融合起来，强调艺术作品的"意境"首在"意"，这个"意"并不是抽象的概念而是具体的，且是理想性的，并统率着整个创作过程。"羚羊挂角"的传统虽然也重视"意"，但他们所说的"意"与普通大众的生活理想比较隔膜，更多的是少数士大夫与僧侣阶层的人生情趣的追求，易于流向空玄。

冯先生一再强调，在具体的艺术创作中，造型和表情艺术的结合要以人的生活的真实性为基础，艺术理想要反映生活的本质，只有将人的生活本质与人的本质力量的真实性熔铸在艺术创作中，才能赋予艺术作品以意境。所以，冯先生更推崇的是鲁迅"金刚怒目"式的"意境论"与黄宗羲的"风雷之文"，要求艺术作品揭示社会矛盾并展现生活逻辑。较之"羚羊挂角，无迹可求"的"意境论"而言，他认为"金刚怒目"的传统更为重要。

冯先生对王国维"意境论"蕴涵的"形式主义"与脱离生活倾向的批评，有相当大的合理成分，但我们也不能简单地将王国维的"意境论"直接与形式主义画上等号。实际上，王国维的"意境论"也包含着让"美"成为塑造"完全之人物"的目的，而宗白华、朱光潜也主张艺术对于人生具有重要的意义。就思想史的角度而言，王国维的"境界论"是针对过分强调"文以载道"的传统而言的，突出了艺术的审美性与超功利性，在思想史上也有解放的作用。冯契对王国维以及"羚羊挂角"的"意境论"传统批评的合理性在于，他以现代社会平民化的新功利的要求，批评带有传统美学思想痕迹的非功利化的"意境论"，因此可以视之为中国现代哲学"意境论"问题上的否定之否定。就此意义而言，冯先生完成了思想的螺旋式上升环节。冯先生强调直刺社会现实、揭示社会矛盾的"金刚怒目"的"风雷之文"，更加契合现代社会发展"平民化的自由人格"的需要。因此，在"金刚怒目"与"羚羊挂角"的两种"意境论"的问题上，我们应当从动态的历史过程来加以诠释，而不是放在同一平面加以处理。如果放在同一平面来理解，两种艺术意境，甚至是人生境界，其实是可以兼容并蓄的。

（四）"平民化的自由人格"与"诗人之境"

冯先生的"境界论"在追求天与人、性与道的统一的同时，坚守以人为核心的人道原则。其"境界论"中的人不是抽象的超越时空的人，而是现代社会的大多数平民。而且，其"境界论"所要培养的是多数人可以达到的"平民化的自由人格"，而不是高不可攀的圣人人格。因此，冯先生的"境界论"思想带有深厚的入世情怀和巨大的现实感。相比较而言，王国的"境界论"虽然也没有停留于艺术的领域，最终与人生的终极价值追求相关，但其所追求的理想人格却是一条是由"常人之境"上达至"诗人之境"的"纵向超越"（张世英语）之路。这一"诗人之境"与传统的圣人境界已经有了很大的不同，但相对于普通人来说，"诗人之境"与"无我之境"，仍然难以企及，只有少数精英人物才能做到。在实际生活之中，"一个具有崇高境界的人，不必是诗人，艺术家，或文学家，但他们必有实践伟大的人道理想的诗的激情，必有透过权钱交易的昏天黑地而洞察燃烧在人类心灵深处求真、向善、致美之光焰的智慧的眼光，必有感动和唤醒人类良知的人格魅力"[1]；这样的人，并不见得一定是道德完美、高大全式的英雄人物，但必定具有真性情、真诚的道德，具有不断突破自我的认知能力与不断提高的审美情趣。而这正是冯契所倡导的"平民化的自由人格"所具有的精神境界。

虽然，冯先生"境界论"中的人格理想与王国维的有所不同，但在这种不同之中所透射出的相同之处也不容忽视，即冯、王二人"境界论"虽源于艺术审美的问题，但最终都归结到人生的精神境界问题上，表明20世纪中国哲学在一些核心问题上其实分享着共同的问题意识，只是不同的哲学家因自身的经历与信仰的不同，动用了不同的思想资源，对于共享的哲学问题进行不同的理论处理。当代中国哲学由于专业化而带来分科化，又由于深度的分科化而带来了学科之间的隔膜，很难共享一些基本的哲学问题，更不能对一些基本的哲学问题给予不同的、有深度的回答，导致哲学界之间森严的学科壁垒，这其实是一件非常遗憾的事情。通过对冯契"境界论"问题的研究，并将其与王国维的"境界论"做一初步的比较，似乎能给我们一些有益的启示，即通过对相同或相似的基本哲学问题的研究，打破各二级学科的壁垒，以增进我们时代的哲学智慧，而不是提供一些看似新颖，其实是无关宏旨的细枝末节的哲学知识。

1　许苏民：《人文精神论》，湖北人民出版社，2000年，第648页。

余　论

"境界"问题，其实不只是美学问题，也是哲学问题。从广义认识论的角度来看，一个人的境界高低，也深刻地影响着他对真理的认识，更不用说影响他的道德水准、审美情趣了。为何人的精神境界影响人的认识水准呢？这就需要我们从更加深广的哲学视野来思考"境界"的问题。所谓的人的精神"境界"，并不是什么神秘的东西，恰恰是指一个人在知、情、意三个方面从整体上达到较高的水准，且在三者之间具有协调与贯通性的综合表现。有些人智商很高而情商极低，缺乏基本的与人从事有效沟通的能力，而且意志力薄弱，遇到一点困难就寻死觅活。这种人很难说有较高的精神境界。而另一类人情商很高，但愚昧无知，意志力也薄弱，这种人也不可能有较高的精神境界。还有一类人意志力更坚强，但无知，也无情，极有可能是暴君或杀人魔王。本章尝试梳理冯契先生"境界论"的内在理论结构，并与王国维的"境界论"做一比较研究，尝试从冯先生广义认识论的哲学视野来审视传统的"境界论"，将认识论与美学、道德哲学结合在一起加以讨论，一方面可以拓展传统"境界论"的思想视野，另一方面也可纠正当代哲学认识论过分关注知识问题的偏颇。妥当与否，还请海内外方家批评、指正。

后　记

　　本文集由课题组成员的相关论文汇集而成，系国家社科基金重大项目"冯契哲学文献整理及思想研究"（15ZDB012）最终成果之一，其中部分论文作为阶段性成果，已在多家学术刊物上先行发表，结集过程中，又做了进一步的修订。参加撰写的有以下诸位：华东师范大学高瑞泉教授（第二章）、周瀚光教授（第八章）、晋荣东教授（第九章、第十四章）、刘梁剑教授（第十五章），复旦大学张汝伦教授（第一章），上海社会科学院助理研究员鲍文欣博士（第三章、第五章、第七章）、夏金华研究员（第十章），武汉大学李维武教授（第四章）、吴根友教授与王博博士（第十六章），烟台大学讲师李妮娜博士（第六章），上海财经大学吴晓番副教授（第十一章），华侨大学薛子燕博士（第十二章），苏州大学蒋国保教授（第十三章）。本文集所能达到的成就，端赖课题组同仁的精诚合作。我们的研究工作始终受到项目负责人郁振华教授的关注、推动和支持，鲍文欣博士在写作之余还操持了大量的具体事务。商务印书馆编辑的精心编校，亦令本文集生色不少。在此一并谨致谢忱。

高瑞泉

癸卯年处暑后三日于上海

图书在版编目（CIP）数据

烛照智慧的轨迹：冯契的哲学史研究 /
高瑞泉主编. — 北京：商务印书馆，2024
ISBN 978 - 7 - 100 - 23341 - 5

Ⅰ.①烛… Ⅱ.①高… Ⅲ.①哲学史 —
研究 — 中国 Ⅳ.①B2

中国版本图书馆 CIP 数据核字（2024）第009872号

烛照智慧的轨迹
冯契的哲学史研究

高瑞泉　主编

商 务 印 书 馆 出 版
（北京王府井大街36号　邮政编码 100710）
商 务 印 书 馆 发 行
山 东 临 沂 新 华 印 刷 物 流
集 团 有 限 责 任 公 司 印 刷
ISBN　978 - 7 - 100 - 23341 - 5

2024年3月第1版　　　开本 670×970　1/16
2024年3月第1次印刷　　印张 21¾
定价：118.00元